中国商标品牌战略年度发展报告（2017）

国家工商行政管理总局商标局　商标评审委员会　编著

中国工商出版社

前言

党的十八大以来，在习近平新时代中国特色社会主义思想指引下，全国各级工商和市场监管部门坚决贯彻落实党中央、国务院决策部署，按照“放管服”改革要求，坚持新发展理念，坚持服务大局，坚持改革创新，坚持攻坚克难，商标品牌建设不断加强，品牌创新环境不断优化，商标大国地位日益巩固，为新时代商标事业创新发展奠定了坚实基础。

2017年是实施“十三五”规划的重要一年，也是商事制度改革纵深推进、商标战略深化发展的关键之年。国家工商行政管理总局（以下简称工商总局）适应百姓消费升级和供给质量提升的要求，提出商标品牌战略，出台《关于深入实施商标品牌战略 推进中国品牌建设的意见》，做好推进实施商标品牌战略的顶层设计。全国各级工商和市场监管部门认真贯彻落实党的十九大精神，按照工商总局党组决策部署，确立了推动中国产品向中国品牌转变、建设商标品牌强国的新目标。

一是转变工作思路。正确处理政府与市场的关系，推动取消著名商标、知名商标行政认定，将驰名商标的内涵回归到法律保护的本意，扭转对驰名商标认识的误区，着力构建企业自主、市场主导、政府推动、行业促进和社会参与的实施商标品牌战略工作格局。

二是推进商标注册便利化改革。优化商标注册审查审理的流程，拓展商标申请渠道，新建广州、上海、重庆3个审查协作中心，启动运行105个商标受理窗口、49个商标专用权质权登记申请受理点。推进全程电子化，扩大网上申请范围，商标网上申请比例由五年前的63%提高到目前的85%。五年来，我国商标申请量1584.6万件，占全球申请总量的58.2%；核准注册量935.4万件，占总量的55%。我国有效商标注册量连续16年位居世界第一。审理各类商标评审案件66万余件。商标注册审查周期、商标驳回复审案件平均审理时间缩短至8个月以内。推进商标评审工作便利化和公开化，实现商标评审裁定文书全部即时网上公开，开展评审案件口头审理。

三是加强商标知识产权保护。注重平等保护各类市场主体合法商标权益，制止商标恶意抢注行为，维护商标注册秩序。深入开展打击侵权假冒工作，以驰名商标、地理标志、涉外商标为重点，查处侵犯中国黄金、同仁堂等商标专用权违法案件。推进跨区域、跨部门商标执法协作，完善与刑事司法衔接机制。五年来，共立案查处商标侵权案件17.3

万件，涉案金额23.2亿元，依法向司法机关移送涉嫌犯罪案件1117件、犯罪嫌疑人1049人。

四是大力推进商标品牌运用。建设商标品牌创新创业基地，发挥商标品牌引领作用。利用集体商标、证明商标带动培育产业区域品牌，运用地理标志实施精准扶贫。五年来，地理标志商标注册1563件，占注册总量的41.65%。

五是积极推动商标品牌国际化。引导企业加快商标海外布局，积极推广马德里商标国际注册，推动中国品牌国际化。主动参与商标国际规则制订，积极构建企业商标海外维权协调机制，协调解决一大批海外抢注商标问题。五年来，马德里商标有效注册量增长了10020件，占有效注册总量的40.07%。

为全面反映2017年商标工作取得的新成绩，展示商标品牌战略发展动态，进一步增强全社会商标品牌意识，更好地指导地方商标品牌工作，提高企业商标品牌创造运用能力，遵照工商总局党组书记、局长张茅，副局长刘俊臣指示，商标局、商标评审委员会共同编撰了《中国商标品牌战略年度发展报告（2017）》。

本报告系统记述了2017年度商标主管机构以及各级工商和市场监管部门在商标申请和注册、商标专用权保护、地理标志和农产品商标、国际注册与海外维权、商标评审等方面的最新进展和突出成绩，汇总了商标注册与管理改革中的重大事件，并对各类商标数据进行了统计分析。

在本书的撰写过程中，工商总局办公厅、综合司和有关司局、直属单位及地方各级工商和市场监管部门给予大力支持，在此谨表示衷心的感谢！

由于时间仓促、水平有限，本书难免有疏漏和缺憾之处，敬请广大读者不吝赐教，批评指正。

工商总局商标局　商标评审委员会

2018年3月20日

目 录

第一章　2017 年商标工作概况

2017年，全国工商和市场监管部门以习近平新时代中国特色社会主义思想为指引，认真贯彻落实党的十九大提出的“强化知识产权创造、保护、运用”要求，统筹推进“五位一体”总体布局，协调推进“四个全面”战略布局，坚持创新、协调、绿色、开放、共享的发展理念，进一步理顺政府与企业、市场的关系，立足职能，优化服务，以深化商事制度改革为契机，以商标注册便利化改革为突破口，以商标品牌有效运用和依法保护为重点，以提升中国品牌竞争力为目标，创新商标品牌战略实施工作理念和举措，着力构建企业自主、市场主导、政府推动、行业促进和社会参与的实施商标品牌战略工作格局，推动实现中国产品向中国品牌转变，促进经济社会持续发展。

一、商标注册便利化改革纵深推进

为充分发挥品牌引领经济发展的重要作用，进一步提高商标审查质量和审查效率，创造良好营商环境，工商总局印发了《关于深化商标注册便利化改革 切实提高商标注册效率的意见》，对进一步深化商标注册便利化改革做了全面部署，一年来各项改革措施有效推进、亮点纷呈。

拓展申请渠道，为申请人提供更大便利。截至2017年年底，已在全国批准设立了地方商标受理窗口120个、商标专用权质权登记申请受理点49个，覆盖29个省、自治区、直辖市的工商和市场监管部门。商标网上申请业务扩大至23项，商标业务规费降低50%，有效降低了企业经营成本。

简化申请手续，优化工作流程。简化国内国际商标注册申请手续，公布可接受商品项目名称及商标形式审查标准，优化工作流程，国内商标注册申请受理通知书发放时间由6个月缩短到3个月以内。改进商标注册证发文方式和内容版式，向商标注册申请人直接寄发商标注册证。完善异议审查和管理机制，出台审限管理规定，异议工作效能有效提升。

改革审查体制机制，提升审查效率。理顺京外商标审查协作中心关系，加快建设进度，上海、重庆商标审查协作中心挂牌运行。加强对各审协中心的业务指导和质量管理，提前实现了将商标注册审查周期从法定9个月缩短到8个月的目标。

2017年9月29日，上海商标审查协作中心正式挂牌运行。图为该中心挂牌仪式现场

2017年12月1日，重庆商标审查协作中心正式挂牌运行，工商总局党组书记、局长张茅（右一）和重庆市委副书记、市长张国清（右二）为重庆商标审查协作中心揭牌

推进商标注册全程电子化，改善用户体验。商标注册网上申请、网上查询、网上公告、网上缴费全面实现。新版商标网上查询系统高效便捷，商标数据库已向全系统开放。2017年11月6日，新版商标电子公告系统正式上线运行，将商标初审公告排版等待周期由一个半月压缩至一周，实现商标公告复刊后数据全覆盖，可查询到自1980年第1期商标公告起的全部商标公告信息。商标审查审限管理功能模块成功运行，图形检索智能化取得实质性进展。商标档案电子化改革顺利推进，电子发文实现当日生成当日送达，有效缓解了纸质文件打印和寄发压力。

随着商标注册便利化改革的深入推进，我国市场主体商标品牌意识日益增强，商标注册申请量持续快速增长。2017年，我国商标注册申请量为574.8万件，同比增长55.72%，网上申请489.7万件，占申请总量的85%。与此同时，我国企业商标品牌价值不断增长，品牌引领经济发展作用更加凸显。目前中国已经成为全球品牌价值提升最快的国家，据有关品牌评价机构统计，过去12年中国品牌价值增长了937%，已经占全球品牌百强总价值的11%。

二、商标专用权保护力度不断加大

工商总局商标局着力推动商标工作重点向注册确权与保护维权并重转变，以打击侵权假冒、遏制恶意注册为落脚点，以推进关口前移、加强两法衔接、部署“溯源”行动为着力点，商标专用权保护工作取得显著成效。2017年，全国工商和市场监管系统共查处各类商标违法案件3.01万件，涉案金额3.65亿元，罚没金额4.7亿元。

重拳出击，严厉打击侵权假冒行为。在全国工商和市场监管部门部署开展打击商标侵权“溯源”专项行动，以驰名商标、地理标志、涉外商标、老字号商标为重点，加大对商标侵权案件源头追溯力度。召开全国工商和市场监管部门商标行政执法工作座谈会，推广“北京经验”，全面提升监管执法水平。

多管齐下，遏制恶意注册成效显著。面对商标恶意注册行为日趋规模化、专业化的新趋势，推进关口前移，在审查、异议环节，对认定具有明显主观恶意的商标申请，采取提前审查、并案集中审查和从严适用法律等措施，坚决遏制违反诚实信用原则的恶意注册行为。在中国商标网发布一批打击大规模恶意抢注商标行为的典型案件，形成震慑效应。

协调联动，凝聚商标行政执法合力。加强行政执法与刑事司法的两法衔接，加强对地方商标行政执法工作的指导，强化对重点案件办理的组织协调，推动商标监管执法跨部门、跨区域协作，查处了侵犯一得阁、老凤祥、公牛、三环、六国、洛川苹果注册商标专用权等一批跨区域、社会公众反映强烈的商标侵权案件，有力地打击了侵犯商标专用权的违法行为。

加强监管，规范代理市场秩序。发布工商总局商标局备案的商标代理机构名单，实现商标代理机构备案及变更的电子化。强化商标代理机构的属地监管，对于社会反映强烈、投诉较为集中的商标代理机构涉嫌违法线索，及时汇总转交涉案地工商和市场监管部门调查处理。

三、商标品牌运用水平有效提升

切实转变工作思路，进一步理顺政府与企业、市场的关系，发挥企业在商标品牌建设中的主体作用，引导企业立足市场、加强运用，培育知名商标品牌，提升商标品牌价值。

权责归位，推动取消著名商标、知名商标行政认定。停止著名、知名商标行政认定工作，召开关于取消著名商标行政认定工作的座谈会，出台《工商总局关于做好著名商标行政认定规范性文件清理工作的通知》，推动通过法定程序取消著名商标行政认定。规范驰名商标认定，使驰名商标保护回归立法本意。

创新引领，加快构建商标品牌培育服务体系。先后与广西、上海、重庆签署合作框架协议，推动各省市建设商标品牌创新创业基地，积极推进产业区域品牌建设，带动商标密集型产业集聚区、商标品牌服务业集聚区等区域经济的发展。中华商标协会成功举办中国国际商标品牌节，有效增强公众商标品牌意识，推动商标品牌战略实施。

2017年3月2日，工商总局与广西壮族自治区人民政府签署《关于推进广西建设商标品牌强区合作框架协议》

精准发力，加快推进区域品牌建设。利用集体商标、证明商标带动培育产业区域品牌，运用地理标志商标实施精准扶贫。畅通地理标志商标注册“绿色通道”，推广地理标志精准扶贫“宁德经验”“淮安经验”，扎实做好商标富农工作。截至2017年年底，我国已注册地理标志商标达3906件。

放眼国际，加快开拓品牌发展国际空间。大力加强商标国际注册工作，推广马德里商标国际注册“东营经验”“青岛经验”，引导企业在实施“走出去”战略中商标先行。2017年，我国申请人提交马德里商标国际注册申请4810件，同比增长59.6%，在马德里联盟中排名第三。加强商标领域国际交流与合作，与世界知识产权组织联合举办世界地理标志大会和中国商标金奖颁奖活动。积极构建企业商标海外维权协调机制，协调解决一大批海外抢注商标问题。

加强研究，完善商标品牌价值评价机制。

支持中华商标协会等行业组织加强商标品牌理论研究，制定品牌价值评价标准，建立中国商标品牌价值评价数据库。2017年，中国商标品牌研究院发布了《2016沪深上市公司商标品牌价值排行榜》，为国内商标品牌价值研究提供了先行先试的宝贵经验。

2017年6月30日，工商总局和世界知识产权组织在江苏省扬州市召开中国商标金奖颁奖大会，颁奖嘉宾与获奖代表合影留念

第二章 商标申请与注册

2017年，我国商标注册申请量持续快速增长，商标注册申请量574.8万件，同比增长55.72%。其中国内申请553.9万件，占全年注册申请总量的96.36%。随着商标品牌战略的有效推进，商标注册申请量保持快速增长，我国已经成为推动全球商标知识产权增长的重要力量，但是距离商标强国仍有一定差距，商标品牌在助推我国经济发展质量变革过程中仍将面临新的机遇和挑战。

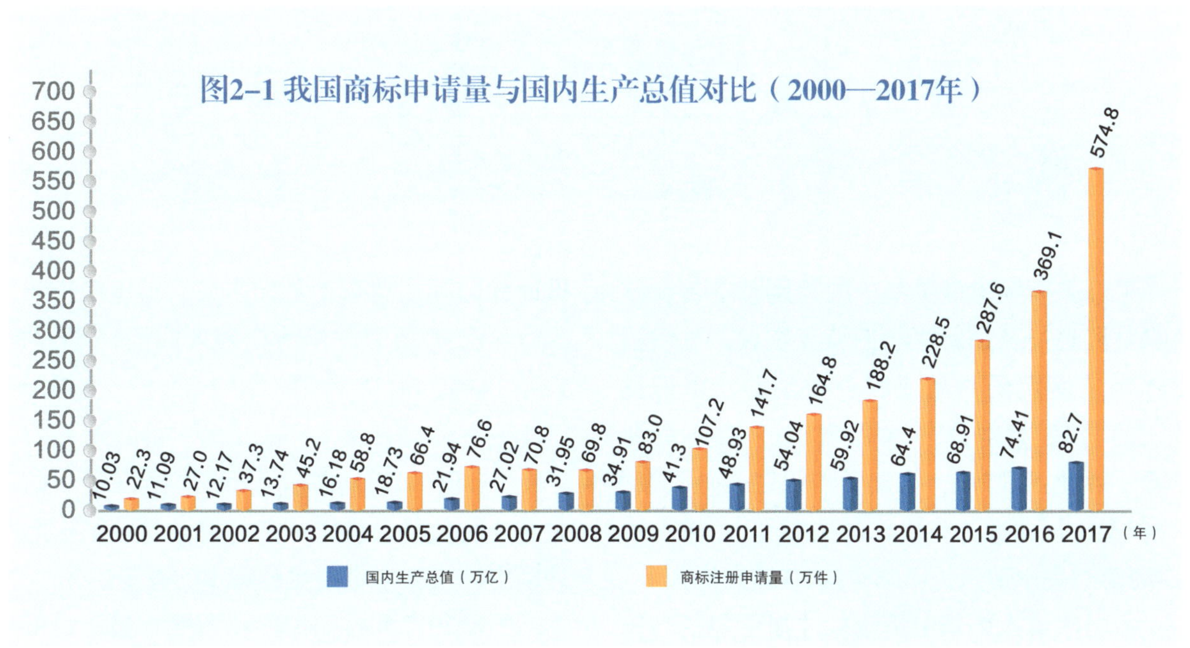

一、商标注册申请量总体情况

（一）我国商标申请总量继续引领世界趋势。截至2017年12月底，我国商标累计申请量2784.2万件，累计注册量1730.1万件，有效注册商标量1492万件，连续16年位居世界第一。自2001年起我国开始超越美国，成为商标申请量最多的国家，我国商标申请量的发展日益反映着世界申请趋势，正逐步成为全球创新和品牌方面的引领者。商标申请量增速远高于国内生产总值增速，与我国经济由高速度增长向高质量发展转变的趋势不符。

截至2017年年底，我国已注册地理标志商标达3906件，外国在我国注册的地理标志商标达91件。累计核准注册农产品商标285.13万件。（详见“第三章 地理标志和农产品商标”）

2017年，我国申请人提交马德里商标国际注册申请4810件，同比增长59.6%，在马德里联盟中排名第三。受理马德里商标国际注册领土延伸申请6.7万（类），同比增长28.84%。（详见“第四章 国际注册与海外维权”）

（二）我国服务类商标申请量排名第一。2017年，从申请商标指定使用的商品或服务类别看，申请量最大的前5个类别依次为第35类（62.6万件）、第25类（53.8万件）、第9类（33.4万件）、第30类（33.2万件）、第43类（25.9万件）。其中，排在前4位的类别与2016年相同，排在第5位的类别由2016年的第29类变为2017年的第43类，表明商业服务、服装、仪器设备、食品等为我国商标申请比较集中的领域。

其中，服务类别国内商标注册申请量为184.6万件，占总申请量的32.11%。从近年各类别申请量占比来看，服务类别商标注册申请量从2013年的25.09% 增长到目前的32.11%，增长了近7个百分点。

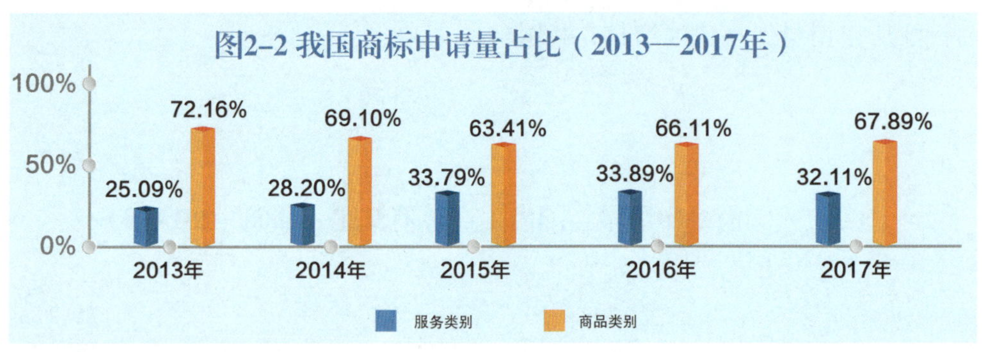

图2-2 我国商标申请量占比（2013—2017年）

（三）商标申请量集中的类别基本与全球产业发展趋势及创新驱动的特点吻合。从申请商标指定使用的商品或服务类别看，申请量最大的前3个类别依次为第35类（广告；商业经营；商业管理等）、第25类（服装、鞋、帽）和第9类（仪器；计算机；存储媒介）。排在第1位的第35类申请量是第25类的1.16倍。

外国申请人来华申请商标注册（包括马德里商标国际注册领土延伸申请）指定使用的商品或服务类别中，申请量最大的前5个类别与去年相同，依次为第9类（1.9万件）、第35类（1.4万件）、第3类（1.3万件）、第25类（1.1万件）、第5类（9796件），表明仪器设备、商业服务、化妆品及洗涤用品、服装、药品依然是外国申请人来华申请比较集中的类别。

据《2017世界知识产权指标》显示，世界范围商标申请类别最多的是第35类，占申请总量的38%；排名第2的是第9类，占申请总量的6.9%。由此可见，我国商标申请量集中的类别基本与世界产业发展趋势吻合。

（四）我国商标注册申请量地区分布不均。 国内注册申请量排名前5位的省（市）依次为广东省（109.5万件）、浙江省（54.7万件）、北京市（49万件）、江苏省（35.3万件）、上海市（34.4万件）。这5个省（市）的申请量之和超过国内总申请量的一半，达51.07%。

除上述省（市）外，申请量超过4万件的省（区、市）有福建省、山东省、河南省、四川省、河北省、安徽省、中国香港特别行政区、湖北省、湖南省、江西省、重庆市、陕西省、辽宁省、云南省、黑龙江省、广西壮族自治区、贵州省、吉林省、天津市、内蒙古自治区、新疆维吾尔自治区、山西省，与去年相比增加了7个省（区、市）。（相关数据详见商标数据统计）

申请量同比涨幅居前5位的省（区、市）依次为西藏自治区（同比增长139.54%）、中国香港特别行政区（同比增长128.43%）、安徽省（同比增长85.44%）、湖北省（同比增长83.79%）、江西省（同比增长82.68%）。西部12省区商标申请量达72.2万件，同比增长51.15%（2016年西部12省区商标申请量为47.8万件）。

国内有效注册量排名前5位的省（市）依次为广东省（252.5万件）、浙江省（154.5万件）、北京市（114.2万件）、江苏省（88.9万件）、上海市（87.8万件）。

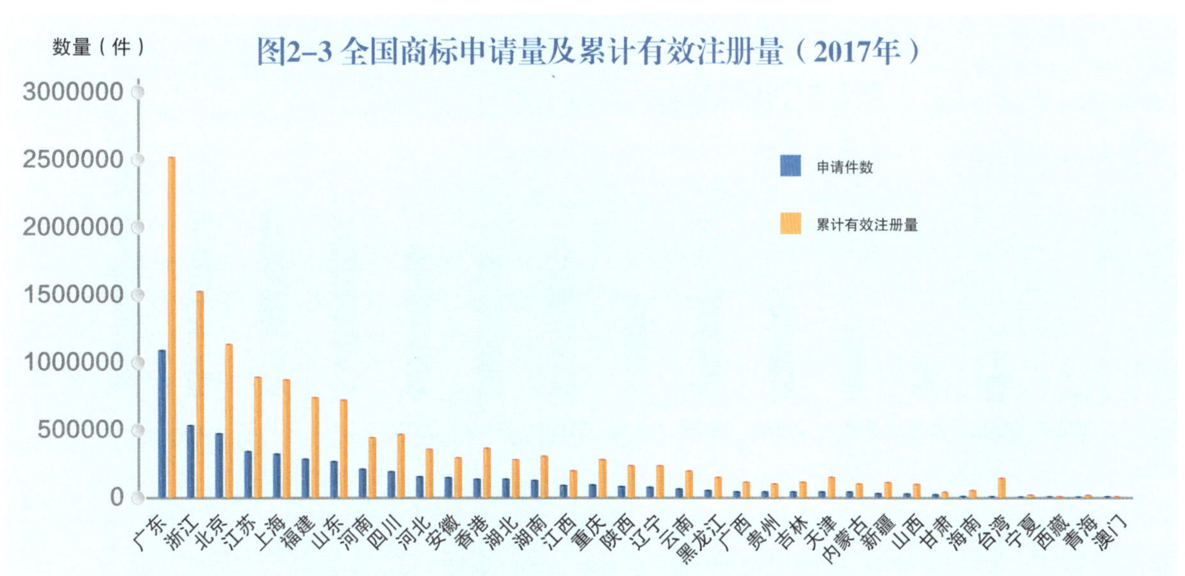

外国在华申请量（包括马德里商标国际注册领土延伸申请）排名前10位的国家或地区分别是美国（4.4万件）、日本（2.0万件）、德国（1.9万件）、韩国（1.6万件）、英国（1.58万件）、法国（1.1万件）、瑞士（8286件）、意大利（7945件）、澳大利亚（7921件）、比利时（6763件），这10个国家的申请量之和占外国在华申请总数的74.75%。（相关数据详见商标数据统计）

（五）市场主体平均有效商标拥有量稳步提升。 截至2017年12月底，我国市场主体总数为9814.8万户，有效商标注册量是1492.0万件，我国每万户市场主体的平均有效商标拥有量从

2011年的1074件增长到当前的1520件，增幅为41.5%，目前，我国平均每6.7个市场主体拥有一件有效商标。

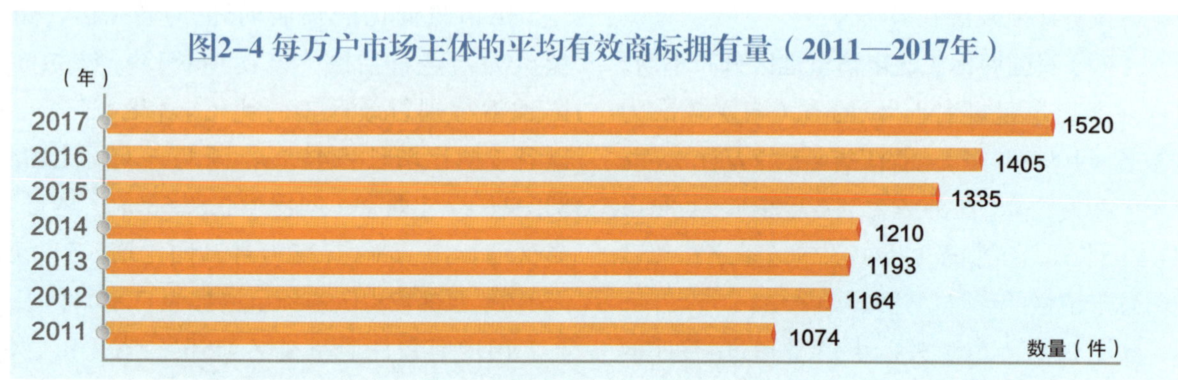

（六）我国商标品牌影响力快速上升，但距离品牌大国仍有相当大的差距。世界品牌实验室发布的2017年度（第十四届）《世界品牌500强》排行榜显示，中国入选的品牌有37个，是2004年的37倍，2009年的2倍多，2013年的1.5倍。数据说明，随着商标品牌战略的深入实施，我国市场主体逐渐树立了品牌意识，中国商标品牌在世界的影响力逐步提高。

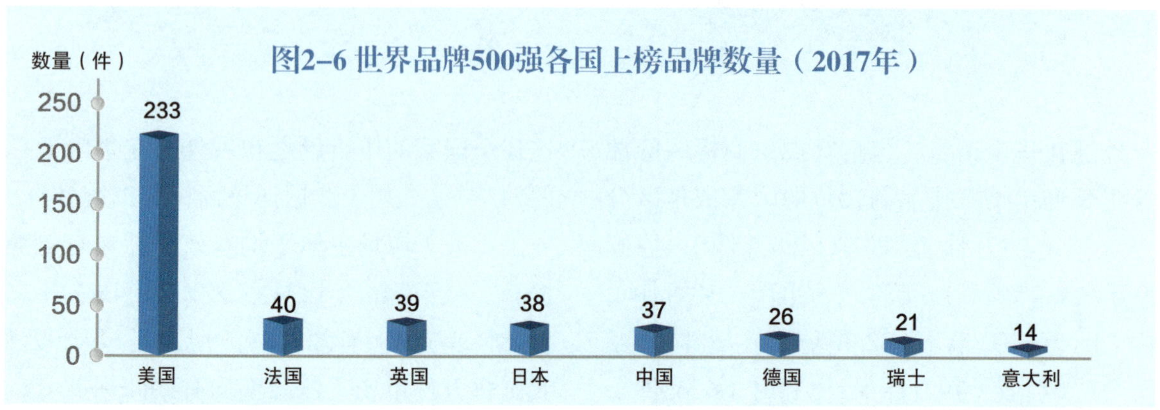

虽然我国品牌上榜数量在逐渐增加，但与我国世界第二大经济体的地位并不匹配，与品牌大国的发展仍有较大差距。以2017年为例，美国占据500强中的233席，已经连续14年稳居第一位。

（七）我国商标品牌引领经济发展作用日益突出，商标品牌运用水平仍有较大提升空间。据《2016沪深上市公司商标品牌价值排行榜》数据显示：100家上榜企业的商标品牌价值之和达3.22万亿元，占其市场总值比例高达16.93%，充分表明商标品牌已成为企业赢得市场竞争的有力武器，是企业发展不可或缺的核心资产。

据阿里巴巴（中国）有限公司报告显示：2017年“天猫双11全球狂欢节”消费规模为1682亿元，国产品牌表现抢眼，销售额前10的商家中有6个是国产品牌，有近百个中国品牌对接全球消费者，商标品牌引领经济发展的作用日益突出。

另据《2017世界知识产权指标》显示：2016年我国每千亿美元GDP对应的商标数量为1.78万件，而美国仅有2257件，说明每千亿美元GDP，美国是由2257件商标创造的，而中国是由1.78万件商标创造的，中国商标品牌含金量不高，运用水平还有待提升。

二、我国商标注册工作总体情况

（一）商标注册申请量增长比率高于审查量增长比率，商标审查压力增大。2017年商标注册申请继续快速增长，全年商标注册申请量574.8万件，同比增长55.72%。2017年，工商总局商标局共审查商标注册申请425.2万件，同比增长41.76%；核准注册商标279.2万件，同比增长23.82%；初步审定商标265.8万件，同比增长48.25%；驳回及部分驳回商标注册申请159.5万件，同比增长32.11%。

（二）异议申请量高位运行，异议实审工作成效显著。2017年，异议申请量持续高位运行，商标注册申请审查速度加快、商标各项申请费用减半使异议申请量进一步增加，与2016年相比有加速增长趋势。

2017年，工商总局商标局共收到异议申请72575件，同比增长26.9%，审查完成异议案件63004件，同比增长30.7%，其中异议成立1.7万件，部分成立4489件，不成立4.1万件，异议成立率（包括部分成立）为34.25%，较2016年的28.8%进一步提升。

图2-7 异议成立率（2013—2017年）

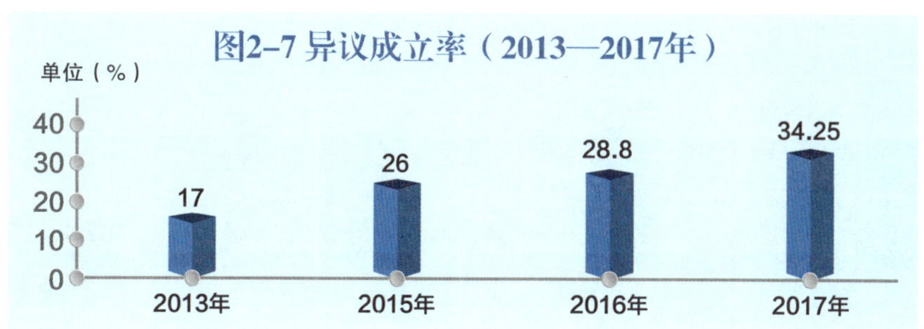

在不予注册及部分不予注册的2.2万件审查决定中，属于制止恶意注册的共有5734件，占异议成立（部分成立）案件的26.6%，其中适用《商标法》第七条“违反诚实信用原则”的有1212件，占5.6%；适用《商标法》第十三条对驰名商标进行扩大保护的有2352件，占10.91%；适用《商标法》第十五条关于代理人或代表人抢注的有246件，占1.13%；适用《商

标法》第三十二条对其他在先权利进行保护或制止恶意抢注的有1924件，占8.92%。（第七条“诚实信用原则”作为基本原则，常与其他条款合并使用，因此数据会略有重合）恶意异议得到有效遏制，有效维护了在先权利人的合法权益，维护了良好的市场竞争秩序，异议程序维护各类在先权利的救济功能得到充分发挥。

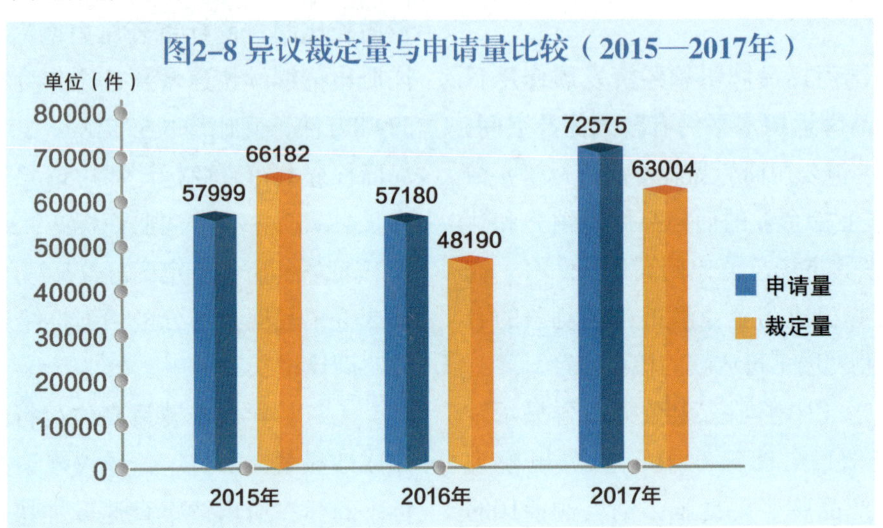

（三）国内变转续等后续业务快速增长。 2017年，工商总局商标局受理变更商标注册事项申请35.4万件，同比增长64.79%；受理商标转让申请29.7万件，同比增长85.88%；受理商标续展注册申请17.9万件，同比增长47.77%；受理商标使用许可备案申请2.6万件，同比增长60.16%；受理更正申请0.6万件，同比增长60%。

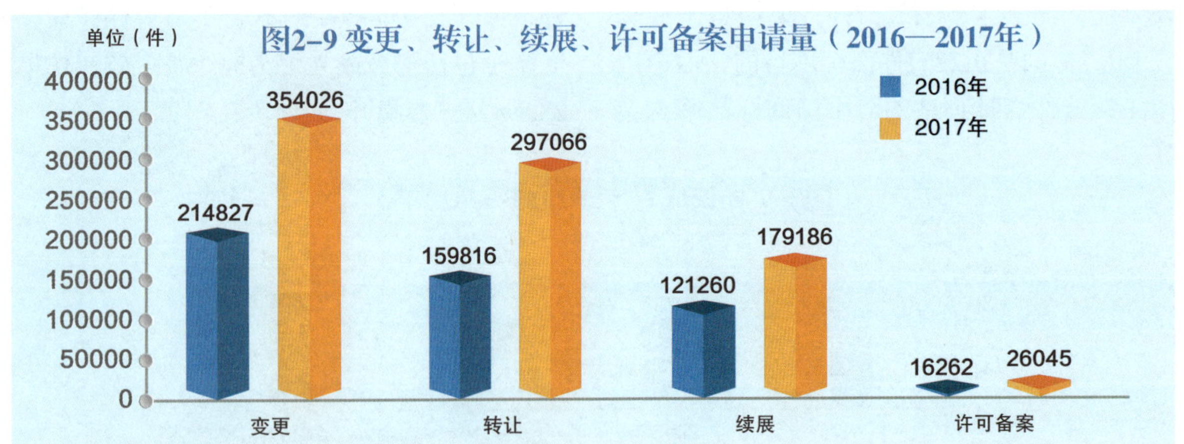

2017年，办理变更商标注册事项申请30.3万件，同比增长57%；办理商标转让申请24.7万件，同比增长51%；办理商标续展17.8万件，同比增长36%；办理商标使用许可合同备案3万件，同比增长67%。

根据2017年1492万件有效注册商标总量计算，每万件商标中有243件办理了变更申请，203件办理了转让申请，17.4件办理了许可备案申请。

（四）清理闲置商标持续推进。 2017年，

工商总局商标局受理商标注销1.3万件，同比增长75.87%；受理撤销连续三年不使用申请5.7万件，同比增长43.19%；受理撤销成为商品通用名称注册商标案件57件，同比增长195%。

依据2007年核准注册商标23.4万件及核准续展6.8万件商标计算，2017年有30.2万件商标到期应续展，而实际只有17.9万件商标提交了续展申请，到期商标续展比例约为59.28%。

2017年，工商总局商标局依申请撤销三年不使用商标2.8万件，注销商标约1.4万件，期满未续展注销商标约16.39万件，全年共清理闲置商标约33.19万件。

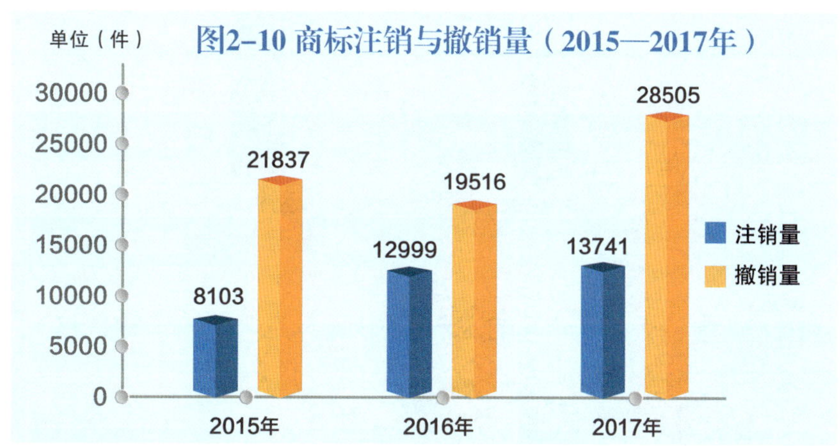

三、商标注册便利化改革成效显著

（一）商标审查效率进一步提高。2017年10月27日，商标注册审查周期从法定的9个月缩短到8个月，审查周期为240天。与世界主要国家相比，我国商标审查周期处于世界先进水平。（下图内容参照《2017世界知识产权指标》，欧盟只审查绝对理由）

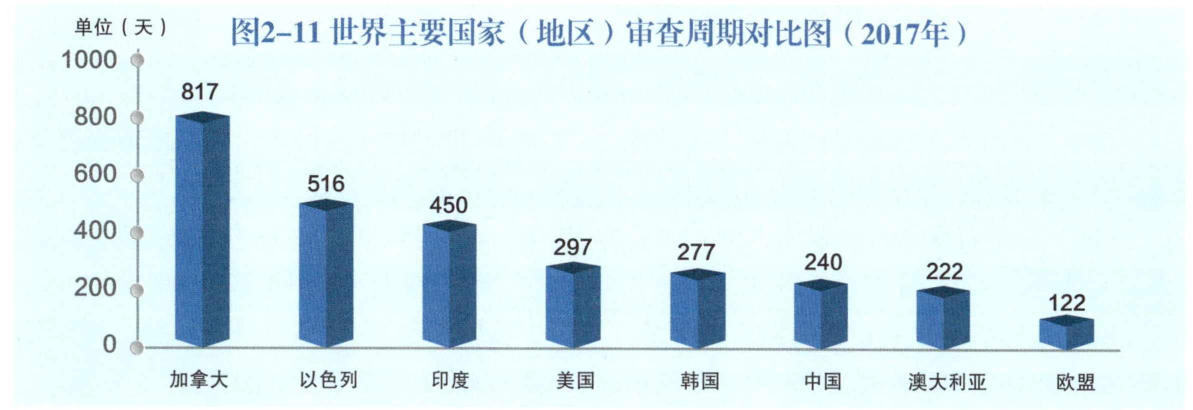

（二）商标注册申请受理窗口运转顺利。截至2017年年底，工商总局商标局已在全国29个省（区、市）批准设立了120个商标受理窗口，其中，启动了105个，全年受理商标注册申请9.2万件，占申请人自行办理总量的30%，为申请人就近办理商标申请提供了便利，有效降低了申请人的申请成本。申请量最大的前5个商标受理窗口依次为成都商标受理窗口（9176件）、深圳商标受理窗口（9103件）、长沙商标受理窗口（5096件）、徐汇商标受理窗口（4580件）、

沈阳商标受理窗口（3522件）。

（三）网上商标注册申请比例提高。2017年商标网上申请489.7万件，占申请总量的85%，比2016年增长了4个百分点（2016年同期网上申请量占比81%），有效降低了纸质档案的存量。

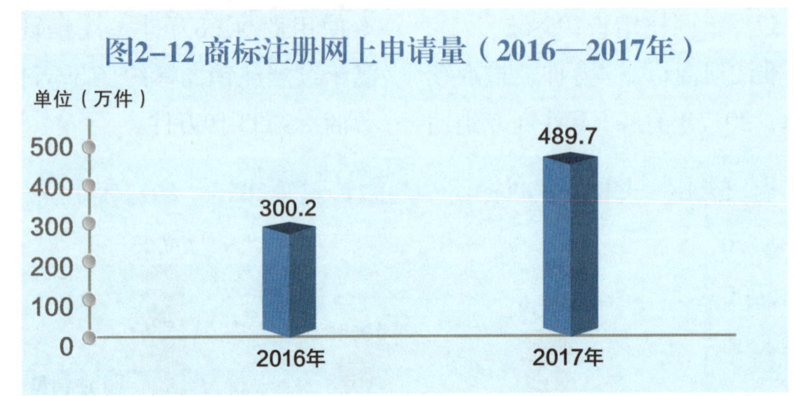

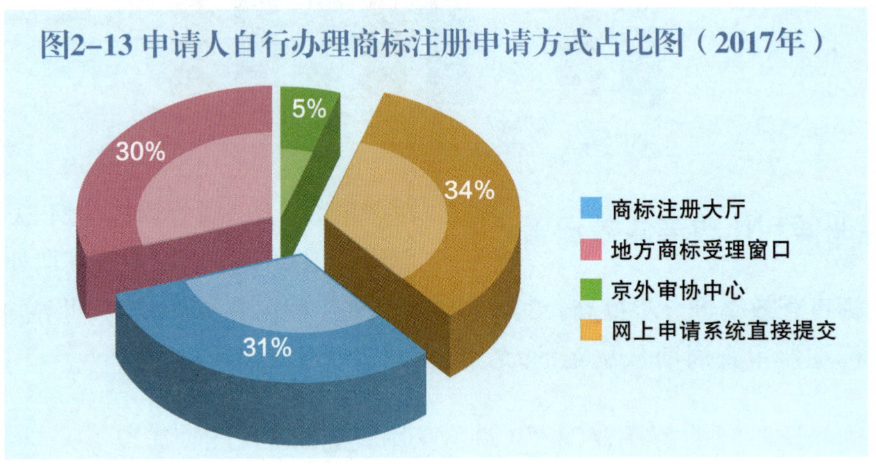

2017年，商标网上申请系统向申请人直接开放，全年申请人自行办理网上申请注册用户2万个，网上直接提交商标注册申请10.1万件，占申请人自行办理商标注册总量的34%。

（四）商标权质权登记量继续快速增长。2017年全国共计办理质权登记1291笔，涉及担保债权370.22亿元人民币，其中地方受理点办理848笔，涉及金额168.24亿元人民币，分别占比为65.68和45.44%。体现出地方受理点根据本地经济结构特点，灵活支持小微型企业通过商标权质押获取小额贷款的业务特色。切实帮助小微企业解决“融资难，融资贵”的问题。

第三章　地理标志和农产品商标

2017年，全国各级工商和市场监管部门认真贯彻落实中央一号文件精神，深入推进商标富农工作，以运用地理标志精准扶贫为抓手，努力扶持优质农产品品牌和区域优势品牌，为推进农业供给侧结构性改革，培育农业农村发展新动能，实现绿色生态可持续发展做出了应有贡献。截至2017年年底，我国已注册地理标志商标达3906件，全国各省级行政单位平均拥有地理标志商标112件，多地地理标志商标注册数有明显增长，超过100件的省（市）已有11个。外国在我国注册的地理标志商标达91件。累计核准注册农产品商标285.13万件。

一、地理标志商标申请、审查情况分析

工商总局商标局大力推进商标注册便利化改革，积极响应地方和群众的要求，在坚持地理标志商标注册申请单独排队、提前审查的“绿色通道”制度的同时，2017年11月3日发布了《关于简化地理标志商标申请材料、便利申请人的通知》，从地理标志的客观存在证明、生产范围证明、产品品质与产地关系证明、申请人的检测监督能力证明、变更和转让事项五个方面采取措施进一步便利申请人，同时进一步完善审查标准，为商标富农和运用地理标志精准扶贫工作打下良好基础。

（一）我国地理标志商标注册总体情况。 截至2017年12月底，工商总局商标局共核准注册3906件地理标志商标，是2007年年底（301件）的12.9倍。（近10年我国地理标志商标注册情况见图3-1）

（二）地理标志商标注册分类情况。 在已核准注册的3906件地理标志商标中，水果（830件）数量最多，占21%，蔬菜（668件）占17%，家禽牲畜（568件）占15%，粮油（470件）占12%，水产品（346件）占9%，茶（315件）占8%，中药材（208件）占5%，工艺品（149件）占4%，其他（352件）占9%。

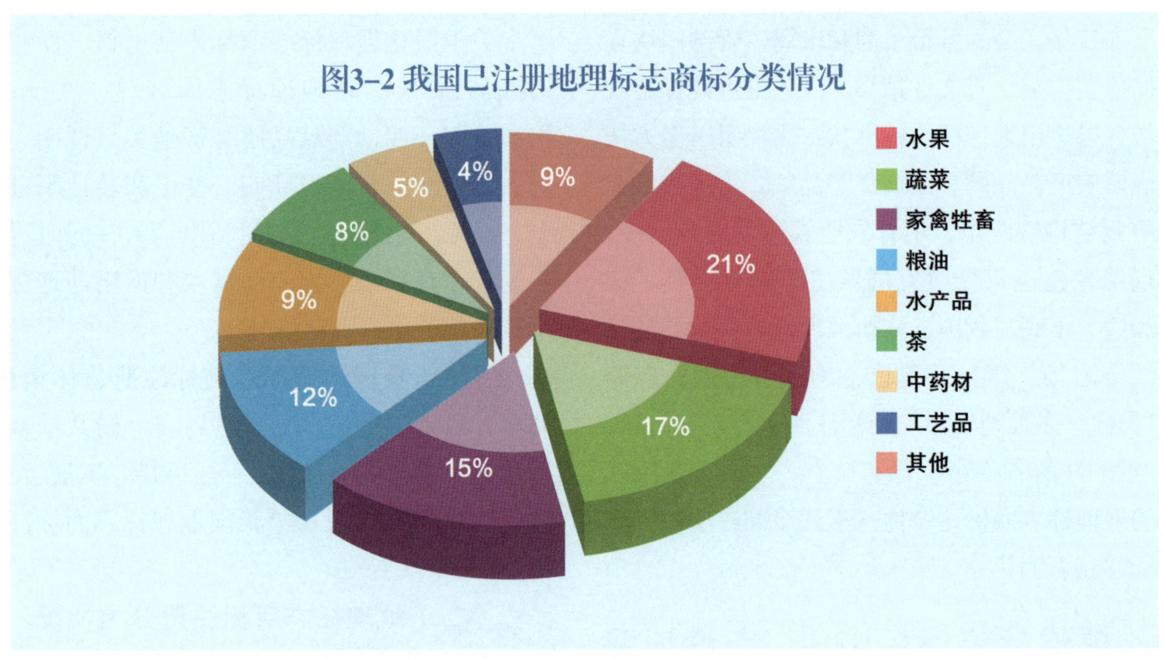

（三）地理标志商标注册各省区及地市情况。全国34个省级区域的地理标志平均数为112.2件，在平均数以上的省区有11个，这11个省区拥有地理标志商标的数量占全国总量的70.97%。地理标志商标最多的前5个省分别为：山东省（584件）、福建省（350件）、湖北省（348件）、江苏省（264件）、四川省（244件），这5省地理标志商标数量占全国的45.83%。

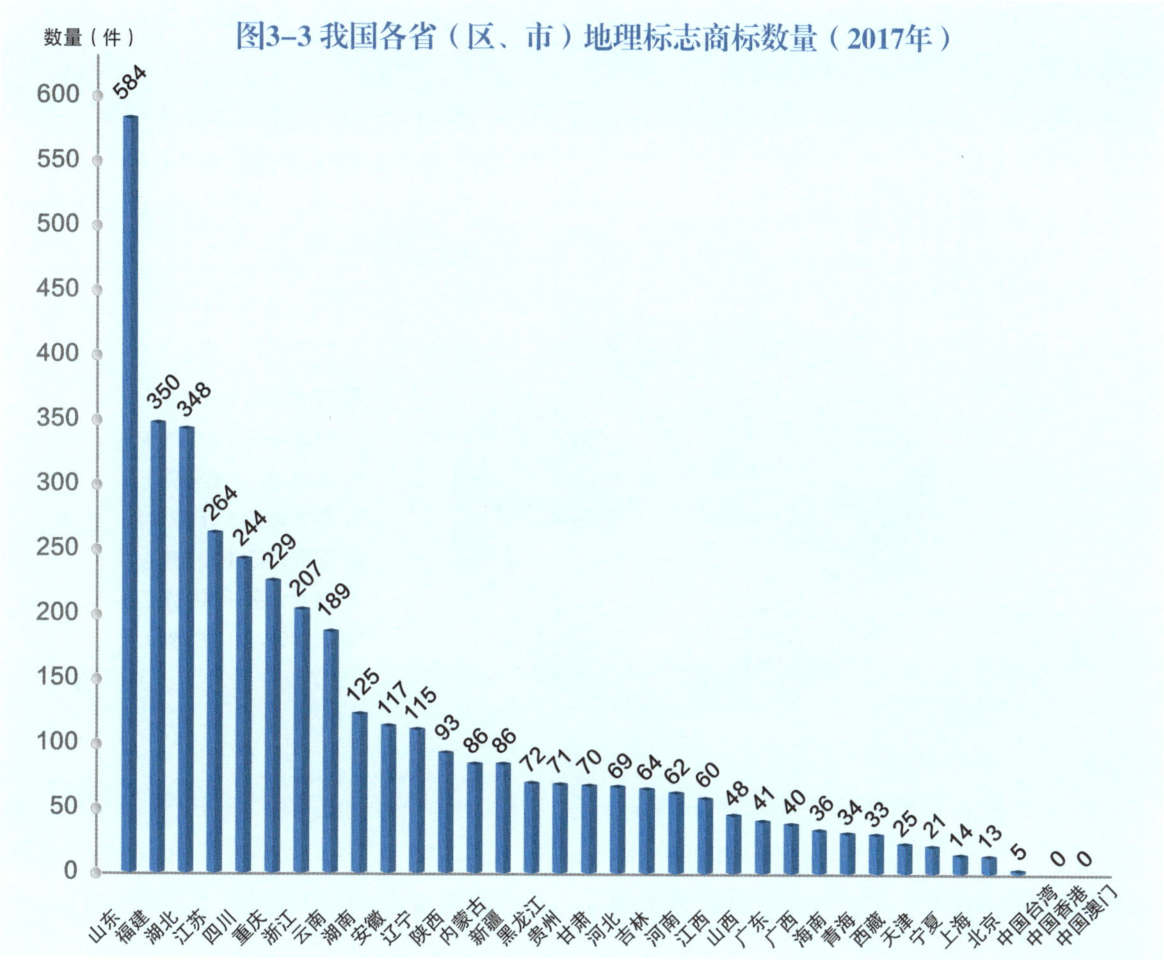

图3–3 我国各省（区、市）地理标志商标数量（2017年）

数量（件）

省（区、市）	数量（件）
山东	584
福建	350
湖北	348
江苏	264
四川	244
重庆	229
浙江	207
云南	189
湖南	125
安徽	117
辽宁	115
陕西	93
内蒙古	86
新疆	86
黑龙江	72
贵州	71
甘肃	70
河北	69
吉林	64
河南	62
江西	60
山西	48
广东	41
广西	40
海南	36
青海	34
西藏	33
天津	25
宁夏	21
上海	14
北京	13
中国台湾	5
中国香港	0
中国澳门	0

全国共有379个地市注册地理标志商标，其中注册量排名前99位的地市共注册2484件，占全国已注册地理标志商标数量的63.5%。已注册地理标志商标数量居前5位的地市是江苏省淮安市（120件）、山东省济宁市（119件）、福建省漳州市（110件）、山东省潍坊市（92件）、福建省宁德市（63件）。

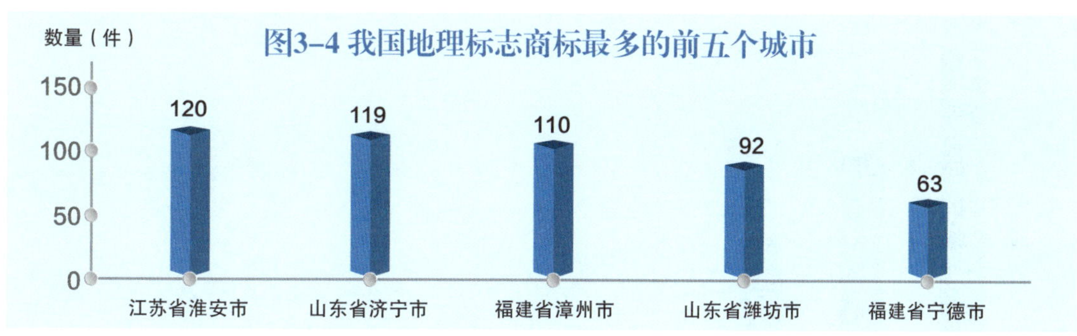

图3–4 我国地理标志商标最多的前五个城市

（四）我国地理标志商标区域分布情况。我国地理标志区域分布不均衡，其中华东地区数量最多，占41.99%。西部地区地理标志商标占全国的注册量的28.02%(西北地区占7.97%，西南地区占20.05%）。数据显示，运用地理标志精准扶贫需向西部倾斜，加强西部地理标志精准扶贫经验推广，加大对西部地区地理标志商标工作的指导力度。

我国的12个农业大省区（安徽、江苏、江西、湖南、内蒙古、辽宁、吉林、黑龙江、四川、山东、河南、河北）的地理标志商标注册量为1862件，约占全国注册量的47.67%。

图3-5 我国地理标志商标区域分布图

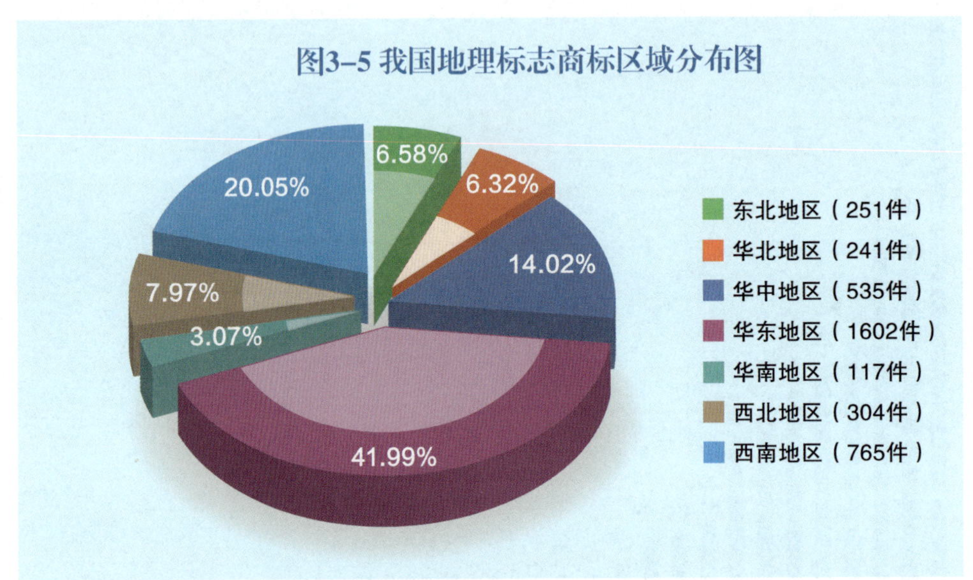

（五）外国在华地理标志商标注册情况。 截至2017年12月底，共核准注册国外地理标志商标91件，占全国已注册地理标志商标总量的2.3%。排名前三的国家为：法国（38件），意大利（20件）、美国（14件）。国外在华注册地理标志数量与其本国对地理标志重视程度成正比。

图3-6 外国在华注册地理标志商标数量

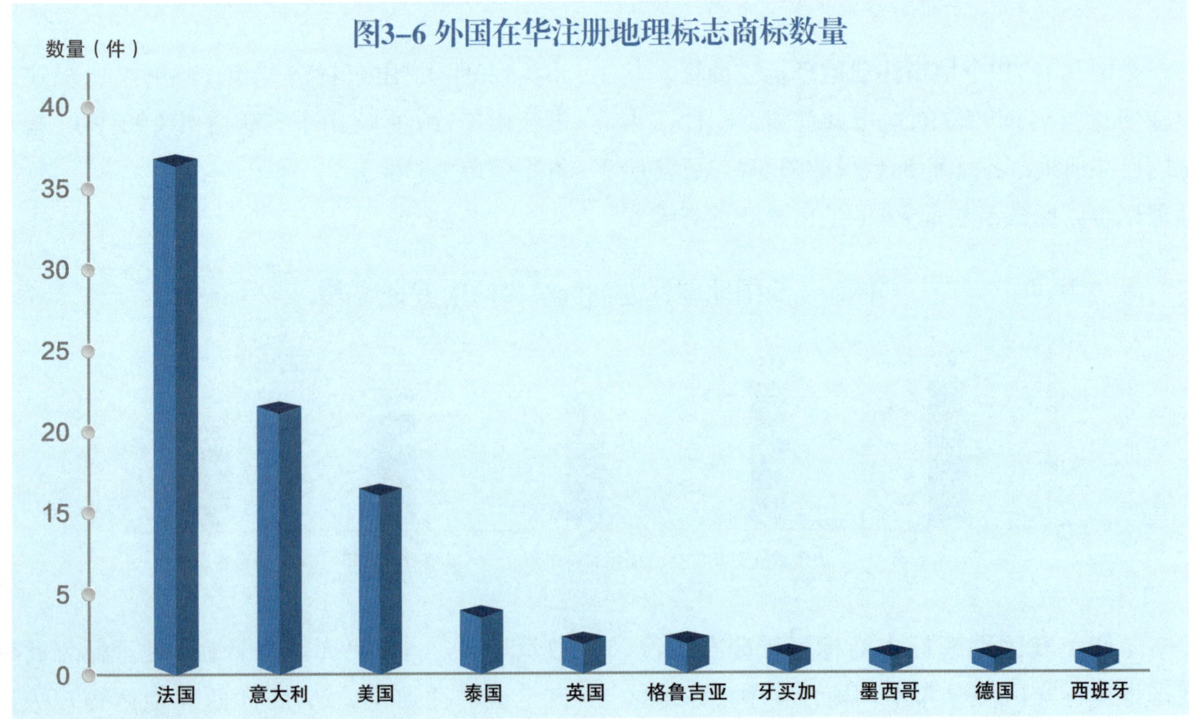

（六）地理标志商标注册人情况。截至2017年年底，拥有地理标志商标数量最多的是法国波尔多葡萄酒行业联合委员会（36件），单一主体拥有地理标志商标数量超过10件的还有淮安市淮阴区畜禽产业协会（34件）、洪泽县洪泽湖农产品协会（22件）、金湖县农副产品营销协会（20件）、涟水县农副产品营销协会（20件）。

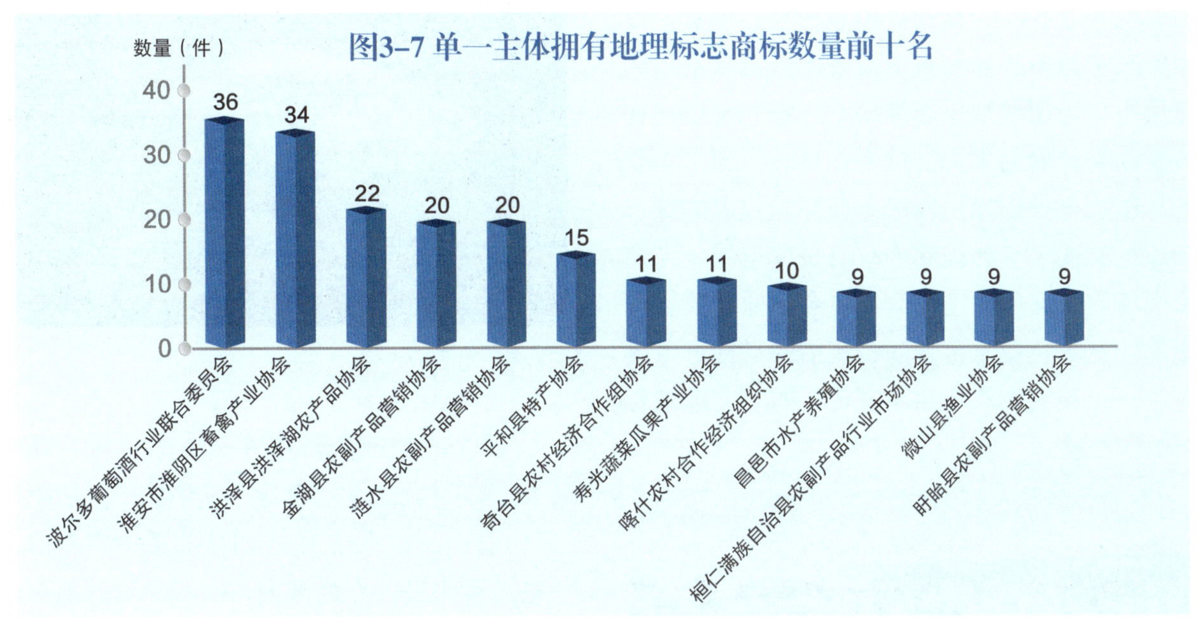

图3-7 单一主体拥有地理标志商标数量前十名

（七）地理标志商标在服务“三农”、促进区域经济发展中发挥了重要作用。地理标志商标在服务“三农”、促进区域经济发展中发挥了积极作用。以江苏淮安为例，截至2017年12月底，淮安市已注册地理标志商标120件，居全国设区市首位。“淮安大米”“盱眙龙虾”“淮安红椒”已经成为推动精准扶贫的金字招牌。目前，盱眙县农民收益的五分之一来自于龙虾，县区龙虾从业人员达10多万人，品牌价值169.91亿元，关联产业产值超百亿元。

二、运用地理标志精准扶贫成为商标工作的重要抓手之一

2017年，工商总局商标局把运用地理标志精准扶贫作为工作重要抓手之一，积极引导各级党委政府、基层工商和市场监管部门、地理标志和农产品商标权利人，把地理标志和农产品商标工作重心转向注重使用效能，同时协调有关部委共同开展商标富农和运用地理标志精准扶贫工作，推动地方优势特色农业产业切实提高品牌使用效能。

2017年3月28日和8月25日，工商总局分别在福建省宁德市和江苏省淮安市举办专题会议，推广运用地理标志精准扶贫“宁德经验”“淮安经验”的成熟做法。积极组织开展“商标富农和运用地理标志精准扶贫十大典型案例”评选和中央媒体“地理标志精准扶贫一线行”活动，充分展示各地运用地理标志精准扶贫的经验和成效。

（一）宁德经验。宁德市位于福建省东北部，既无完备发达的工业体系，也无闻名遐迩的风景名胜，而且位于对台战备前线。但是，宁德市依山傍海，农业资源丰富多样。26年前，时任宁德地委书记习近平同志曾指出：“闽

东主要靠农业吃饭，我们‘穷’在农上，也只能‘富’在农上”，“靠山吃山唱山歌，靠海吃海念海经”；他强调要有“弱鸟先飞”的意识，坚持“滴水穿石”的精神。因此，宁德市始终把加快农业发展、摆脱贫困放在重要位置。近10年来宁德市工商和市场监管部门充分发挥职能作用，运用地理标志推动“三农”发展，在各级党委政府的大力支持下，推动宁德市下辖各县市陆续打出以地理标志商标为代表的城市名片，形成了“各级党委政府高度重视、工商和市场监管部门主动作为、协会企业规范管理使用、龙头企业示范带动、多措并举推进市场运作、相关主体联手加大宣传”的宁德地理标志工作经验。

全国工商系统商标富农工作会议代表参观宁德大黄鱼养殖基地

截至2017年年底，宁德市拥有63件已注册地理标志商标，覆盖水产、茶叶等34个农产品品类，惠及人口近300万，占全市总人口的89%。宁德市贫困人口从20世纪80年代中期的77.5万人下降到如今的11.3万人，贫困面从37.8%降至5%以内，农民年人均可支配收入从300多元增至1.24万元（远远高于2016年国家贫困标准2952元和福建省贫困标准3550元），其中来自地理标志产业的收入占53%。商标品牌的引领、集聚、辐射效应，已成为县域经济发展的重要支柱产业和脱贫攻坚的利器。

宁德大黄鱼

（二）淮安经验。淮安市低收入人口比重较大，找准扶贫工作“破冰”的突破口至关重要。“靠山吃山，靠水吃水。”淮安市委、市政府从战略高度出发，立足淮安市农产品资源富集的优势，敏锐地找到运用地理标志商标推动品牌兴农这个切入点，从顶层设计做起，描画出淮安扶贫攻坚的总蓝图。优质稻米、高效园艺、规模畜禽、特色水产、休闲农业……通过合理布局，淮安确立了优化产业结构的总体构想。

全国工商和市场监管部门地理标志商标精准扶贫经验交流会代表参观盱眙养殖基地

美好的蓝图变为现实，需要政策落地生根。淮安市政府先后出台《淮安市关于深入实施商标战略的意见》等系列文件，制定了“2017—

2019商标品牌战略三年行动计划”，确立了“实施商标战略，推进精准扶贫”的重点项目。淮安市工商局充分发挥职能作用，主动对接市农委、市史志办、市检验检疫局等单位，重点培育，强化指导，做好地理标志商标注册、运用、保护工作。淮安市各界运用地理标志商标精准扶贫，形成了“政府扶持、工商主动、品牌塑造、产业运作、打假维权”的成熟经验。

政府给力，工商等行业主管部门引导、培育得力，淮安市各个县区“土里掘金，水里捞银”，实现了地理标志商标品牌价值的飞跃，地理标志商标呈井喷式爆发，从2011年的6件增长到2017年的120件。淮安地理标志商标在全国设区市中名列前茅，实现“面”广“量”大，产品涵盖粮食、水产、蔬菜、畜禽等六大类，相关产业也由散乱的“盆景”扩展为一道道亮丽的“风景”，促进了农民增收致富，部分贫困人口得以脱贫，推动了产业结构调整和产业链延伸，促进了县域经济发展，提升了城市的对外形象。

“淮安红椒”种植户

三、成功举办第八届世界地理标志大会

2017年6月，世界知识产权组织和工商总局联合主办的第八届世界地理标志大会在江苏省扬州市召开，中共中央政治局常委、国务院总理李克强专门发来贺信，国务院委员王勇出席开幕式并致辞。世界知识产权组织总干事弗朗西斯·高锐出席并致辞，工商总局党组书记、局长张茅出席开幕式并演讲。

第八届世界地理标志大会现场

王勇指出，地理标志是一项重要的知识产权，保护好、运用好地理标志，对于推动经济社会发展、促进贸易投资和保护文化遗产具有重要作用。多年来，中国政府不断加大地理标志保护力度，积极指导规范地理标志商标、地理标志产品专用标志的使用管理，有效保护了国内外地理标志权利人的合法权益，促进了地理标志产品的跨国流通。今后要进一步加强地理标志宣传，改善地理标志商标运用管理，指导注册人完善管理制度，督促使用人强化质量和品牌意识，完善地区间保护协作机制，建立多元共治工作格局，更好发挥地理标志在供给侧结构性改革中的重要作用。

王勇强调，促进世界经济和贸易投资增长，需要在更大范围、更高水平、更深层次开展地理标志国际合作。各国应扩大开放共享、打造地理标志交流平台，加强协作配合、提升地理标志保护水平，逐步凝聚共识、构建更加公平合理的地理标志国际规则，共同助推世界经济走上开放、可持续、平衡、包容增长之路。

四、中国地理标志产品展示亮相世界地理标志大会

第八届世界地理标志大会召开期间，在主会场外同期举办了中国地理标志产品展示。全国31个省、自治区、直辖市共选送了南京云锦、景德镇瓷器、武夷山大红袍、绍兴黄酒、库尔勒香梨、五常大米、端砚等88件具有中华民族传统特色的地理标志精品在现场集中展出，与会嘉宾一睹各地精品风采，感知底蕴深厚的华夏文明。展示以“一带一路上的地理标志”为主题，主要分为两个区域，一楼为“海上丝绸之路”展区，二楼为“陆上丝绸之路”展区。一层会议厅还设有品茶区和地理标志产品品尝区 ，国家级工艺美术大师现场表演“宜兴紫砂”拉坯制作。

第八届世界地理标志大会中国地理标志产品展示现场

五、"第七届全国地理标志商标摄影大赛"获奖作品选登

特等奖作品：

《潮涌的希望》——宁德大黄鱼

一等奖作品：

《牧归》——崇明白山羊

《古田银耳》——古田银耳

《线面琴弦》——穆阳线面

2017 年度新增地理标志名录

序号	商标名称	注册人	注册号	类别	商品	国家（国内省、自治区、直辖市）
1	含山绿茶	含山县茶叶行业协会	16071553	30	茶	安徽
2	岳西黑猪	岳西黑猪养殖协会	17460656	31	活猪	安徽
3	望江风酿酱油	望江风酿调味品协会	18854255	30	酱油	安徽
4	宿州王枣子	宿州王枣子研发中心	18523783	30	用作茶叶代用品的花或叶（王枣子叶）	安徽
5	九华黄精	青阳县九华黄精产业化协会	18386449	5	黄精（中药材）	安徽
6	石台香牙	安徽省石台县茶业协会	16280741	30	茶	安徽
7	泾县书画纸	泾县书画纸协会	16645737	16	书画纸	安徽
8	黄花云尖	宁国市种植业局	16969029	30	茶	安徽
9	口孜大蒜	颍东区口孜镇农业综合服务站	19332141	31	新鲜蒜	安徽
10	大观绿豆糕	安庆市清真食品研发中心	17212643	30	绿豆糕（糕点）	安徽
11	黄山毛峰茶	黄山市茶叶行业协会	15430153	30	茶	安徽
12	望江挑花	望江挑花产业协会	16278690	24	丝织、交织图画等	安徽
13	旌德灵芝	旌德县灵芝协会	18734684	5	灵芝（中药材）	安徽
14	涡阳大豆	涡阳县优质大豆产业协会	19502980	31	豆（未加工的）	安徽
15	含山大米	含山县粮油行业协会	20469151	30	大米	安徽
16	五横茶叶	安庆市宜秀区五横乡农村综合服务中心	20625097	30	茶	安徽
17	草桥菊花	北京市丰台区花乡农业服务中心	17212893	31	菊花（自然花）	北京
18	花乡茉莉	北京市丰台区花乡农业服务中心	17212894	31	茉莉花（自然花）	北京
19	花乡牡丹	北京市丰台区花乡农业服务中心	17212895	31	牡丹（自然花）	北京
20	花乡月季	北京市丰台区花乡农业服务中心	17212896	31	月季（自然花）	北京
21	波尔多	波尔多葡萄酒行业联合委员会	19564619	33	葡萄酒	法国
22	BORDEAUX	波尔多葡萄酒行业联合委员会	19564618	33	葡萄酒	法国
23	卡斯蒂永－波尔多山坡 CASTILLON－COTES DE BORDEAUX	波尔多葡萄酒行业联合委员会	10528121	33	葡萄酒	法国
24	蓬华芥菜	南安市蓬华高山蔬菜种植协会	16559340	31	芥菜	福建
25	小湖水仙	南平市建阳区小湖镇三农服务中心	17925384	30	茶	福建
26	武夷山岩茶	武夷山市茶叶科学研究所	15669138	30	茶	福建
27	武夷山肉桂	武夷山市茶叶科学研究所	15669131	30	茶	福建

续表

序号	商标名称	注册人	注册号	类别	商品	国家（国内省、自治区、直辖市）
28	霞浦沙江牡蛎	霞浦县沙江镇农业服务中心	16769643	31	牡蛎（活的）	福建
29	长泰枋洋豆签	长泰县农产品流通协会	16745078	30	豆签	福建
30	南日海带	莆田市秀屿区南日鲍协会	17200632	29	海带	福建
31	南日紫菜	莆田市秀屿区南日鲍协会	17200633	29	紫菜	福建
32	莆田牡蛎	莆田市水产技术推广站	17411167	31	牡蛎（贝壳类活体动物）	福建
33	仙游书峰枇杷	仙游县书峰枇杷协会	15886620	31	枇杷	福建
34	福清花蛤	福清市贝类养殖协会	16455308	31	花蛤（活的）	福建
35	永安笋干	永安市农村合作经济组织联合会	18272617	29	笋干	福建
36	周宁玛坑宝岭花生	周宁县玛坑乡果蔬协会	17411996	29	加工过的花生	福建
37	南日鲍	莆田市秀屿区南日鲍协会	18020103	29	鲍鱼干	福建
38	南日鲍	莆田市秀屿区南日鲍协会	18020104	29	鲍鱼干	福建
39	莆田紫菜	莆田市渔业行业协会	18999008	29	紫菜	福建
40	安贞雪蔗	永安市槐南镇农业综合服务中心	16446914	31	甘蔗	福建
41	永安洪田脐橙	永安市洪田镇农产品产销协会	15865283	31	新鲜柑橘	福建
42	邵武和平豆腐	邵武市和平镇三农服务中心	19658608	29	豆腐	福建
43	干坑小种红茶	光泽县司前乡三农服务中心	19240580	30	茶	福建
44	武夷山奇种	武夷山市茶叶科学研究所	15669135	30	茶	福建
45	武夷山水仙	武夷山市茶叶科学研究所	15669136	30	茶	福建
46	福清白对虾	福清市水产加工与流通协会	17358518	31	虾（活的）	福建
47	福清白对虾	福清市水产加工与流通协会	17358519	29	虾（非活）	福建
48	周宁高山云雾茶	周宁县茶叶协会	20826107	30	茶	福建
49	莆田荔枝	莆田市荔城区水果协会	19883661	31	荔枝	福建
50	赖坊大蒜	清流县赖坊乡农业农村经济和科技服务中心	17164482	31	新鲜蒜	福建
51	平和琯溪蜜柚	福建省平和琯溪蜜柚发展中心	18585264	31	新鲜柚子	福建
52	平和琯溪蜜柚	福建省平和琯溪蜜柚发展中心	18585265	31	新鲜柚子	福建
53	PING HE GUAN XI MI YOU	福建省平和琯溪蜜柚发展中心	18585267	31	新鲜柚子	福建
54	PING HE GUAN XI POMELO	福建省平和琯溪蜜柚发展中心	18585266	31	新鲜柚子	福建

续表

序号	商标名称	注册人	注册号	类别	商品	国家（国内省、自治区、直辖市）
55	东山亲营紫菜	东山县西埔镇藻类养殖协会	19657827	29	紫菜	福建
56	大田高山茶	大田县茶叶协会	20158090	30	茶	福建
57	永定柿饼	龙岩市永定区特色产品协会	20730373	29	柿饼	福建
58	武夷山水金龟	武夷山市茶叶科学研究所	15669137	30	茶	福建
59	武夷山白鸡冠	武夷山市茶叶科学研究所	15669133	30	茶	福建
60	武夷山铁罗汉	武夷山市茶叶科学研究所	15669134	30	茶	福建
61	连城慈菇	连城县莲峰镇慈菇行业协会	17939796	31	慈菇	福建
62	永定蜜柚	龙岩市永定区特色产品协会	20730376	31	柚子	福建
63	甘谷大葱	甘谷县农产品流通经纪人协会	18349453	31	大葱（新鲜蔬菜）	甘肃
64	清水半夏	清水县半夏协会	18600180	5	半夏（中药材）	甘肃
65	凉州核桃	凉州区林业技术推广中心	17515698	31	核桃	甘肃
66	凉州皇冠梨	凉州区林业技术推广中心	17515709	31	梨	甘肃
67	凉州黄白花牛	凉州区养牛协会	17970752	31	活牛	甘肃
68	甘谷大白菜	甘谷县农产品流通经纪人协会	18349454	31	大白菜（新鲜蔬菜）	甘肃
69	庄浪苹果	庄浪县土特产行业协会	20501929	31	苹果	甘肃
70	庄浪粉条	庄浪县粉条生产协会	19885107	30	粉丝（条）	甘肃
71	杜阮凉瓜	江门市蓬江区杜阮镇农业综合服务中心	14828618	31	苦瓜（新鲜蔬菜）	广东
72	台山大米	台山市粮食行业协会	20672261	30	大米	广东
73	德保矮马	德保县矮马保种繁育管理中心	18601205	31	矮马（活动物）	广西
74	荔浦砂糖桔	荔浦县名特优农产品协会	17517347	31	砂糖桔	广西
75	上林八角	上林县名特优农产品协会	19674507	30	八角大茴香	广西
76	容县沙田柚	容县沙田柚协会	19722649	31	柚子	广西
77	上林大米	上林县名特优农产品协会	19674506	30	大米	广西
78	东兰乌鸡	东兰县畜牧管理站	21272924	31	活鸡；活乌鸡；孵化蛋（已受精）	广西
79	道真洛党	道真仡佬族苗族自治县特色产业发展中心	17200321	5	党参（中药材）	贵州
80	大方漆器	大方县特色产业发展中心	16022012	20	漆器工艺品	贵州
81	朵贝茶	普定县茶叶生产管理站	12171588	30	茶	贵州
82	石阡矿泉水	石阡县地热矿泉水协会	15930617	32	水（饮料）；矿泉水（饮料）；纯净水（饮料）	贵州

续表

序号	商标名称	注册人	注册号	类别	商品	国家（国内省、自治区、直辖市）
83	正安娃娃鱼 ZHENGAN GIANT	正安县水产技术推广站	18020346	31	娃娃鱼（活的）	贵州
84	赤水晒醋	赤水市特色产业发展中心	20532737	30	醋	贵州
85	赤水金钗石斛	赤水市特色产业发展中心	20532736	5	石斛	贵州
86	普安红茶	普安县茶叶协会	20731439	30	茶	贵州
87	普安四球茶	普安县茶叶协会	20730560	30	茶	贵州
88	石山壅羊	海口市秀英区农业技术服务中心	18652019	31	羊（活动物）	海南
89	石山黑豆	海口市秀英区农业技术服务中心	18652018	31	豆（未加工的）	海南
90	儋州红鱼干	儋州市海产品加工协会	16734682	29	红鱼（非活）	海南
91	光村沙虫	儋州市海产品加工协会	17731986	31	沙虫（活的）	海南
92	儋州蜜柚	儋州市农业产业协会	18247295	31	柚子	海南
93	保亭树仔菜	保亭黎族苗族自治县农业技术服务中心	17721181	31	树仔菜（新鲜蔬菜）	海南
94	陵水槟榔	陵水黎族自治县优质特色产品推广协会	18781120	31	新鲜槟榔	海南
95	儋州黄皮	儋州市农业产业协会	18247293	31	黄皮（新鲜水果）	海南
96	儋州跑海鸭蛋	儋州市林下养殖专业技术协会	18587395	29	鸭蛋	海南
97	儋州绿壳鸡蛋	儋州市林下养殖专业技术协会	18587396	29	鸡蛋	海南
98	儋州香芋	儋州市农业产业协会	19743159	31	香芋（食用植物根）	海南
99	陵水珍珠	陵水黎族自治县优质特色产品推广协会	18781121	14	珍珠（珠宝）	海南
100	三亚莲雾	三亚莲雾协会	18389590	31	莲雾（新鲜水果）	海南
101	陵水黄灯笼辣椒 LING SHUI LANTERN	陵水黎族自治县优质特色产品推广协会	18781119	31	辣椒（植物）	海南
102	儋州粽子	儋州市粽子行业协会	20023182	30	粽子	海南
103	曹妃甸大米	唐山市曹妃甸区农林畜牧水产技术推广站	14599071	30	米	河北
104	曹妃甸胭脂稻	唐山市曹妃甸区农林畜牧水产技术推广站	14599073	30	米	河北
105	丰润生姜	唐山市丰润区生姜行业协会	17926608	31	新鲜生姜	河北
106	遵化香菇	遵化香菇产业协会	19159281	29	香菇（干制）	河北
107	遵化香菇	遵化香菇产业协会	19159282	31	新鲜香菇	河北

续表

序号	商标名称	注册人	注册号	类别	商品	国家（国内省、自治区、直辖市）
108	黄旗小米	丰宁满族自治县黄旗镇农业技术推广站	16746899	30	小米	河北
109	鸡泽辣椒	鸡泽县辣椒行业协会	20089346	30	辣椒（调味品）	河北
110	邢窑白瓷	邢台市白瓷文化科技研究会	17680613	21	瓷器等	河北
111	武安小米	武安市优质农产品协会	19805754	30	小米	河北
112	肥乡圆葱	肥乡县特色农产品行业协会	20716898	31	圆葱（新鲜蔬菜）	河北
113	阜平核桃	阜平县农产品服务协会	21110853	31	新鲜核桃	河北
114	阜平板栗	阜平县农产品服务协会	21110852	31	新鲜板栗	河北
115	安国祁山药	安国祁山药协会	19807458	31	山药	河北
116	成安棉花	成安县棉花协会	20357940	22	未加工棉花	河北
117	隆化荞面	隆化县荞麦产业协会	20518251	30	面粉	河北
118	隆化小米	隆化县特色农产品开发协会	20518250	30	小米	河北
119	隆化草莓	隆化县特色农产品开发协会	20901224	31	草莓	河北
120	阜平苹果	阜平县农产品服务协会	21050483	31	苹果	河北
121	阜平仙桃	阜平县农产品服务协会	21050484	31	桃	河北
122	延津菠菜	延津县果蔬专业技术协会	17263785	31	新鲜菠菜	河南
123	封丘芹菜	封丘县王村乡芹菜产销协会	17559994	31	芹菜	河南
124	郏县山儿西烟	郏县烟草业协会	19240904	34	烟叶	河南
125	延陵大葱	修武县延陵大葱协会	18855750	31	大葱	河南
126	临颍大蒜	临颍县大蒜协会	19241056	31	新鲜蒜	河南
127	柘城三樱椒	柘城县三樱椒协会	21807335	31	新鲜辣椒	河南
128	佳木斯大米	佳木斯市优质农产品行业协会	18247503	30	米	黑龙江
129	嫩江芸豆	嫩江县农业技术推广中心	17177079	31	芸豆（未加工的）	黑龙江
130	汤原大米	汤原县水稻协会	19824788	30	大米	黑龙江
131	饶河东北黑蜂蜂王浆	饶河县蜂业协会	20123263	30	蜂王浆	黑龙江
132	饶河东北黑蜂蜂胶	饶河县蜂业协会	20123264	30	蜂胶	黑龙江
133	饶河东北黑蜂蜂蜜	饶河县蜂业协会	20123265	30	蜂蜜	黑龙江
134	铁力大米	铁力市米业协会	19760564	30	米	黑龙江
135	海伦大豆 SOY OF HAILUN	海伦市农业产业化协会	19011621	31	豆（未加工的）	黑龙江
136	绥棱木耳	绥棱国有林场管理局	19470768	29	干木耳	黑龙江

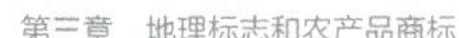

续表

序号	商标名称	注册人	注册号	类别	商品	国家（国内省、自治区、直辖市）
137	依兰苍术	依兰县农业技术推广中心	20418352	5	苍术（中药材）	黑龙江
138	依兰红菇娘	依兰县农业技术推广中心	20418354	31	红菇娘（新鲜浆果）	黑龙江
139	依兰桔梗	依兰县农业技术推广中心	20594901	5	桔梗（中药材）	黑龙江
140	依兰赤芍	依兰县农业技术推广中心	20594900	5	赤芍（中药材）	黑龙江
141	蔡甸豆丝	武汉市蔡甸区豆丝研究会	18880306	30	豆丝	湖北
142	蔡甸索子长河草鱼	武汉市蔡甸区索河镇水产服务中心	20105994	31	草鱼（活的）	湖北
143	喜鹊湖黄鳝	武汉市汉南区湘口街龙沟大队喜鹊湖鳝鱼养殖协会	16569413	31	黄鳝（活的）	湖北
144	青草湖甲鱼	武汉市汉南区东荆街黄家墩青草湖甲鱼养殖协会	17569302	31	甲鱼（活）	湖北
145	来凤大头菜	来凤县优质农产品产销协会	16425169	29	大头菜	湖北
146	五峰五倍子	五峰五倍子产业协会	14543413	5	五倍子（中药材）	湖北
147	大堰水牛	当阳市大堰牛养殖协会	17272517	31	牛（活的）	湖北
148	大堰水牛	当阳市大堰牛养殖协会	17272518	31	牛（活的）	湖北
149	汈莲	汉川市农产品发展协会	13836051	29	莲子	湖北
150	房县核桃	房县药食植物协会	18497769	31	核桃	湖北
151	郧阳桑蚕茧	郧县桑蚕协会	16667799	22	茧	湖北
152	沙市豆瓣酱	沙市区调味品产销协会	18536198	30	豆瓣酱	湖北
153	沙市酱油	沙市区调味品产销协会	18536199	30	酱油	湖北
154	闸口小龙虾	公安县闸口镇农业产业化协会	17200941	31	龙虾（活的）	湖北
155	襄阳甲鱼	襄阳市襄州区水产养殖协会	16922403	31	甲鱼（活的）	湖北
156	荆山枣子	襄阳果蔬行业发展协会	15112391	31	鲜枣	湖北
157	南漳板栗	襄阳果蔬行业发展协会	15112392	31	新鲜栗子	湖北
158	襄阳保康高山蓝莓	保康县蓝莓种植技术协会	15971157	31	蓝莓	湖北
159	通山乌骨山羊	通山县乌骨山羊养殖协会	17024598	31	山羊（活动物）	湖北
160	通山香榧	通山县香榧产业协会	18893352	29	加工过的香榧	湖北
161	通山香榧	通山县香榧产业协会	18893352	31	（香榧树）树木	湖北
162	枝江桃	枝江市农民专业合作社联合会	19854513	31	桃	湖北
163	五峰红茶	五峰土家族自治县茶叶专业经济协会	17790712	30	茶	湖北
164	五峰红茶	五峰土家族自治县茶叶专业经济协会	17790713	30	茶	湖北

续表

序号	商标名称	注册人	注册号	类别	商品	国家（国内省、自治区、直辖市）
165	五峰毛尖	五峰土家族自治县茶叶专业经济协会	17790714	30	茶	湖北
166	五峰毛尖	五峰土家族自治县茶叶专业经济协会	17790715	30	茶	湖北
167	仙居麦酱	荆门市东宝区仙居乡农业技术服务中心	20320098	30	调味酱	湖北
168	石首银鱼	石首市土特产服务中心	17824562	29	银鱼（非活）	湖北
169	石首银鱼	石首市土特产服务中心	17864342	31	银鱼（活的）	湖北
170	津湖黑鱼	石首市土特产服务中心	17824563	29	黑鱼（非活）	湖北
171	远安冲菜	远安县农业技术推广中心	18587402	29	腌制蔬菜（冲菜）	湖北
172	云梦白花菜	云梦县白花菜协会	17743343	29	白花菜（腌制蔬菜）	湖北
173	随州金头蜈蚣	随州市金头蜈蚣技术研究中心	19742039	5	蜈蚣（中药药材）	湖北
174	嘉鱼大白菜 JYDBC	嘉鱼县渡普蔬菜协会	20024333	31	新鲜大白菜	湖北
175	庙岭红莲	鄂州市红莲湖新区莲子协会	20827440	29	莲子（干制加工的）	湖北
176	茅山螃蟹 MS	浠水县水产技术推广站	17143403	31	螃蟹（活的）	湖北
177	嘉鱼甘蓝	嘉鱼县金润蔬菜合作协会	17721432	31	甘蓝（新鲜蔬菜）	湖北
178	石首绿茶	石首市六虎山绿茶产销协会	18336742	30	茶	湖北
179	刀楼寨白茶	武汉市新洲区刀楼寨茶叶研究会	18880304	30	茶	湖北
180	北斗核桃	兴山县果业产业协会	19882464	31	新鲜水果（核桃）	湖北
181	江陵独蒜头	江陵县土特产品产销协会	20105995	31	独蒜头（新鲜蔬菜）	湖北
182	宣恩贡米	宣恩县贡米产业协会	20515849	30	大米	湖北
183	黄陂薯尖	武汉市黄陂区土特产协会	21156920	31	薯尖（新鲜蔬菜）	湖北
184	黄陂小香葱	武汉市黄陂区土特产协会	21156919	31	小香葱（新鲜蔬菜）	湖北
185	五峰苦荞	五峰特色食用作物产业协会	19026755	31	苦荞	湖北
186	长阳生漆	长阳经济林推广服务中心	19775318	2	漆；黑漆	湖北
187	赤壁青砖茶	赤壁市茶叶协会	20024336	30	茶	湖北
188	赤壁米砖茶	赤壁市茶叶协会	20024335	30	茶	湖北
189	荆州绿豆皮	荆州市荆州区土特产产销协会	20501081	30	绿豆皮（谷粉制食品）	湖北
190	潜江虾稻	潜江龙虾产业发展促进会	21732524	30	大米	湖北
191	洪山茶	宜都市农牧生物技术研究所	19423166	30	茶叶	湖北
192	贡水白柚	宣恩县贡水白柚协会	20515848	31	白柚（新鲜水果）	湖北
193	黄坪黄金梨	宣恩县黄坪黄金梨产业协会	20685741	31	黄金梨（新鲜水果）	湖北
194	沼山茶叶	鄂州市国有沼山林场	20827439	30	茶叶	湖北

续表

序号	商标名称	注册人	注册号	类别	商品	国家（国内省、自治区、直辖市）
195	岳州青瓷	湘阴县岳州窑青瓷研究会	17536965	21	瓷器	湖南
196	龙山七姊妹辣椒	龙山县蔬菜产业协会	15961839	31	辣椒（植物）	湖南
197	麻阳小籽花生	麻阳苗族自治县小籽花生协会	15779897	31	新鲜花生	湖南
198	涟源富田桥游浆豆腐	涟源市富田桥游浆豆制品行业协会	19522236	29	豆腐	湖南
199	沅江四季红镇腐乳	沅江市四季红腐乳产业协会	18433305	29	腐乳	湖南
200	凤凰红心猕猴桃	凤凰县旅游品牌发展协会	15119692	31	猕猴桃	湖南
201	沙子岭猪	湘潭市家畜育种站	17347200	31	猪（活动物）	湖南
202	古丈绿茶	古丈茶业发展研究中心	22030430	30	茶；绿茶	湖南
203	通榆草原红牛奶	通榆县通榆草原红牛养殖专业协会	15942208	29	牛奶	吉林
204	镇赉大米	镇赉县莫莫格湿地有机稻米发展协会	18843159	30	米	吉林
205	安图黑木耳	安图县黑木耳行业协会	17666379	29	木耳	吉林
206	双辽大米	双辽市优质农产品协会	16485073	30	大米	吉林
207	镇赉甜瓜	镇赉县建平乡甜瓜产业协会	19127616	31	甜瓜	吉林
208	安图香瓜	安图县香瓜行业协会	17666378	31	香瓜（新鲜水果）	吉林
209	通榆八面小米	通榆县名优特农畜产品产销协会	20842309	30	小米	吉林
210	公主岭油豆角	公主岭市农业行业协会	20517728	31	油豆角（新鲜蔬菜）	吉林
211	九台贡米	九台贡米协会	23025230	30	大米	吉林
212	滨海大米	滨海大米协会	15577245	30	米	江苏
213	扬州漆器	扬州市工艺美术行业协会	20943307	20	漆器工艺品	江苏
214	阳羡茶	宜兴市茶叶协会	10672455	30	茶	江苏
215	董浜筒管玉丝瓜	常熟市董浜镇农技推广服务中心	20172964	31	新鲜丝瓜	江苏
216	金湖鳜鱼	金湖县农副产品营销协会	17734891	31	鳜鱼（活的）	江苏
217	洪泽鲫鱼	洪泽县洪泽湖农产品协会	19013126	29	鲫鱼（非活）	江苏
218	洪泽鲫鱼	洪泽县洪泽湖农产品协会	19013125	31	鲫鱼（活的）	江苏
219	杨巷大米	宜兴市杨巷镇大米产销技术协会	19899846	30	大米（米）	江苏

续表

序号	商标名称	注册人	注册号	类别	商品	国家（国内省、自治区、直辖市）
220	高邮湖龙虾	高邮市高邮湖大闸蟹行业协会	21200941	31	龙虾（活的）	江苏
221	金湖鳜鱼	金湖县农副产品营销协会	17744620	31	鳜鱼（活的）	江苏
222	靖江猪肉脯	靖江市肉类协会	21611184	29	猪肉脯	江苏
223	东乡白花蛇舌草	东乡县白花蛇舌草行业协会	16380045	5	白花蛇舌草（原料药）	江西
224	东乡白花蛇舌草	东乡县白花蛇舌草行业协会	16380046	31	白花蛇舌草（植物）	江西
225	瑞金荸荠	瑞金市荸荠种植专业技术协会	18311651	31	新鲜蔬菜（荸荠）	江西
226	于都盒柿	于都县岭背镇大盒柿协会	18082938	31	柿子（新鲜水果）	江西
227	袁州茶油	宜春市袁州区油茶技术推广站	19126002	29	食用油（茶油）	江西
228	泰和竹篙薯	泰和县农副产品协会	18653897	31	山药（竹篙薯）	江西
229	井冈蜜柚	吉安市果业局	20942852	31	蜜柚（新鲜的）	江西
230	乐平辣椒	乐平市蔬菜科学研究所	18791887	31	辣椒（植物）	江西
231	长海鲍鱼	长海商会	17451523	29	鲍鱼（非活）	辽宁
232	长海虾夷扇贝	长海商会	17451524	29	虾夷扇贝（非活）	辽宁
233	大连鲍鱼	大连市海洋渔业协会	17898363	31	鲍鱼（活的）	辽宁
234	大连海参	大连市海洋渔业协会	17898364	31	海参（活的）	辽宁
235	喀左陈醋	喀左县陈醋协会	12867202	30	醋	辽宁
236	朝阳绿豆	朝阳县农业技术推广中心	16059686	31	绿豆	辽宁
237	锦州苹果	锦州市果树工作总站	18249041	31	苹果	辽宁
238	大民屯	新民市大民屯镇经济发展服务中心	19789093	31	白菜	辽宁
239	清水河黄米	清水河县农业技术推广站	17853912	30	黄米（人食用的去壳谷物）	内蒙古
240	清水河小香米	清水河县农业技术推广站	17853914	30	小香米（人食用的去壳谷物）	内蒙古
241	清水河胡油	清水河县农业技术推广站	17853916	29	烹饪用亚麻籽油	内蒙古
242	南海黄河鲤鱼	包头市南海湿地风景区管理处	15811260	29	非活鲤鱼	内蒙古
243	南海黄河鲤鱼	包头市南海湿地风景区管理处	15811260	31	鲤鱼	内蒙古
244	乌珠穆沁黄骠马	内蒙古自治区乌珠穆沁马文化协会	16060393	31	活马	内蒙古
245	卓资熏鸡	卓资县熏鸡协会	18392730	29	熏鸡	内蒙古
246	敖汉鲜蛋	敖汉旗畜牧技术服务中心	17154395	29	鸡蛋	内蒙古
247	敖汉小米	敖汉旗农业技术服务中心	17154394	30	小米	内蒙古
248	敖汉北虫草	敖汉旗农业技术服务中心	17154398	29	北虫草（干食用菌）	内蒙古

续表

序号	商标名称	注册人	注册号	类别	商品	国家（国内省、自治区、直辖市）
249	敖汉北虫草	敖汉旗农业技术服务中心	17154398	31	北虫草（鲜食用菌）	内蒙古
250	敖汉高粱	敖汉旗农业技术服务中心	17154399	31	高粱（未加工的）	内蒙古
251	固阳荞麦	固阳县土特产行业协会	20074188	31	荞麦（未加工的）	内蒙古
252	固阳荞麦	固阳县土特产行业协会	20074189	30	荞麦（加工过的）	内蒙古
253	固阳莜面	固阳县土特产行业协会	20074190	30	莜麦（加工过的）	内蒙古
254	固阳莜面	固阳县土特产行业协会	20074191	31	莜麦（未加工的）	内蒙古
255	土默特右旗大福计小米	土默特右旗土特产行业协会	19201768	30	小米	内蒙古
256	青龙山粉条	奈曼旗地方特产管理协会	17188254	30	粉丝（条）	内蒙古
257	阿鲁科尔沁紫花苜蓿	阿鲁科尔沁草业协会	18763143	31	紫花苜蓿	内蒙古
258	宁城草原鸭	宁城县农牧业技术推广服务中心	18188394A	31	鸭（活家禽）	内蒙古
259	敖汉苜蓿	敖汉旗畜牧技术服务中心	17154397	31	苜蓿（草本植物）	内蒙古
260	乌兰察布燕麦	乌兰察布市农副特色产品行业协会	19709122	31	燕麦	内蒙古
261	奈曼沙地西瓜	奈曼旗地方特产管理协会	19789799	31	西瓜	内蒙古
262	商都县西芹	商都县水漩蔬菜协会	18163958	31	芹菜（新鲜蔬菜）	内蒙古
263	青铜峡大米	青铜峡市农业技术推广服务中心	17755151	30	大米	宁夏
264	惠农枸杞	石嘴山市惠农区农业技术推广服务中心	20669996	5	枸杞	宁夏
265	祁连牦牛	祁连县畜牧业协会	16711858	29	牦牛肉	青海
266	莱阳河蚬	莱阳市渔业技术推广站	17626877	31	河蚬［（贝壳类动物活的）］	山东
267	欧家夼板栗	招远市瓜菜协会	19055199	31	新鲜板栗	山东
268	欧家夼蓝莓	招远市瓜菜协会	19055200	31	新鲜蓝莓	山东
269	乳山文蛤	乳山市水产养殖协会	20960876	31	文蛤［（贝壳类动物活的）］	山东
270	博兴金丝鸭蛋	博兴蛋黄金特禽蛋品研究所	18067621	29	鸭蛋	山东
271	滨州芝麻酥糖	滨城区食品研究会	18522420	30	芝麻酥糖	山东
272	泰山四叶参	泰安市泰山林业科学研究院	18274473	5	四叶参（中药材）	山东
273	泰山黄精	泰安市泰山林业科学研究院	18274474	5	黄精（中药材）	山东
274	泰山何首乌	泰安市泰山林业科学研究院	18274280	5	何首乌（中药材）	山东
275	泰山紫草	泰安市泰山林业科学研究院	18274281	5	紫草	山东
276	泰山南麓葡萄酒	泰安市葡萄酒协会	19077608	33	葡萄酒	山东
277	雨山核桃	肥城市边院镇农业综合服务中心	18047595	31	核桃（新鲜水果）	山东

续表

序号	商标名称	注册人	注册号	类别	商品	国家（国内省、自治区、直辖市）
278	大王樱桃	肥城市边院镇农业综合服务中心	18047593	31	樱桃	山东
279	泰山南麓葡萄酒	泰安市葡萄酒协会	17810446	33	葡萄酒	山东
280	新泰横山丝	新泰市横山丝研究所	17792139	22	生丝	山东
281	马家寨子香椿芽	新泰市放城镇马家寨香椿协会	16795198	31	香椿芽（新鲜的）	山东
282	泗水黑猪	泗水县畜牧技术推广工作站	16081999	31	猪（活动物）	山东
283	城前地瓜	邹城市城前镇农产品种植协会地瓜分会	16691833	31	地瓜（食用植物根）	山东
284	平阳寺杏鲍菇	邹城市太平镇食用菌协会	18161848	31	杏鲍菇	山东
285	边河黑猪	淄博市临淄区金山镇黑猪养殖协会	17293971	31	猪（活动物）	山东
286	寒亭西瓜	潍坊市寒亭区西瓜协会	19055197	31	西瓜	山东
287	高唐锦鲤	高唐县渔业协会	17537401	31	鲤鱼（活的）	山东
288	高唐桑葚	高唐桑葚产业技术研发服务中心	19055198	31	桑葚（新鲜浆果）	山东
289	佛头寺黑陶	垦利县佛头黑陶研究所	17712801	21	陶器	山东
290	广饶齐笔	广饶县齐笔文化研发协会	17537402	16	毛笔	山东
291	广饶面粉	广饶农产品种植协会	17712800	30	面粉	山东
292	广饶圆茄	广饶县广饶街道富源蔬菜协会	17594223	31	茄子（新鲜蔬菜）	山东
293	李鹊胡萝卜	李鹊镇农副产品协会	17594222	31	胡萝卜（食用植物根）	山东
294	韩庄头豆腐皮	肥城市边院镇农业综合服务中心	18047594	29	豆腐皮（豆腐制品）	山东
295	文登花香菇	威海市文登区大水泊镇农业综合服务中心	18100869	31	新鲜香菇	山东
296	青州黑山羊	青州市久富优质农产品开发服务协会	19391255	31	活羊	山东
297	高唐黄晶梨	高唐县黄晶梨协会	18485111	31	梨	山东
298	莒南驴肉	莒南县瀚德肉类食品研究中心	18067620	29	驴肉（肉）	山东
299	泗水花生油	泗水县义兴食用油脂协会	16691835	29	花生油（食用油）	山东
300	莱阳河蚬	莱阳市渔业技术推广站	17626877	31	河蚬［贝壳类动物（活的）］	山东
301	莱阳五龙河鲤	莱阳市渔业技术推广站	18841522	31	活鱼	山东
302	东阿黄河鲫鱼	东阿县渔业协会	17626876	31	鲫鱼（活的）	山东
303	中心店草莓	邹城市中心店镇林果协会	19484616	31	草莓（新鲜水果）	山东
304	崔家庄芦笋	昌乐县营丘镇农业综合服务中心	19485693	31	新鲜芦笋	山东
305	泉林鸭	泗水县泉林镇家禽养殖协会	19391253	29	鸭（非活的）	山东

续表

序号	商标名称	注册人	注册号	类别	商品	国家（国内省、自治区、直辖市）
306	历城核桃	济南市历城区港沟街道冶河村核桃协会	18035676	31	核桃（新鲜水果）	山东
307	泊里红席	青岛市黄岛区泊里镇经济贸易服务中心	20336201	27	席等	山东
308	山马于西瓜	威海临港区山马于西瓜协会	21217176	31	西瓜	山东
309	中心店葡萄	邹城市中心店镇林果协会	19436029	31	新鲜葡萄	山东
310	崔家庄草莓	昌乐县营丘镇农业综合服务中心	19485692	31	草莓	山东
311	高青芹菜	高青县芹菜种植协会	19290090	31	芹菜（新鲜蔬菜）	山东
312	蓼坞小米	淄博市淄川区蓼坞小米协会	15616807	30	小米	山东
313	寿光绿光苹果	寿光蔬菜瓜果产业协会	20059702	31	苹果	山东
314	寿光羊角黄辣椒	寿光蔬菜瓜果产业协会	20059703	31	新鲜辣椒	山东
315	纪沟大白菜	邹城市太平镇蔬菜协会	17940023	31	白菜（新鲜蔬菜）	山东
316	莱阳缢蛏	莱阳市渔业技术推广站	18841521	31	缢蛏（活的）	山东
317	文登蚝	威海市文登区水产养殖协会	22457731	29	牡蛎（非活）	山东
318	白石核桃	汶上县白石镇农业综合服务中心	20454228	31	新鲜核桃	山东
319	临朐桑皮宣纸	临朐县桑皮纸制作技艺传习所	18508761	16	宣纸	山东
320	高青小米	高青县小米行业协会	19303992	30	小米	山东
321	高集核桃	东阿县高集镇生态农产品协会	19805751	29	核桃(加工过的坚果)	山东
322	费县脆枣	费县新庄镇红丹脆枣协会	20901226	31	鲜枣	山东
323	荣成草莓	荣成市果业协会	20929989	31	草莓	山东
324	荣成苹果	荣成市果业协会	20929990	31	苹果	山东
325	荣成苹果 RONG CHENG APPLE	荣成市果业协会	21110121	31	苹果	山东
326	莱芜黑山羊	莱芜市畜牧兽医协会	21349259	31	羊（活动物）	山东
327	枣庄黑盖猪	枣庄市黑盖猪养殖协会	21349260	31	猪（活动物）	山东
328	东阿乌鸡	东阿县乌鸡协会	21349262	31	活鸡	山东
329	宁津蟋蟀	宁津县蟋蟀协会	17098613	31	蟋蟀（活动物）	山东
330	白浮图芸豆	成武县芸豆协会	18099895	31	芸豆（新鲜蔬菜）	山东
331	齐河梨	齐河县祝阿镇农产品开发协会	18694836	31	梨	山东
332	泰安红根波菜	泰安市岱岳区良庄镇瓜菜专业技术研究会	19077555	31	新鲜菠菜	山东
333	泰安红根韭菜	泰安市岱岳区良庄镇瓜菜专业技术研究会	19077556	31	新鲜韭菜	山东

续表

序号	商标名称	注册人	注册号	类别	商品	国家（国内省、自治区、直辖市）
334	长清茶	济南市长清茶叶协会	19150135	30	茶	山东
335	青州紫根红韭菜	青州市久富优质农产品开发服务协会	19391252	31	韭菜（新鲜蔬菜）	山东
336	泗水韭菜	泗水县中册镇农业综合服务中心	19391254	31	韭菜（新鲜蔬菜）	山东
337	莒南绿茶	莒南洙溪绿茶研究中心	19854035	30	茶叶	山东
338	广饶小米	广饶县农作物产业协会	20518252	30	小米	山东
339	菏泽芍药	菏泽市牡丹区牡丹芍药协会	20224059	31	芍药（植物）	山东
340	烟台葡萄酒	烟台市葡萄与葡萄酒局	20274857	33	葡萄酒	山东
341	千乘苹果	广饶农林协会	20765217	31	苹果	山东
342	寿光黄桃	寿光市纪台镇农副产品协会	20811806	31	桃	山东
343	费县金银花	费县金银花协会	20901223	5	金银花（中药材）	山东
344	单县香瓜	单县特色农副产品服务中心	20960874	31	香瓜	山东
345	梁山葡萄	梁山县马营镇农业种植协会	21733116	31	新鲜葡萄	山东
346	文登蠓子虾酱	威海市文登区水产养殖协会	22457732	29	虾酱	山东
347	乳山大花生	乳山市花生协会	23844026	29	加工过的花生	山东
348	乳山茶	乳山市茶叶协会	23844023	30	茶	山东
349	乳山蓝莓	乳山市果茶蚕工作站	23844024	31	新鲜蓝莓	山东
350	乳山葡萄	乳山市葡萄协会	23844027	31	新鲜葡萄	山东
351	乳山樱桃	乳山市果茶蚕工作站	23844025	31	新鲜樱桃	山东
352	乳山对虾	乳山市水产养殖协会	24241531	29	虾（非活）	山东
353	汪疃花饽饽	威海临港经济技术开发区汪疃镇农业综合服务中心	24420810	30	饽饽（馒头）	山东
354	汪疃葡萄	威海临港经济技术开发区汪疃镇农业综合服务中心	24420811	31	新鲜葡萄	山东
355	乳山秦米	乳山市水产养殖协会	24981460	29	海米	山东
356	乳山蜢子虾酱	乳山市水产养殖协会	24981459	29	虾酱	山东
357	文登刺参	威海市文登区水产养殖协会	25006035	29	海参（非活）	山东
358	文登海蜇	威海市文登区水产养殖协会	25006034	29	海蜇	山东
350	文登对虾	威海市文登区水产养殖协会	25006033	29	虾（非活）	山东
360	乳山牡蛎	乳山市牡蛎协会	25108356	31	牡蛎（活的）	山东
361	隰县玉露香梨	隰县果业局	20824877	31	梨	山西
362	岚皋魔芋	岚皋县魔芋产业发展局	18457639	31	新鲜魔芋	陕西
363	黄陵油糕	黄陵油糕协会	17992341	30	油糕	陕西
364	汉中大米	汉中市大米产业协会	18152835	30	米	陕西

续表

序号	商标名称	注册人	注册号	类别	商品	国家（国内省、自治区、直辖市）
365	汉中炒青	汉中市茶业协会	18973512	30	茶	陕西
366	留坝蜂蜜	留坝县棒棒蜜养蜂专业协会	18841647	30	蜂蜜	陕西
367	富平柿饼	富平县柿子研究所	19096948	29	柿饼	陕西
368	户县葡萄	户县农业技术推广中心	19077393	31	葡萄	陕西
369	安塞地椒羊肉	安塞县畜牧兽医局	18522007	29	羊肉	陕西
370	长武苹果	长武县果业服务中心	19657359	31	苹果	陕西
371	咸阳马栏红	咸阳市果业协会	22747158	31	苹果	陕西
372	绥德石雕	绥德县石雕业开发服务中心	23061404	19	石雕	陕西
373	黄陵翡翠梨	黄陵县果业管理局	21124363	31	梨	陕西
374	绥德山地苹果	绥德县园艺技术推广站	23061405	31	苹果	陕西
375	绥德山地核桃	绥德县林业工作站	23061406	29	加工过的核桃	陕西
376	绥德山地核桃	绥德县林业工作站	23061403	31	新鲜核桃	陕西
377	武功猕猴桃	武功县果业局	20418353	31	猕猴桃	陕西
378	宜君核桃	宜君县核桃产业办公室	20899309	31	新鲜核桃	陕西
379	黄龙中蜂蜂蜜	黄龙县农林牧产品专业技术推广协会	18349886	30	蜂蜜	陕西
380	陕北横山羊肉	横山县土特产产业协会	20256787	29	羊肉	陕西
381	南汇 8424 西瓜	上海市浦东新区农协会	18311939	31	西瓜	上海
382	昭化茯苓	广元市昭化区林业科技推广服务中心	17907155	5	茯苓（药用植物根）	四川
383	宜宾油樟	宜宾县林业科学技术推广站	16578523	31	油樟（树木）	四川
384	屏山白魔芋	屏山县果蔬协会	18051194	31	新鲜魔芋	四川
385	屏山白萝卜	屏山县果蔬协会	18082525	31	萝卜（新鲜蔬菜）	四川
386	屏山椪柑	屏山县果蔬协会	18082471	31	椪柑（新鲜水果）	四川
387	屏山龙眼	屏山县果蔬协会	18082126	31	龙眼（新鲜水果）	四川
388	屏山黑猪	屏山县畜牧站	17991691	31	猪（活动物）	四川
389	仪陇胭脂萝卜	仪陇县蔬菜协会	20515773	29	萝卜干	四川
390	仪陇酱瓜	仪陇县蔬菜协会	20515768	29	酱瓜（菜瓜）	四川
391	古蔺牛皮茶	古蔺县古蔺牛皮茶协会	17557222	30	茶	四川
392	黑水县核桃	黑水县芦花林业工作站	17440721	29	加工过的核桃	四川
393	蒙顶山石花	雅安市茗山区茶业协会	17949083	30	茶	四川
394	蒙顶山毛峰	雅安市茗山区茶业协会	17949084	30	茶	四川
395	蒙顶山黄芽	雅安市茗山区茶业协会	17949085	30	茶	四川

续表

序号	商标名称	注册人	注册号	类别	商品	国家（国内省、自治区、直辖市）
396	蒙项山黑茶	雅安市茗山区茶业协会	17949131	30	茶	四川
397	蒙顶山甘露	雅安市茗山区茶业协会	17949132	30	茶	四川
398	蒙顶山藏茶	雅安市茗山区茶业协会	17949133	30	茶	四川
399	新龙县牦牛	新龙县畜牧站	16391977	31	牦牛（活动物）	四川
400	康定芫根	康定市农业技术推广和土壤肥料站	17991692	31	芫根（新鲜蔬菜）	四川
401	康定红皮萝卜	康定市农业技术推广和土壤肥料站	18020714	31	萝卜（新鲜蔬菜）	四川
402	泸定红樱桃	泸定县农业技术推广和土壤肥料站	17924757	31	樱桃	四川
403	泸定核桃	泸定县林业技术推广站	18782072	29	核桃(加工过的坚果)	四川
404	广元红脆香甜李	广元市农业科学研究所	17823766	31	李子（新鲜水果）	四川
405	旺苍杜仲	旺苍县林业科技推广服务中心	15940314	5	杜仲（药用树皮）	四川
406	阿坝蜂蜜	马尔康县阿坝蜜蜂养殖协会	18390960	30	蜂蜜	四川
407	巴塘核桃	巴塘县林业局中咱片区林业工作站	18151082	29	核桃(加工过的坚果)	四川
408	色达牦牛	色达县畜牧站	19290795	31	牦牛（活动物）	四川
409	普格高山乌洋芋	普格县农业和科学技术局农技站	19190960	31	新鲜土豆	四川
410	普格高原粳稻米	普格县农业和科学技术局农技站	19201643	30	大米	四川
411	峨眉山藤椒油	峨眉山市藤椒行业协会	18763986	30	藤椒油（调味品）	四川
412	峨眉山藤椒	峨眉山市藤椒行业协会	18763919	31	藤椒（新鲜蔬菜）	四川
413	屏山炒青	屏山县茶叶协会	17317539	30	茶	四川
414	石渠藏系绵羊	石渠县畜牧站	21390560	31	藏系绵羊(活动物)	四川
415	江口青鳙	平昌县水产渔政局	17949271	31	青鳙（活的）	四川
416	得荣葡萄	得荣县农业技术推广和土壤肥料站	18782178	31	新鲜葡萄	四川
417	绵阳水稻种子	绵阳市种子管理站	19228454	31	水稻种子	四川
418	广安青花椒	广安市前锋区青花椒产业发展协会	19825259	30	花椒（调味品）	四川
419	南江蜂蜜	南江县名优产品流通协会	20764229	30	蜂蜜	四川
420	西充黄心苕	西充县农业科学研究所	20436830	31	黄心苕(新鲜蔬菜)	四川
421	通江银耳	通江银耳协会	19759021	29	银耳（干食用菌）	四川
422	团结镇生姜	自贡市大安区团结镇农业综合服务中心	21482214	31	生姜（新鲜蔬菜）	四川
423	东马房豆腐丝	天津市武清区东马房豆制品产销协会	18083209	29	豆腐制品	天津
424	当雄牦牛	西藏当雄县草原站	19087439	29	牛肉（肉）	西藏

续表

序号	商标名称	注册人	注册号	类别	商品	国家（国内省、自治区、直辖市）
425	当雄牦牛	西藏当雄县草原站	19087440	31	牛（活动物）	西藏
426	澎波半细毛羊	林周县畜牧兽医站	18446122	31	羊（活动物）	西藏
427	澎波牦牛	林周县畜牧兽医站	18446136	31	牦牛（活动物）	西藏
428	岗巴羊	岗巴县农牧综合服务中心	16527440	29	羊肉（肉）	西藏
429	岗巴羊	岗巴县农牧综合服务中心	16527446	31	羊（活动物）	西藏
430	康巴类乌齐牦牛	昌都市畜牧总站	16492113	31	牦牛（活动物）	西藏
431	朗县千年核桃	朗县核桃协会	18959515	29	核桃（加工过的坚果）	西藏
432	隆子黑青稞	隆子县农业技术推广站	13137848	31	黑青稞（谷类）	西藏
433	唐嘎藏鸡蛋	达孜县农业技术推广站	19087459	29	蛋（鸡蛋）	西藏
434	康巴昌都香猪	昌都市畜牧总站	21303786	31	猪（活动物）	西藏
435	艾玛土豆	南木林县农牧综合服务中心	18390984	31	新鲜土豆	西藏
436	达孜金银花	达孜县农业技术推广站	19086864	30	用作茶叶代用品的花或叶	西藏
437	普兰西德白糌粑	普兰县农牧业技术推广站（农机监理站）	20532246	30	白糌粑（青稞粉）	西藏
438	波密干松茸	西藏波密县农技推广服务站	21869716	29	干松茸	西藏
439	波密青稞	西藏波密县农技推广服务站	21869717	30	熟制青稞	西藏
440	波密鲜松茸	西藏波密县农技推广服务站	21869714	31	新鲜松茸	西藏
441	温宿大米	温宿县水稻协会	18161636	30	米	新疆
442	和田地毯	和田地区农村合作经济组织协会	17306966	27	地毯	新疆
443	和田玫瑰	和田地区农村合作经济组织协会	17306968	31	玫瑰花（自然花）	新疆
444	和田羊肉	和田地区农村合作经济组织协会	17306967	29	羊肉	新疆
445	和田大芸	和田地区农村合作经济组织协会	17306963	31	大芸（植物）	新疆
446	阜康打瓜籽	阜康市阜民打瓜协会	19291460	31	打瓜籽（未加工）	新疆
447	和硕葡萄	和硕县葡萄酒行业协会	14828918	31	新鲜葡萄	新疆
448	策勒红枣	策勒县红枣协会	21456108	31	干枣	新疆
449	格拉纳帕达诺	格拉那帕达那奶酪保护协会	19868467	29	奶酪	意大利
450	大可枇杷	石林彝族自治县大可乡农业综合服务中心	18020280	31	枇杷	云南
451	武定壮鸡	武定县动物疫病预防控制中心	17569773	31	鸡（活的）	云南
452	武定鸡	武定县动物疫病预防控制中心	17570274	29	鸡（非活）	云南
453	武定鸡	武定县动物疫病预防控制中心	17570275	31	鸡（活的）	云南
454	楚雄核桃	楚雄市核桃产业协会	16475817	29	干核桃	云南

续表

序号	商标名称	注册人	注册号	类别	商品	国家（国内省、自治区、直辖市）
455	马厂归	鹤庆县马厂归协会	17938189	5	当归（中药材）	云南
456	保山猪	保山市畜牧兽医协会	17885074	31	活猪	云南
457	保山猪	保山市畜牧兽医协会	17896229	29	猪肉	云南
458	澜沧移依	澜沧拉祜族自治县糯扎渡镇移依果产业协会	17603269	31	移依（新鲜水果）	云南
459	元江火龙果	元江县热带水果产业发展协会	17994138	31	火龙果	云南
460	德宏柠檬	德宏傣族景颇族自治州农学会	16568654	31	新鲜柠檬	云南
461	梁河回龙茶	梁河县茶叶技术推广站	15970065	30	茶	云南
462	西双版纳小耳猪	西双版纳傣族自治州畜牧技术推广工作站	16475731	29	猪（非活）	云南
463	维西百花蜜	维西县生物资源研究及开发协会	18749837	30	蜂蜜	云南
464	维西乌骨羊	维西县生物资源研究及开发协会	18721378	31	羊（活动物）	云南
465	维西核桃	维西县生物资源研究及开发协会	18720439	31	核桃（新鲜水果）	云南
466	镇康马鞍山茶	镇康县茶叶技术推广站	19436956	30	绿茶	云南
467	维西当归	维西县生物资源研究及开发协会	18721374	5	当归（药用植物根）	云南
468	维西糯山药	维西县生物资源研究及开发协会	18721375	31	山药（新鲜蔬菜）	云南
469	维西重楼	维西县生物资源研究及开发协会	18749836	5	重楼（药用植物根）	云南
470	维西天麻	维西县生物资源研究及开发协会	18763363	5	天麻（药用植物根）	云南
471	思茅松	普洱市林业产业协会	13685404	31	松树	云南
472	蒙自大枇杷	蒙自市期路白苗族乡大枇杷种植协会	20123808	31	枇杷	云南
473	大姚小把粉丝	大姚小把粉丝协会	19521119	30	粉丝	云南
474	蒙自年糕	蒙自市年糕发展研究会	20123807	30	年糕	云南
475	镇沅砍盆箐茶	镇沅彝族哈尼族拉祜族自治县茶叶和特色生物产业局	21361692	30	茶	云南
476	镇沅核桃	镇沅彝族哈尼族拉祜族自治县林业科技推广中心	21408693	29	核桃（加工过的）	云南
477	瑞丽香蕉	畹町水果行业协会	21469928	31	香蕉（新鲜水果）	云南
478	瑞丽香瓜	畹町水果行业协会	21481034	31	香瓜（新鲜水果）	云南
479	瑞丽西瓜	畹町水果行业协会	21481942	31	西瓜（新鲜水果）	云南
480	瑞丽菠萝	畹町水果行业协会	21732306	31	菠萝（新鲜水果）	云南
481	镇沅蜂蜜	镇沅彝族哈尼族拉祜族自治县林业科技推广中心	21869704	30	蜂蜜	云南
482	瑞丽蜜柚	瑞丽市农业局经济作物技术推广站	21361925	31	蜜柚（新鲜水果）	云南

续表

序号	商标名称	注册人	注册号	类别	商品	国家（国内省、自治区、直辖市）
483	瑞丽芒果	畹町水果行业协会	21361888	31	芒果（新鲜水果）	云南
484	永平白木瓜	永平县科学技术协会	21408712	31	白木瓜（新鲜水果）	云南
485	金华酥饼	金华酥饼行业协会	16279470	30	酥饼	浙江
486	义乌红糖	义乌市红糖产业协会	16179518	30	红糖	浙江
487	衢州山茶油	衢州市山茶油质量安全协会	17262911	29	山茶油	浙江
488	平阳黄汤	平阳县茶叶产业协会	16621786	30	茶	浙江
489	东阳红曲酒	东阳市食品工业协会	18323808	33	黄酒	浙江
490	象山柑橘	象山县林业特产技术推广中心	22756841	31	新鲜柑橘	浙江
491	涪陵龙眼	重庆市涪陵区南沱镇睦和果品专业技术协会	18959623	29	龙眼（干桂圆）	重庆
492	大足石雕	重庆市大足区品牌战略促进会	18323804	19	石雕	重庆
493	石柱金音石砚	石柱土家族自治县大歇镇石柱金音石砚专业经济协会	18137074	16	砚（砚台）	重庆
494	酉阳大白菜	酉阳土家族苗族自治县毛坝乡农业服务中心	17981499	31	大白菜（新鲜蔬菜）	重庆
495	梁平蜜柚	梁平县经济作物站	17925056	31	柚子	重庆
496	万州罗田土鸡	重庆市万州罗田土鸡专业技术协会	20274183	31	活家禽	重庆
497	万州罗田土鸡	重庆市万州罗田土鸡专业技术协会	20274185	29	家禽（非活）	重庆
498	开县肉兔	开县兔业协会	18721452	31	兔（活动物）	重庆
499	开县肉兔	开县兔业协会	18721453	29	兔（非活的）	重庆
500	开县桑叶鸡	开县蚕桑技术推广站	18720681	31	活鸡	重庆
501	金灵青山萝卜	重庆市万盛经济技术开发区农产品发展协会	16989171	31	萝卜（新鲜蔬菜）	重庆
502	江津乌皮樱桃	重庆市江津区珞璜镇农业服务中心	13132871	31	樱桃	重庆
503	万州罗田土鸡蛋	重庆市万州罗田土鸡专业技术协会	20274184	29	鸡蛋	重庆
504	东溪花生	重庆市綦江区农村合作经济组织联合会	20336381	29	加工过的花生	重庆
505	酉阳白术	酉阳土家族苗族自治县腴地乡中药材种植专业技术协会	19291290	5	白术	重庆
506	酉阳苦荞	重庆市酉阳县后坪苦荞专业技术协会	19290804	31	苦荞	重庆

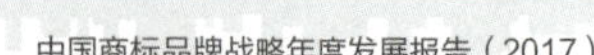

第四章　国际注册与海外维权

2017年，工商总局商标局继续推进马德里商标国际注册工作，大力推进商标国际注册便利化改革，加大马德里商标国际注册体系推广力度，深化与世界知识产权组织合作，加强商标海外维权，为中国企业海外商标布局提供更好服务。

一、商标国际注册工作情况分析

（一）我国申请人提交马德里商标国际注册量持续增长，但中国品牌国际化水平仍有待提高。根据世界知识产权组织统计，2017年，我国申请人提交马德里商标国际注册申请4810件，同比增长59.6%，在马德里联盟中排名第三。这是我国年度申请量首次超过4000件，再创新高，排名首次进入前三。

2017年，工商总局商标局共审查国内企业的国际变更、续展等后续业务1041件。完成国际商标异议答辩发文307件，案件裁文和结案251件。

截至2017年年底，我国马德里商标累计有效注册量为2.5万件，比2016年年底增加2736件，表明我国企业申请海外商标的意识大幅增强，“走出去”步伐加快。但与2017年国内申请量相比，“走出去”商标品牌约占国内申请总量的0.08%，我国品牌国际化水平有待提高。

图4-1 国内申请人提交马德里国际注册申请量（2013—2017年）

（二）国内申请人马德里商标国际注册申请类别和指定国家、地区体现我国制造业出口趋势。申请较多的类别是第9类（仪器；计算机；存储媒介）、第7类（机器和机床；马达引擎）和第25类（服装；鞋；帽）等，与我国主要出口产品为电子、机械和服装等相吻合，与

我国是制造业第一大国的实际相符合。申请较多的国家和地区是美国、欧洲、日本和印度等，表明我国在重视发达国家市场的同时，也越来越重视新兴国家的潜在市场。

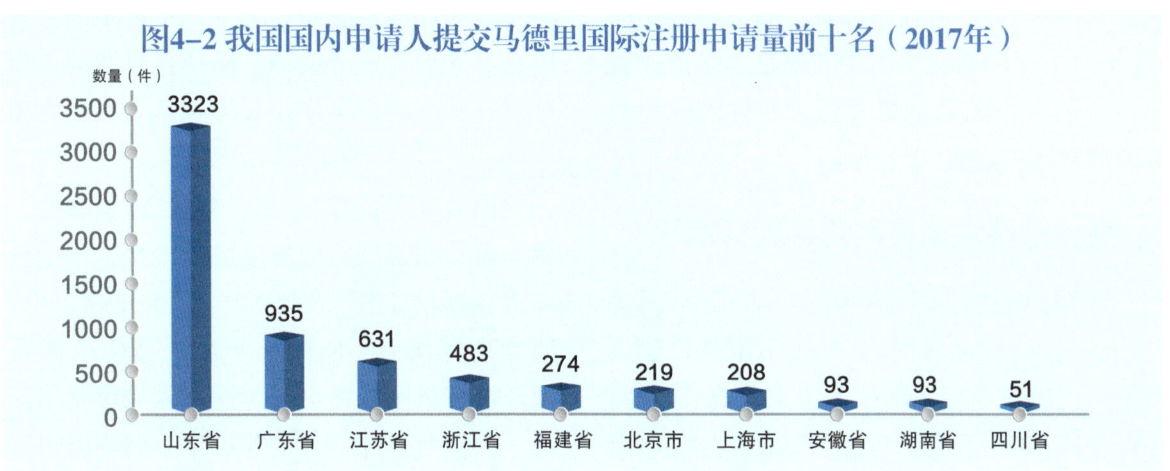

（三）国外申请人马德里领土延伸持续增长。国外申请人指定中国的领土延伸申请量为26148件，连续13年位居马德里联盟第一位，累计有效注册量25.2万件；领土延伸实质审查完成量为54876类，同比增加12.6%。办理国际变更11191件、删减708件、转让7991件、部分转让191件、更正1286件、注销8570件、部分注销1166件、续展9106件、放弃118件、合并24件、国际注册转国内注册37件，共计40388件。

（四）国外申请人马德里领土延伸指定商品和服务类别体现世界产业发展趋势。指定商品和服务类别的前三名分别是第9类（仪器；计算机；存储媒介）、第35类（广告；商业经营；商业管理等）、第42类（科学技术服务；工业分析与研究）。以上内容充分体现了全球产业发展趋势以及创新驱动的特点。

二、马德里商标国际注册成为商标工作的重要抓手之一

工商总局商标局积极服务企业在“走出去”战略中商标先行，把马德里商标国际注册作为商标改革工作的重要抓手之一，总结推广地方典型经验，加大宣传推广力度，派员赴浙江、山东、河北、宁夏、云南等地，讲授马德里商标国际注册内容，提升中国企业品牌保护意识与商标海外布局能力，营造了商标国际注册的良好社会氛围。4月27日，与世界知识产权组织中国办事处共同举办实施马德里体系座谈会，听取各方意见，凝聚各方能量，形成商标海外保护合力，共同推进马德里商标国际注册工作。

7月28日，全国工商和市场监管部门运用马德里体系现场经验交流会在山东省东营市召开，总结推广东营、青岛等地方典型经验。山东省特别是东营市、青岛市全面推进马德里商标国际注册工作，服务企业“走出去”成效特别显著，形成了重视和扶持到位、宣传和培训到位、帮扶和落实到位的典型经验。9月5日，青岛市与世界知识产权组织联合举行新闻发布会，发布了《马德里商标国际注册保护与促进经济发展专题调研报告》。

全国各级工商和市场监管部门结合当地实际，创新工作方式，马德里商标国际注册各具特色、亮点纷呈。宁波市提出了品牌指导站提

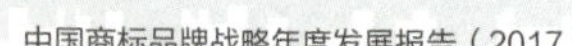

升工作“星火计划”；泉州市创建了全国首家商标品牌展示馆；佛山市建立了国内首个地方国际商标数据库；苏州市开发了商标综合服务软件平台；岳阳市设立了“马德里国际商标宣传月”；重庆市渝北区把马德里商标国际注册纳入政府经济发展“五年规划”。

三、商标国际注册便利化达到新水平

工商总局商标局贯彻落实《工商总局关于深入实施商标品牌战略 推进中国品牌建设的意见》，深化商标国际注册便利化改革。8月23日，发布《关于简化马德里商标国际注册申请材料和手续的通知》，简化材料，优化流程，为我国申请人通过马德里体系办理商标国际注册提供更便利条件。积极转变商标国际注册管理体制机制，充分发挥京外商标审查协作中心职能，在上海商标审查协作中心设立了马德里商标国际注册受理窗口，拓宽国际商标申请渠道，为当地企业“走出去”提供便利条件，服务区域经济发展；委托上海商标审查协作中心承担部分国际注册领土延伸实质审查工作，截至2017年年底，该中心完成领土延伸审查11025类。大力推进马德里商标的网上申请和电子通讯，2017年实现了国际局不规范通知的电子回复，网上申请程序开发进展顺利。

四、国际合作关系迎来新发展

继续深化国际交流与合作，密切与各国商标部门及国际组织沟通联系，学习他国经验，宣传我国成绩，共同推进商标国际注册与保护事业发展。加强与世界知识产权组织合作，工商总局商标局定期与世界知识产权组织及其中国办事处进行业务交流，增进信息互通；派员赴世界知识产权组织担任商标审查员，为中国商标“走出去”争取更大主动权。

积极发声，参与规则制订。派员参加了世界知识产权组织第57届成员国大会、马德里体系法律发展工作小组会议、马德里圆桌论坛、国际商标协会（INTA）年会、马德里体系知识产权官员区域性会议等商标领域重要国际会议；承担商务部举办的2017年非洲英语国家知识产权官员研修班和发展中国家知识产权组织官员研修班的授课工作，为“一带一路”倡议做出贡献。

五、商标海外维权工作取得新突破

进一步完善商标海外维权相关机制，加大对企业商标海外维权的支持力度。制定了《商标局关于建立和完善商标海外维权体系的工作方案》，并初步建立了商标海外维权信息平台，发布了主要国家商标法律和典型案例。8月，工商总局商标局在中国商标网发布海外维权预警信息，并通过多渠道协助我国玩具企业解决在智利遇到的大规模商标抢注问题。在日常外事工作中，利用商标领域的多个双边、多边合作机制，就我国企业商标海外维权相关案件与外方进行交流，积极帮助中国企业维护在海外的商标权益。

第五章 商标专用权保护

2017年，按照国务院“放管服”的改革要求，工商总局商标局以遏制商标恶意注册，严厉打击商标侵权违法行为为工作重点，全面推进商标专用权保护工作，为建立公平有序的市场秩序，推动市场主体运用商标品牌战略实现创新发展起到了重要作用。2017年，全国工商和市场监管系统共查处各类商标违法案件3.01万件，涉案金额3.65亿元，罚没金额4.7亿元。

一、商标权行政保护成效显著

2017年，工商总局商标局着力推动商标工作重点向注册确权与保护维权并重转变，制定了《商标局2017年商标权保护工作要点》《商标局落实2017年商标权保护工作要点工作方案》，确保各项任务分工取得实效。

（一）切实遏制商标恶意注册行为。面对商标恶意注册行为日趋规模化、专业化的形势，推进商标监管保护关口前移，通过优化审查分文流程，对典型恶意申请类型及相关案例进行梳理、汇总，采取提前审查、并案集中审查和从严适用法律等措施，大力遏制违反诚实信用原则、恶意攀附他人商标声誉、抢注知名度较高商标、侵犯他人在先权利、占有公共资源、反复抢注等恶意注册行为。工商总局商标局驳回了一批恶意注册申请，曝光典型案例，起到了较强的示范效应，对恶意注册行为形成了较大的震慑力。

（二）加强对地方商标行政执法工作的指导。一是强化对重点案件办理的组织协调。组织、协调各地工商和市场监管部门查处侵犯一得阁、老凤祥、公牛、三环、六国、洛川苹果、阿克苏苹果注册商标专用权等一批跨区域、社会公众反映强烈的案件。相关涉案地工商和市场监管部门集中开展市场检查及执法行动，有力地保护了权利人的商标权益，有效净化了市场环境。二是加强商标案件的转办。进一步简化案件批转流程，确保案件及时、依法处理。向地方执法机关转办了纽百伦、均瑶、嘉宝莉、阿尔卑斯等20余件涉嫌商标违法案件。三是加大案件指导力度。及时对地方执法机关向工商总局商标局请示的科勒、瑞雪、INCITY、劳亚尔等复杂、疑难商标案件提

出批复意见，指导地方办案。四是督导地方依法查处擅自将“一带一路”文字等作为商标使用的违法行为，为推进“一带一路”建设保驾护航。五是在商标管理案件中，依法认定152件驰名商标，依法给予扩大保护。六是依法对喜利妈妈、图伯特、锡伯贡、e带e路等20余件商标进行无效宣告，有效规范商标注册管理秩序。

（三）集中开展打击商标侵权“溯源”专项行动。2017年9月20日，工商总局办公厅印发《开展打击商标侵权“溯源”专项行动方案的通知》，决定自2017年9月底至2018年第一季度在全系统开展打击商标侵权“溯源”专项行动。专项行动以驰名商标、地理标志、涉外商标和老字号商标为重点，开展同权利人、行业协会、电商平台等相关各方的合作，加大对商标侵权案件源头追溯力度，切实提升商标行政执法工作效能。各地执法机关采取走访、召开会议、座谈等多种方式，全方位收集本地企业跨省重大商标侵权案件线索，共报送跨省重大商标侵权案件线索2000余条。工商总局商标局及时将案件线索转发相关涉案省级工商和市场监管部门，督促各地集中开展案件查办工作。12月20日，工商总局商标局在湖北省黄石市召开全国商标行政执法工作座谈会，总结交流执法办案中好的经验做法，及时协调解决各地在案件查办工作中遇到的问题。对各地立案查处情况督查督办，推动“溯源”专项行动案件查办工作落到实处，在全国范围内形成打击侵权假冒的合力，为商标品牌竞争营造良好的市场环境。

（四）加大外商和港澳台投资企业商标保护力度。高度重视依法依规严格保护外商投资企业知识产权，持续将加大对涉外商标专用权保护力度作为年度商标监管执法工作的重要任务，积极组织落实全国打击侵权假冒领导小组办公室等十二部门联合印发的《外商投资企业知识产权保护行动方案》，严厉打击商标侵权假冒、恶意抢注等违法行为，及时转办落实外商投资企业商标保护相关投诉举报材料，切实保护外商投资企业商标权益，优化营商环境。2017年，全国工商和市场监管系统共查处侵犯我国港澳台和外国商标注册人权益案件6015件，案值1.01亿元，罚款1.6亿元；移送司法机关涉嫌商标犯罪案件97件。

（五）探索推进商标监管方式创新。积极探索大数据监管，完善商标行政执法信息共享平台建设，推进注册商标维权联系人信息库建设，强化系统商标执法办案的协作和信息共享。夯实商标信用监管，继续将商标行政处罚信息纳入国家企业信用信息公示系统，加大联合惩戒力度。实施商标“双随机、一公开”监管，加强对商标违法行为的查处，有效利用检查结果，探索实施风险分类监管。

（六）不断提升商标监管执法队伍的能力建设。举办全国工商和市场监管系统商标行政执法培训班，加强基层商标执法业务培训，切实提高基层执法队伍的业务能力和执法水平。积极支持地方工商和市场监管部门开展商标培训工作，共派出业务骨干授课20余人次，覆盖全国大部分省、自治区、直辖市。提升理论研究能力，加大对农村和城乡接合部市场商标监管执法等商标保护重点领域的研究力度，着力打造专业化、复合型商标监管执法人才队伍。

二、查处商标违法案件数据分析

2017年，全国各级工商和市场监管部门共查处商标违法案件30130件，案值36544.63万元，罚没金额47042.32万元。其中查处商标一般违法案件3145件，案值3196.30万元；查处商标侵权案件26985件，案值33348.33万元，罚没金额44307.22万元。

全年查处的商标一般违法案件中，注册商标使用违法案件389件

- “自行改变注册商标”案件44件
- “自行改变注册商标注册人名义、地址或其他注册事项”案件28件
- 其他类型案件317件

全年查处的商标侵权假冒案件中，假冒注册商标案件4615件

- “未经商标所有人的许可，在相同商品上使用与其注册商标相同的商标”案件2534件
- “伪造、擅自制造他人注册商标标识或者销售伪造、擅自制造的注册商标标识”案件486件
- “销售明知是假冒注册商标的商品”案件1595件

未注册商标使用违法案件2446件

- “冒充注册商标”案件1828件
- 违反《商标法》第六条规定的66件
- 违反《商标法》第十条规定的77件
- 其他类型案件475件

违反《商标法》第四十三条第二款的27件

违反《商标法》第十三条规定的24件

违反《商标印制管理办法》的144件

违法使用地理标志的4件

违法使用地理标志产品专用标志的7件

违法使用特殊标志的104件

商标侵权案件
22370件

"未经商标注册人的许可，在相同商品上使用与其注册商标近似的商标或在类似商品上使用与其注册商标相同或近似的商标"案件4114件

"销售侵犯注册商标专用权的商品"案件17315件

"在同一种或类似商品上，将与他人注册商标相同或近似的标志作为商品名称或者商品装潢使用，误导公众的"案件295件

"故意为侵犯他人注册商标专用权行为提供仓储、运输、邮寄、隐匿便利条件的"案件41件

"未经商标注册人同意更换其注册商标并将该更换商标的商品又投入市场的"案件30件

给他人注册商标专用权造成其他损害的案件101件

侵犯地理标志商标专用权的案件29件

侵犯特殊标志所有权的案件26件

侵犯驰名商标权益的案件419件

与2016年相比，2017年各级工商和市场监管部门查处商标违法案件工作呈现以下特点：

——查处案件数量有所下降，但惩处力度进一步加大。查处各类商标违法案件总数、立案数、收缴和销毁商标标识数以及移送司法机关案件数和人数等指标均有不同程度的下降，但罚款总额、案均罚款额、罚款额10万元以上的案件数等指标较上年有所增长。全年查处商标违法案件总数同比下降5.39%，查处商标一般违法案件数同比下降11.8%，查处商标侵权案件数同比下降4.27%，收缴和销毁商标标识数同比下降19.25%，移送司法机关案件数同比下降18.02%。全年各级工商和市场监管部门罚没金额总数为47042.32万元，同比增长17.59%；案均罚款额同比增长23.93%；罚款额10万元以上的案件969件，同比增长22.66%，显示了对商标违法行为惩处力度的加大。

——案件结构类型上，商标侵权案件占比继续提高，商标一般违法案件占比有所降低。2017年全部商标违法案件中，商标一般违法案件除绝对数量下降以外，相对数量也有所下降，在全部商标违法案件中所占比例由2016年的11.23%下降到10.44%。商标一般违法案件绝对数量和相对数量的下降，反映了随着我国商标品牌战略的推进实施，商标注册人和使用者自身法律意识的增强和商标使用行为的进一步规范。商标侵权案件数量占比持续走高，仍然是商标行政执法工作的重中之重。此外，查处的商标侵权案件中，近64.17%为销售侵犯注册商标专用权商品案件，表明工商和市场监管部门打击商标侵权假冒工作重点仍聚焦于生产销售链条末端，对生产侵权假冒违法商品进行源头治理、查处非法印制注册商标标识等工作尚需进一步加强。

——商标注册人主动投诉案件比例有所增长。2017年度的商标侵权案件中，投诉案件为10614件，占比39.33%，比上年增长了4.79%，商标权利人的商标保护意识进一步增强，更加熟悉商标保护规则，趋向于积极主张权利，主动维护自己的商标专用权。

——商标违法案件数与各省经济指标高度正相关，东部沿海地区查处案件占主要份额。东部经济较发达地区查处商标违法案件数量仍占案件总数的主要份额。从地区来看，查处案件数超过1000件以上的省市有北京市、上海市、江苏省、浙江省、安徽省、福建省、山东省、河南省、湖北省、广东省，与上年基本一致。其中投诉案件超过1000件的省市有上海市、浙江省、广东省。利用互联网实施侵权假冒案件数超过100件的省市有上海市、浙江省。查处涉外商标案件中，浙江省2011件、广东省1797件，两省查处涉外商标案件数占全国查处涉外商标案件总数（6055件）的62.89%。

三、打击侵权假冒工作持续深入推进

工商总局制定下发《2017年全国工商和市场监管部门打击侵权假冒工作要点》，推动打击侵权假冒各项工作落实到位。各地工商和市场监管部门结合本地工作实际和特点，细化落实本地打击侵权假冒工作重点和关键，各项工作进展顺利，成效明显。2017年，全国各级工商和市场监管部门共立案查处侵权假冒案件5.82万件，办结案件5.41万件，涉案金额6.95亿元；捣毁制假售假窝点557个；依法向司法机关移送涉嫌犯罪案件354件，涉案金额1.55亿元。在全国打击侵权假冒工作领导小组办公室组织开展的全国打击侵权假冒先进集体和先进个人评选表彰活动中，全国工商和市场监管部门共有11家单位被授予先进集体，5名同志被授予先进个人称号。

（一）加强打击侵权假冒相关法律法规立法工作。配合全国人大常委会法工委、国务院法制办，修订了《反不正当竞争法》。推动国务院公布实施《无证无照经营查处办法》。以体育总局和工商总局的名义将《奥林匹克标志保护条例（修订送审稿）》共同上报国务院。制定出台了《网络购买商品七日无理由退货暂行办法》。

（二）互联网领域侵权假冒治理取得阶段性成效。联合国家发展改革委等10部门印发《2017网络市场监管专项行动方案》，组织召开网络市场监管部际联席会议，推动协同监管，增强监管合力。各地突出问题导向，重点整治网络侵权假冒、虚假宣传、虚假违法广告、刷单炒信等突出违法行为，协调推进联合执法检查。部际联席会议成员单位组成联合督查组，对13个省区市专项行动开展情况进行了督查。2017年全国工商和市场监管部门共查处网络违法案件2.17万件，案值17.3亿元，其中利用互联网实施商标侵权案件370件，案值3708万元。

（三）中国制造海外形象维护“清风”行动持续开展。各地工商和市场监管部门突出进出口、重点专业市场、跨境电商等重点环节，围绕重点商品，加强部门执法协作，严厉打击跨境制售侵权假冒商品违法行为。指导企业加强商标国际注册，提升品牌竞争力，实施“走出去”战略。加强对重点产品生产企业、输出重要商品的集散地和大型专业市场的监管，强化涉外展会、交易会的商标知识产权保护。

（四）严厉打击侵犯知识产权不正当竞争行为。继续加大执法力度，打击仿冒、侵犯商业秘密等不正当竞争行为。推进落实查处重大仿冒不正当竞争案件的协调机制，通过召开执法协调会、对重大案进行督办等方式，部署查处了十余起仿冒知名商品包装装潢、商标与企业字号权利冲突等案件。2017年，全国工商和市场监管部门共查处侵犯知识产权不正当竞争案件5839件，案值8873.4万元，罚款金额6481.3万元。

（五）推进打击侵权假冒跨区域跨部门协作。一是推进执法协作，指导京津冀、长三角、泛珠三角区域加强商标行政执法区域协作制度建设。积极参加淮海经济区商标保护协作会议、苏浙沪皖工商局商标行政执法区域协作会议，全力支持各地开展商标区域执法协作。二是积极落实商标行政执法与刑事司法衔接工作机制，推动形成监管合力。2017年，全国工商和市场监管部门依法向司法机关移送涉嫌商标犯罪案件172件。三是积极探索与行业协会、电商平台、中介组织合作机制，加强与商标权利人的沟通，发挥社会组织的行业自律作用，推动形成商标保护社会共治格局。

（六）全面推进打击侵权假冒行政处罚信息公开。不断完善行政处罚信息公示制度规定和工作机制，以信息化手段完善和规范行政处罚信息公示工作程序和行为，确保实现工商机关打击侵权假冒行政处罚案件信息公示率100%，不断提升信息公开及时率和准确率。

（七）加大打击侵权假冒宣传教育工作力度。积极做好“4 · 26”全国知识产权宣传周宣传工作，工商总局分管负责同志在国新办新闻发布会上介绍了2016年中国商标知识产权发展状况并答记者问。编纂发布《中国商标战略年度发展报告（2016）》，公布2016年全国工商和市场监管部门查处商标侵权典型案例。加强打击侵权假冒工作的网络宣传，充分运用微博、微信、移动客户端等传播渠道，扩大宣传覆盖面。积极回应社会关注热点问题。

四、商标代理机构监管取得成效

2017年，我国商标代理机构数量持续快速增长，商标代理机构监管工作进一步加强，商标代理机构信用管理系统和网上备案功能建设稳步推进，实现了商标代理机构备案及变更全程电子化。商标代理行业自律水平、业务水平不断提高。截至2017年年底，在工商总局商标局备案的商标代理机构总数为30571家，其中律师事务所9048家。全年共完成商标代理机构备案3981家，变更2348家，合并2家，注销73家。2017年，工商总局商标局备案在册的商标代理机构实际新增3906家，其中律师事务所183家。

强化对商标代理机构的事中事后监管。工商总局商标局积极收集、汇总社会反映强烈、投诉较为集中的12家商标代理机构涉嫌违法线索，及时向涉案地执法部门转办，督促地方依法进行调查处理。加强与地方执法部门的沟通与协调，及时指导地方执法机关依法查处北标、九鼎、贵都等商标代理机构违法行为。各地工商和市场监管部门根据“双随机、一公开”监管的有关规定，积极开展对代理机构的检查，切实加强事中事后监管，进一步加大商标代理机构不正当竞争案件查处力度。北京市工商局共随机抽查商标代理机构138户次，办理商标代理机构违法行为案件3起，其中海淀分局依法查处了北京蓝海基业科技有限公司以欺诈手段骗取客户高额代理费用案件；江苏省工商局对1000余家代理机构按照不低于总数10% 的比例进行摇号并将抽查结果归集到主体名下，对抽查发现的问题依法进行了查处；河北省和安徽省工商局组织了全覆盖联合抽查，按照3% 的比例从已在工商总局商标局备案的商标代理机构名录中抽查36家；吉林省、山东省工商和市场监管部门共随机抽取商标代理机构459户作为检查对象，将吉林省恒大商标事务所有限公司等擅自变更经营地址的代理机构列入经营异常名录；上海市工商局对商标代理机构开展实地和书面检查；浙江省工商和市场监管部门在全省范围内针对2300余家商标代理机构开展商标代理机构信用监管工作；福建省工商和市场监管部门共检查商标代理机构281家，建立完善商标代理信用档案；江西省工商局开展商标代理市场专项整治行动，组织代理机构签署商标代理诚信自律承诺书；四川省工商局随机摇号抽取820户本级登记代理机构实施检查；云南省工商局在经过备案的专业商标代理机构中抽查7户，抽检比例为2.44%。

商标代理行业自律管理取得显著成效。中华商标协会牵头推进《商标代理行业道德规范》《商标代理服务规范》和《商标代理机构会员单位信用信息管理办法》的制定工作。加强商标代理业务培训，强化知识更新。2017年11月，中华商标协会在北京、杭州举行商标代理人培训考试，共608人参加考试，126人通过考试。完善商标代理行业信息共享机制，加强纪律约束。中华商标协会协调有关部门，将商标代理行业组织会员惩戒信息通过国家企业信用信息公示系统向社会公示。2017年11月，有

机构通过互联网发布一些代理机构不正当竞争行为，引起社会广泛关注，中华商标协会配合工商总局商标局开展了大量调查和收集线索工作。倡议商标代理行业自律宣传，加强理论研究，中华商标协会代理分会组织部分商标代理机构会员开展诚信倡议活动，会员自发起草了推动商标代理行业自律倡议书，在商标品牌节期间开展了宣读倡议书、签署《倡议宣言》活动，受到广泛支持。商标评审委员会委托中华商标协会就“商标恶意抢注行为与企业信用监管课题”展开研究，目前已完成课题报告初稿。

第六章　商标评审工作

2017年，商标评审委员会深入学习贯彻党的十九大精神，认真落实全国工商和市场监管工作会议部署，以新发展理念为引领，以持续推进商标行政确权便利化为主线，以深化评审体制机制改革创新为重点，以稳中求进为工作基调，统一干部思想，坚定改革信心，强化责任担当，确保任务落实，各项工作实现了新突破，取得了新成绩，为促进经济社会发展做出了积极贡献。

一、商标评审情况分析

2017年，商标评审委员会共收到各类商标评审案件申请205239件，审结评审案件168894件，参与行政诉讼一审案件9310件，收到商标程序性争议行政复议案件880件，审结731件。商标评审案件数量持续高速增长的压力在今后一段时期内仍将存在，具体情况分析如下：

（一）商标评审案件按时限审结，驳回复审案件审理时间进一步压缩。2017年共审结完成评审案件168894件，同比增长34.87%。按完成工作量计算，同比增长25.35%。其中驳回复审案件144215件，同比增长38.43%，平均审理时间已降到8个月以下；涉及双方当事人的复杂案件24679件，同比增长17.26%。目前，除因法定事由需要中止审理或延期审理的211件案件外，均已严格按照审限要求完成了案件审理任务。

（二）一审被诉率略有上升。2017年一审被诉案件9310件，同比增长74.2%。被诉率为5.51%，同比增长1.25%。被诉率上升的主要原因：2017年以来商标评审委员会严格中止审理标准，对于非法定事由申请延期审理的案件不予中止，导致当事人提起诉讼的案件增加。

（三）行政复议申请量增长不多。2017年新收到行政复议申请880件，同比增长3.65%，审结行政复议案件731件，同比下降32.1%。复议案件数量未随商标注册申请数量大幅增长而显著增加，说明工商总局商标局受理工作更加规范。

（四）商标评审案件申请量持续迅猛增长。2017年共收到各类评审案件申请205239件，同比增长31.45%，按审理所需工作量计算，同比

增长26.33%。月均1.71万件，创历史新高。其中，收到驳回复审申请174118件，同比增长33.35%。

二、适应改革需求，切实提高商标评审质量和效率

商事制度改革催生了各类市场主体竞相发展，也推动了商标评审案件申请量持续迅猛增长。在现有审签力量的条件下，面对艰巨繁重的案件审理任务，商标评审委员会优化审理流程，完善计算机工作系统，切实提高评审质量和效率。

区分主次矛盾，集中压缩驳回复审案件时限，驳回复审案件的平均审理时间已控制在8个月以内，有效回应了市场主体希望早日确权的重大关切。

深入挖掘办案潜力，科学调配审签和办案力量，将现有力量向一线倾斜。同时，进一步完善目标任务分解、任务量包干等措施，责任到处室，充分调动工作积极性。

定期对案件审理期限进行排查，对临近审限的案件督促尽快审结。坚持执行月度工作量专报制度，及时跟踪分析工作量完成及待审数量变化情况，合理确定工作定额。

认真总结分析工作中的好做法、好经验，从案件审理、裁文撰写和流程环节等方面，摸索规律，形成参照模板，提高案件审理效率。

成立新的信息化工作小组，指定专人负责，充实技术力量，完善工作机制。重点做好审限管理系统、网上申请系统、纸质文件交接电子化和评审文书即时公开等项目研发。

三、完善工作机制，有力维护商标确权领域公平竞争秩序

坚持把维护当事人合法商标权益与制止商标恶意抢注行为有机结合起来，依法平等保护各方当事人的合法商标权利，维护我国商标注册秩序和商标注册声誉。

充分体现《商标法》维护诚实信用的立法宗旨，对《商标法》第十五条、第十九条第四款、第三十二条、第四十四条第一款等，均从有利于制止恶意注册的角度进行理解和适用。

合理确定证明责任，对恶意明显、确有保护必要的案件，可以适度减轻被抢注人的举证责任。

加大对驰名商标保护力度，对高知名度、高显著性的商标给予反淡化保护。

组织开展了“商标恶意抢注行为与企业信用监管”专项课题研究，分析总结商标恶意抢注案件的特点和规律，探索综合运用信用约束机制，有力惩戒失信，鼓励自主创新。

四、回归立法本意，积极改进驰名商标保护工作

按照工商总局对驰名商标保护应回归立法本意的要求，积极改进驰名商标保护工作。进一步强调按需认定原则，坚持只对有扩大保护需求的案件进行认定，提高了认定门槛。不再将驰名商标认定情况通报有关省级工商和市场监管部门。在相关评审文书中不再使用“认定驰名商标”字样，先代之为“已达到驰名程度”，在2017年年底时则代之以“为相关公众所熟知”，以防止当事人对文书的不当使用。对拟保护驰名商标均在国家企业信用信息公示系统进行检索，与企业提供数据进行印证，同时确保企业在拟认定的商品或服务上不存在不良信用信息。

五、推动改革创新，不断提高商标评审工作的透明度和公信力

强力推进评审文书随机公开。每月通过随

机抽取方式公开部分商标评审决定和裁定，并在技术条件允许的情况下，不断增加公开文书数量，共公开710件。2017年12月15日，商标评审裁决文书全面即时公开系统上线试运行，自动公开商标评审裁决文书1573份。2017年12月28日，文书公开系统正式上线运行，商标评审委员会作出的所有裁决文书，除依照有关规定不予公开的情形，全部自动公布，主动接受社会监督。

深化评审文书说理改革。在评审文书中进一步强化说理，注重论证，反映各方当事人意见，阐述当事人举证、质证内容，公开证据采信情况及理由，全面列举适用的法律条文，力求当事人信服，做到案结事了。

开展评审案件口头审理。基于查明案件事实的需要，2017年5月对外发布了《商标评审案件口头审理办法》。依据申请人请求，选取若干具有代表性的驳回复审案和无效宣告案进行了口头审理。

2017年8月21日，商标评审委员会对高丽红参商标驳回复审案进行口头审理，开启商标评审案件口头审理的良好实践

完善质量抽样检测机制，定期对案件审理情况进行抽检，不断提升质量监督管理的科学化水平。加强对败诉案件信息的分析及反馈机制，探索通过选取核驳比例、法条适用比例等参数的统计分析，检验审理质量，统一审理标准。

六、畅通沟通渠道，着力搭建公共服务便利平台

不断加强案件受理、咨询接待、电子平台“三个窗口建设”，及时修订完善了窗口服务规范、当事人接待制度、咨询答疑制度和工作守则等窗口服务制度，以刚性的制度规定为当事人和社会公众提供优质便捷服务。创新互动形式，增加咨询电话，设立专门咨询岗，充实网站功能，提供网上咨询、便民问答、监督投诉、便民信箱等服务。坚持舆情研判和分析，健全常态化、多层面沟通联络机制，广泛听取意见建议，把及时回应社会关切作为推动工作创新发展的重要动力。

七、加强协调配合，努力提高依法行政工作水平

积极推进商标行政确权和司法审查在法律适用上的顺畅衔接和审查标准的趋同。与最高人民法院知识产权审判庭共同举办商标评审与行政诉讼业务研讨会，围绕商标近似判断、“在先权利”的认识等商标授权确权领域的重点问题展开沟通交流，取得诸多共识。与北京市高级人民法院就外国主体在中国办理商标注册、评审事宜提交主体身份证明文件问题达成共识。与北京知识产权法院就遏制恶意注册、建立双方阶段收结案情况等关键信息沟通机制达成共识，方便各方建立工作预期。全年一审被诉案件9310件，同比增长74.2%；二审被诉案件2228件，同比减少10.2%；再审案件249件，同比增长26.4%。

行政复议工作高效完成。复议案件数量未随商标注册申请数量大幅增长，全年新收到行政复议申请880件，审结行政复议案件580件。

2017年7月14日，由商标评审委员会与最高人民法院知识产权审判庭联合举办的商标评审与行政诉讼业务研讨会在北京举办。来自商标评审委员会、最高人民法院、北京市高级人民法院和北京知识产权法院的代表，围绕商标近似判断、“在先权利”的认识等商标授权确权领域的重点问题展开沟通交流，取得诸多共识

八、做好宣传引导，努力提高市场主体商标法律意识

以开展“4 · 26”知识产权宣传周为契机，发布商标评审二十大典型案例，充分释法说理，强化依法授权确权的示范引导，收到良好的法律效果和社会效果。派员赴吉林省、湖南省、广东省等地参与面向地方政府部门、企业的新法实施专题培训授课工作，进一步传播商标法律知识，增强了市场主体的守法意识。举办全国工商和市场监管部门商标行政确权保护实务研修班，课程设置紧紧围绕商标确权领域的理论研讨和实务操作展开，并组织学员观摩学习了深圳市前海经济开发区的知识产权发展保护经验。

九、加强国际交流，树立商标确权保护的良好国际形象

在案件审理中坚持国民待遇原则，平等保护国外当事人的商标权益，着力树立我国保护知识产权的良好形象。先后多次参与接待来自美国、欧盟、日本等代表团来访，就商标知识产权保护面临的突出问题进行交流，对焦点案件释疑解惑，增进理解和共识。先后与欧盟、美国等共同主办商标保护研讨会，派员赴美国、欧盟等国家和地区考察学习，进一步宣传展示我国商标确权保护事业的新进展和新成绩。

第七章　地方商标工作

党的十八大以来，全国各级工商和市场监管部门在习近平新时代中国特色社会主义思想的指引下，认真贯彻党中央、国务院以及工商总局的决策部署，按照“放管服”改革要求，立足商标注册、保护、运用、管理和服务，深入实施商标品牌战略，助推我国经济发展质量变革，为“中国产品”向“中国品牌”转变作出了应有的贡献。

本章分省市对地方的亮点工作进行介绍，展示各级工商和市场监管部门在商标注册便利化改革、商标监管执法、商标运用指导以及地理标志、马德里商标国际注册、商标宣传与培训等方面的工作成绩。同时，各地还展示了富有地方特点的商标品牌。

北京市

北京市工商部门开展红盾利剑打假溯源专项行动

北京市工商局举办《2016年度北京市商标发展报告》新闻发布会

“打击侵犯知识产权和制售假冒伪劣商品”工作取得明显成效。截至2017年年底，北京市工商部门共办理罚没金额10万元以上的侵权假冒案件67件，罚没款5238余万元，净化了市场环境。丰台分局查办了“美多味”面包坊仿冒“味多美”注册商标案，当事人北京美多味科贸有限公司将与“味多美”字体颜色读音都相近的“美多味”作为商标在门头牌匾及塑料袋上突出使用，造成消费者对“味多美”面包坊产生混淆，被工商部门罚款221万元；海淀分局根据“海贼王”商标权利人提供的线索对北京乐汇天下科技有限公司利用360手机助手、百度、豌豆夹等商用手机软件运营平台擅自提供下载“口袋海贼王”“街机海贼王”游戏软件客户端，并提供手机在线应用、购买虚拟货币进行充值消费的侵权行为进行查处，对当事人处以2937.03万元的罚款。截至2017年12月，北京市工商局共办结侵犯商标知识产权和制售假冒伪劣商品案件2436件，罚没款6530.85万元。移送司法机关12件，案值539.46万元。捣毁制假售假窝点16个。北京市工商局商标监督管理处荣获“全国打击侵权假冒工作先进集体”荣誉称号。北京市工商局海淀分局获颁“中国商标金奖——保护奖”。

石景山商标受理窗口迎来第一位咨询人

发布《2016年度北京市商标发展报告》。北京市工商局商标监督管理处通过梳理和分析全市商标数据，编纂发布了《2016年度北京市商标发展报告》，内容包括：北京市商标发展概况、北京市2016年商标业务办理情况、截至2016年年底有效注册商标类别情况、北京市马德里商标国际注册情况、北京市商标集聚和活跃情况、北京市各区商标发展情况、北京市商标案件查处情况。发布《北京市工商行政管理局关于深入实施首都商标品牌战略若干意见》，进一步提高首都企业自主创新能力，促进首都际一流和谐宜居之都建设，服务品牌经济持续高质量发展。

地方品牌展示

北京市朝阳区、石景山区、昌平区已设立商标受理窗口，构建“东西南北”辐射全市的便利化注册服务新格局，将商标咨询注册服务与市场准入服务共同打造成促进企业健康发展的完整服务链条。

天津市

加强商标行政执法与司法衔接。为增强天津企业的商标品牌意识，解决企业发展中遇到的知识产权保护新情况、新问题，2017年4月28日，天津市市场监管委联合天津市高级人民法院、天津海关、仲裁委等专家召开“天津市知识产权行政与司法保护问题座谈会”，共有50余家企业、商标代理机构代表参会。会上，分别就天津市商标行政执法、知识产权司法保护和海关备案保护等方面的案件情况、案件特点及发展趋势进行了介绍。重点明确了两个问题，一是解决了网络商标侵权案件证据的保存问题，由中国科学院国家授时中心实时加盖“时间戳”固定证据；二是法院对企业名称权和商标权冲突案件的审理思路、审理范围进行了宣讲，特别是确定商标权与名称权发生冲突时应尽量通过司法诉讼维护权益，天津法院知识产权庭有较多此类成熟的判例。天津市市场监管委已连续三年举办该座谈会，每次会后针对企业提出的问题进行汇总答复，以“商标业务指导”形式下发参会企业和区县局。

天津市知识产权行政与司法保护问题座谈会现场

加强地理标志运用保护。作为省级工商、质监、食药机构三合一的试点单位，天津市市场监管委成立以来商标监管部门主动进位，承担了地理标志商标和地理标志保护产品的宣传、保护职能。按照工商总局2017年商标工作改革“一条主线、两个抓手”中的“运用地理标志商标精准扶贫”工作思路，在做好地理标志商标推动准扶贫的同时，推动地理标志保护产品依据《商标法》注册，并在京津冀质监部门建立的地理标志公示服务平台上将地理标志商标一并公示，使广大消费者对天津地理标志产品一阅可知，明辨真伪。

2017年6月底，天津市地理标志商标武清“西肖庄紫薯”和“宝坻大蒜”参加由工商总局和世界知识产权组织联合主办的2017年世界地理标志大会，并进行产品展示

地方品牌展示

河北省

张家口市基层商标管理人员走访调研，收集地理标志资源

商标扶贫取得实效。为贯彻落实习近平总书记关于精准扶贫的要求，河北省工商局立足职能，将“商标扶贫”列为十项重点工作之一，下发《2017年河北省商标品牌扶贫工程工作方案》《关于在商标扶贫工程中加强地理标志商标培育工作的通知》，明确商标扶贫工作的重点和目标任务。组织开展地理标志资源深度普查，围绕“名优特新稀”地方特色产品，挖掘地理标志资源723件，建立了地理标志培育库，并根据每件地理标志资源申报条件的不同，进行分类指导，成熟一件申报一件。引导龙头企业通过“企业 + 商标 + 农户”产业化经营模式，带动农民增收。每个贫困县都至少建立了3家以上的商标品牌指导站，形成对商标注册从材料组织、注册申报到管理运用及保护的全过程指导。召开商标扶贫调度会，及时掌握各市商标扶贫工作进展情况，交流经验做法，化解基层在商标扶贫工作中遇到的问题。广大农民和涉农企业以商标为纽带，提升产品品质和附加值、吸引投资、汇聚资源，依托本土资源提升了自身的“造血功能”，有力促进了河北省精准扶贫工作的深入开展。

商标注册运用便利化惠企便民。经工商总局商标局批准，石家庄市、唐山市设立了商标注册受理窗口，2017年，两个窗口共接待申请商标咨询3000多人（次），办理商标注册申请1144件，方便了企业注册商标。石家庄市商标专用权质权登记受理点成立以来，积极宣传商标权质权工作，为企业和银行牵线搭桥，帮助企业完成了1.7亿元的商标权质权登记，缓解了企业融资难题。支持雄安新区商标品牌发展。

石家庄市商标专用权质权登记受理点窗口工作人员为力尔铝业股份有限公司现场发放商标专用权质权登记证

打击侵权护民生。2017年，河北省工商系统共查处侵权假冒案件2863件，案值1778.6万元，其中查处侵犯商标专用权案件914件，案值626.93万元。全年向司法机关移送涉嫌侵犯商标专用权犯罪案件12起，案值1694.6万元。推进京津冀协作执法，开展联合打击制售假冒伪劣商品行为专项整治行动，维护市场秩序，净化市场环境。

地方品牌展示

华北制药®

廊坊市大城县城区分局执法人员进行市场检查

山西省

山西省商标监管干部深入农村指导帮助市场主体申请注册地理标志商标

运用地理标志商标和农产品商标进行精准扶贫，助力贫困地区经济发展。近年来，山西省工商局以创新、协调、绿色、开放、共享五大发展理念为指引，充分发挥地理标志和农产品商标在促进地方经济发展中的独特作用，不断推动运用地理标志商标和农产品商标进行精准扶贫，提升农产品附加值，促进农民增收、农业增效，助力贫困地区经济发展。针对全省农村经济落后、地理标志商标注册量少、运用不佳等情况，山西省工商局赴运城、长治等地进行深入调研，制定下发了《关于推进地理标志商标富农的工作措施》，积极引导新型市场主体和行业协会申请注册农产品商标和地理标志商标，带动区域农村经济发展。经过全省各级工商和市场监管部门的努力，2017年共提交16件地理标志商标申请，截至2017年年底，全省已注册“隰县玉露香梨”“壶关旱地西红柿”等48件地理标志商标。

山西省工商局开展查处侵犯“汾”“杏花村”注册商标专用权专项执法行动

严厉打击侵犯知识产权和制售假冒伪劣商品违法行为工作成效显著。2017年，山西省工商局共检查市场经营主体36188户，检查批发零售市场、集贸市场等各类市场3162个，立案查处侵犯知识产权和制售假冒伪劣商品案件842件，已办结814件，罚没款701.09万元。移送司法机关案件7件，捣毁制（售）假窝点35个，有效遏制了仿冒侵权高发多发势头，震慑了不法经营行为。开展互联网领域、小商品市场、农资市场及农村和城乡接合部等市场专项整治工作，10月起，开展了打击商标侵权“溯源”专项行动。加大了对涉嫌侵犯驰名商标、涉外商标和地理标志商标专用权案件的打击力度，加强了对商标代理机构的监管。全年共查处侵犯商标专用权案件465件，其中侵犯驰名商标权案件247件，侵犯涉外商标专用权案件29件；查处违法印制商标标识案件2件，其他侵犯注册商标专用权案件187件。“两节”期间重点开展了打击侵犯“汾”“杏花村”等系列商标和侵犯“山西陈醋”“山西老陈醋”地理标志商标违法行为专项执法行动。

地方品牌展示

内蒙古自治区

实施商标品牌战略，做好顶层设计。2017年8月19日，内蒙古自治区召开自治区政府常务会议，研究审议并原则通过了《内蒙古自治区人民政府关于进一步实施商标品牌战略的意见》。会议指出，商标品牌是重要的无形资产，是企业的核心竞争力之一。大力实施商标品牌战略，对于加快转变经济发展方式、促进创新型内蒙古建设、推动供需结构升级具有十分重要的意义。各地区、各部门要加快组织实施好商标品牌战略，加大品牌创建和宣传力度，提升商标品牌质量，努力形成一批具有较强市场竞争力和影响力的商标品牌，提高经济发展的质量效益。

内蒙古自治区人民政府文件

内政发〔2017〕142号

内蒙古自治区人民政府关于进一步实施商标品牌战略的意见

各盟行政公署、市人民政府，自治区各委、办、厅、局，各大企业、事业单位：

商标品牌战略是知识产权战略的重要组成部分，品牌创新是全面创新的重要内容。为贯彻落实党中央、国务院实施创新驱动发展战略、建设知识产权强国、推动大众创业万众创新、深化供给侧结构性改革等重大决策部署，贯彻落实自治区第十次党代会提出的深化改革开放、转变经济发展方式和加快经济转型升级的

- 1 -

2017年11月20日，《内蒙古自治区人民政府关于进一步实施商标品牌战略的意见》正式发布

充分发挥市场监管主力军作用，打击侵权假冒工作取得显著成效。党的十八大以来，在自治区工商局的组织领导下，全区各级工商和市场监管部门，认真贯彻国务院、工商总局和自治区政府关于打击侵权假冒工作的决策部署，突出重点领域整治，加大执法办案力度，先后组织开展了打击侵权假冒、保护注册商标专用权、打击商标侵权“溯源”行动等专项整治工作，查处一大批侵犯“PHILIPS”“龙牌”等知名品牌注册商标专用权案，发布了“全区工商和市场监管部门商标侵权十大典型案例”。五年来，全区共查处各类侵权假冒案件4130件，案值2821.954万元，罚没金额2595.177万元。内蒙古自治区工商局商标处被授予“全国打击侵权假冒工作先进集体”荣誉称号。

呼和浩特市工商局回民区分局对辖区内购物中心销售的某品牌儿童玩具进行检查

设立商标受理窗口，积极服务双创发展。2017年，工商总局商标局批准在呼和浩特市工商局、鄂尔多斯市工商局、赤峰市工商质监局设立了3个商标受理窗口，在鄂尔多斯市设立了1个商标权质权登记受理点，排在西部省区市前列。到目前，受理商标注册申请649件，接待各类咨询4490余人次，发放申请指南5880余份；办理商标权质权登记28件、帮助企业融资5385万元。

地方品牌展示

伊利®

呼和浩特商标受理窗口工作人员主动为商标注册申请人提供便捷高效服务

辽宁省

落实商标改革措施取得新突破。2017年，经工商总局商标局批准，沈阳市、大连市、盘锦市先后设立了地方商标受理窗口，受工商总局商标局委托开展商标注册申请受理业务，受理窗口分别于3月、6月正式面向全省市场主体开展商标注册申请受理业务，标志着商标注册便利化改革措施在辽宁省正式落地。商标受理窗口的设立为市场主体申请商标注册提供了便利，辽宁省申请人可以就近到受理窗口办理商标注册申请，既提高了效率，又节约了成本，支持了地方商标品牌建设。2017年，受理窗口累计接待咨询1.5万多人次，办理商标注册申请5873件，被评为窗口标兵和红旗窗口。

盘锦商标受理窗口工作人员为商标注册申请人提供服务

商标品牌建设持续推进。辽宁省工商局积极探索在重点园区和产业集群建立商标品牌指导站107处，指导企业完善商标品牌管理制度，不断提高企业商标运用与管理水平。辽宁省岫岩玉雕、葫芦烙画等地理标志商标被选拔推荐参加第八届世界地理标志大会。2017年9月，辽宁省工商局组织沈阳斯沃电器有限公司、新民福德蔬菜种植专业合作社、鞍山市宝玉石协会、辽阳鸿飞电器制造（集团）有限公司等8家企业参加了由中华商标协会在广西桂林举办的2017中国国际商标品牌节，借助这一强大的国际化平台，企业开阔了视野，提升了品牌的影响力和知名度。

2017年中国国际商标品牌节，辽宁省工商局党组副书记、副局长赵桂琴（右三）莅临展区了解参展企业情况

初步完成25万多条商标注册信息与企业信用信息的关联归集工作，研究修订了16项商标违法行为行政处罚自由裁量标准，完善了710户商标代理机构、从事商标代理业务的律师事务所信用档案建设，推行《商标代理机构监督管理工作规范》。将查处商标违法行为行政处罚信息纳入企业信用信息公示系统，加大失信联合惩戒力度，完善商标信用监管和专用权保护长效机制。

地方品牌展示

Neusoft东软®

沈阳市

2017年中国国际商标品牌节期间，沈阳市工商局方铁林局长（右二），沈阳市工商局杨利群副局长（右三）在新民市地产品牌企业展台指导布展工作

加大地产品牌推广力度，为本地品牌企业站台。为推动沈阳制造、沈阳品牌走向全国，走向世界，沈阳市工商局不断加大对地产商标品牌的推广力度，借助媒体宣传、展会等多种形式，向外界推介沈阳市名优产品。2017年中国国际商标品牌节期间，组织“斯沃电器”“迈德利大米”“好年缘蔬菜”“立杰食品”等当地品牌集中参展。来自全国11个省、市地区的15家企业代表与沈阳市参展企业达成初步合作意向。

加强地方品牌培育，深挖全市特色产品。2017年，沈阳市工商局不断推进地理标志工作，积极调研，先后深入新民、浑南等地区，对当地特色农副产品，如蓝莓、大米等开展调研论证，并积极推动相关农副产品申报地理标志证明商标。7月7日，“大民屯”白菜成功注册地理标志商标，全市地理标志商标总数7件。

沈阳市工商局商标处工作人员在沈阳市浑南区水稻种植区实地考察

地方品牌展示

SIASUN 新松®

大连市

2017年9月，大连市工商局商标监管系统正式上线

建立“大连市工商局商标监管系统”。为进一步加强商标品牌战略实施基础性工作，充分了解和掌握全市商标注册和使用情况，进一步增强全系统商标监管工作的积极性和主动性，2017年9月，大连市工商局研发建设了商标监管系统，可以实时掌握全市商标注册及地区分布情况，形成《商标统计分析工作制度》；采取数据统计、分析、调查、应用等方式，编制《大连市年度商标发展报告》，为本市经济社会发展提供有效数据支撑。截至12月15日，全市有效商标注册量累计达到68739件，比上年增长19.6%；申请量21768件，比上年增长41.4%；新注册量11515件，比上年增长22.9%，其中商品商标46974件，占67%，服务商标23153件，占33%，比上年增长1.5个百分点。

大连商标受理窗口工作人员解答咨询

设立工商总局商标局大连商标受理窗口。2月5日，大连市工商局成为全国第二批获准设立商标受理窗口单位，大连市工商局党组高度重视，召开专题会议，研究窗口设置、人员及办公设施配备等。3月1日，大连商标受理窗口正式在大连市公共行政服务中心启用。为切实提升受理窗口服务水平，树立良好工商形象，大连市工商局先后制定了《大连市商标受理窗口业务操作流程》《大连市商标受理窗口办事流程》等多项服务措施，规范服务行为。截至12月15日，窗口共受理697家企业（个人）申请1933件商标，其中商品商标1168件，服务商标765件。受理窗口接待现场咨询2480余人次，电话咨询2540余人次，发放“三书一表”4070余份。

地方品牌展示

ZWZ®

吉林省

吉林省工商和市场监管系统商标品牌战略推进工作会议现场

实施商标品牌战略取得显著成效。2017年10月，吉林省工商局召开全省工商和市场监管系统商标品牌战略推进工作会议，贯彻落实工商总局商标品牌工作相关会议精神，总结近年来吉林省实施商标品牌战略工作，部署下阶段重点任务，并表彰了全省系统商标行政执法和打击侵权假冒工作先进集体和先进个人。近年来，吉林省商标品牌数量和质量同步提升，各类市场主体商标注册、运用、保护和管理能力不断提高，实施商标品牌战略取得显著成效。2017年全省有效注册商标125297件，“长白山人参”“双阳梅花鹿”“梅河大米”“榆树大米”入选“2017中国百强农产品区域公用品牌”。“一汽”“解放”“红旗”“通化”“敖东”“感康”荣登“2017年中国500最具价值品牌”榜。

深入开展“双打”工作。坚持日常监管和专项整治相结合，集中开展了元旦春节期间消费市场专项整治、流通领域商品质量抽检、农资打假百日行动、网络市场监管专项行动等专项执法工作。案件信息全部录入吉林省打击侵权假冒领域“两法衔接”信息平台。全省累计查处侵权假冒案件540件，案值593.99万元，罚没款681.21万元。吉林省工商局商标局荣获“全国打击侵权假冒工作先进集体”荣誉称号。

吉林省延边朝鲜族自治州图们市工商局开展集贸市场检查

积极指导开展地理标志工作。指导蛟河市黄松甸食（药）用菌协会注册“黄松甸黑木耳”地理标志商标，加强商标使用管理和宣传推介，运用“公司 + 地理标志 + 农户”模式实施产业化经营，有力带动了当地经济发展和农民增收。2017年，“黄松甸黑木耳”地理标志商标获选全国“商标富农和运用地理标志商标精准扶贫十大典型案例”。组织“黄松甸黑木耳”“洮南辣椒”“长白山人参”“舒兰大米”地理标志商标权利人参加世界地理标志大会。

地方品牌展示

长春市

2017年，长春市工商局以推进商标注册便利化改革、服务企业商标品牌发展为核心，强化商标窗口、商标权质权登记受理点和商标品牌培训平台建设，深入开展商标富农、商标助企融资等工作，同时按照“双打”工作要求，加大商标专用权保护力度，全力推进商标工作。共发放《商标注册维权服务函》10.12万份，113个工商所共指导帮助企业注册商标431件，全市注册商标总量已达56797件，同比增长21.3%，占吉林省总量的45.33%。

商标培育工作稳步推进，商标注册便利化工作取得良好社会反响。完成各级储备库的更新工作，对全市商标发展情况进行调查研究，掌握商标发展动态；指导开展商标国际注册推进工作，引导“富奥”等8件商标国际注册成功，目前全市商标国际注册数量已达80余件；暂停省、市著名商标认定工作，探索商标培育和发挥商标品牌示范引领作用的新方式、新途径。截至2017年年底，登记点已办理质权登记6件，融资2.405亿元，不仅为市场主体提供了便捷优质的商标服务，而且惠及周边多个城市及地区。

长春商标注册受理暨商标质权登记启动仪式

以“4 · 26”世界知识产权日、长春市商标成果展为契机，利用多种媒介宣传长春市实施商标战略成果。成功举办第三届“长春市商标成果展”，免费为长春市企业及地理标志进行宣传。

长春市第三届商标成果展开幕式现场

地方品牌展示

黑龙江省

《龙江名物志》栏目首播式上“友好蓝莓”商标注册人及基层工商部门代表接受采访

与黑龙江省广播电视台联合举办《龙江名物志》栏目。为进一步发挥地理标志商标促进地方经济发展的作用，提高黑龙江省地理标志产品的知名度，黑龙江省工商局与黑龙江省广播电视台联合举办了《龙江名物志》栏目。该栏目以本省地理标志为重点，通过纪实报道、专题访谈、公益宣传等方式，对24件地理标志商标进行了宣传，极大地提高了地理标志商标的知名度，也充分展示了工商行政管理机关发挥职能作用，积极培育、宣传推广商标品牌工作的成绩。栏目共播出24期，制发专题采访报道30篇、编发专题微信推送10期，取得了良好成效。

黑龙江省大庆市市场监管局执法人员对大庆大商新玛特商场出售的化妆品商标使用情况进行检查

强化职能作用，严厉打击商标专用权侵权违法行为。黑龙江省工商局以打击侵权假冒工作为牵引，以驰名商标、地理标志、涉外商标、老字号商标及本省特色产业商标为重点，加大商标专用权保护力度。一是组织开展打击商标侵权“溯源”专项行动，全省工商和市场监管部门对辖区内重点商标权利人及企业进行走访、座谈，了解商标权保护情况，全方位收集商标侵权案件线索。二是印发了《黑龙江省工商行政管理局关于加强老字号保护工作的通知》，围绕老字号保护，从深入开展调研、加强品牌培育和宣传推广、加大保护力度、建立长效保护机制等方面进行部署，深入推进全省老字号商标品牌建设。三是组织开展外商投资企业知识产权保护行动，为外商投资营造公平竞争的市场环境和良好的营商环境。四是健全商标案件线索投诉办理制度，认真做好商标案件线索自办、转办、督办工作，确保案件线索件件有回音，事事有落实。2017年全省工商和市场监管系统共查处商标侵权违法案件152件，案值156.92万元，罚没款210.12万元；移送司法机关5件，涉案金额157万元。

地方品牌展示

哈尔滨市

创新网络宣传模式，推进商标品牌建设。哈尔滨市市场监督管理局高度重视商标品牌宣传工作，始终把商标品牌宣传作为展示企业自主品牌创新成果的窗口和搭建政府与企业间沟通的重要平台。企业通过参加商标品牌宣传活动，互相促进交流与合作，开阔了眼界，拓展了经营理念，提高哈尔滨制造、哈尔滨服务的整体竞争力和活力，助力品牌转型升级。2017年，哈尔滨市市场监督管理局商标处与市私营企业协会联合推荐哈尔滨市老字号、绿色食品、林下经济等一批有代表性私营企业参加新华网“黑龙江省品牌企业网络宣传专区”活动，展示地方商标品牌的美誉度和竞争优势。

组织企业参加新华网“黑龙江省品牌企业网络宣传专区”活动

“五常大米”“尚志红树莓”参加世界地理标志产品展示。近年来，哈尔滨市市场监管局不断加大对地理标志和农产品商标的保护力度，在推动运用地理标志和农产品商标开展精准扶贫，促进农民增收、农业增效，助力贫困地区绿色发展，取得了显著成效。截至2017年年底，地理标志商标注册10件，比2007年（4件）增长了150%。哈尔滨市市场监管局组织“五常大米”“尚志红树莓”参加世界地理标志产品展示，五常天地粮缘商贸有限公司、尚志绿野浆果有限公司等8家企业将其独具地域特色和历史文化的产品参加地理标志产品展示，受到与会领导嘉宾的高度称赞。

哈尔滨市企业参加世界地理标志产品展示

坚守节日市场，护航旅游消费。为切实强化旅游商品市场监管，哈尔滨市市场监管局商标处牵头整治假冒俄罗斯商品市场，针对检查中发现的一些商户存在销售无中文标识、厂名、厂址的电动剃须刀，销售无合法来源证明进口酒等问题，执法人员要求商户负责人立即改正违规行为，并对问题商品实施了下架处理。春节期间通过对旅游商品市场的督导检查，打击了销售假冒伪劣俄罗斯旅游商品的违法行为，规范了冬季旅游市场公平竞争的市场秩序，维护了外地来哈尔滨旅游消费者的合法权益，受到了社会的普遍好评。

哈尔滨市工商执法人员检查俄罗斯旅游商品

地方品牌展示

上海市

2017年6月30日，上海市工商局局长陈学军（右二）与上海获奖企业代表在中国商标金奖颁奖大会现场

商标品牌战略实施取得明显进展。开展部市合作，大力实施商标品牌战略，2017年9月29日，上海市政府与工商总局共同签署了《关于大力实施商标品牌战略的合作协议》。这是自2017年5月《工商总局关于深入实施商标品牌战略 推进中国品牌建设的意见》印发后，首个关于实施商标品牌战略的部市合作协议，充分体现了上海市对商标品牌战略实施的高度重视和工商总局对上海商标品牌工作的大力支持。加大服务企业力度，推进商标培育发展工作。市区两级工商（市场监管）部门通过“走千家企业”活动、商标知识专题培训、重点企业个案辅导、中小企业商标普及教育等，开展多种形式的商标指导服务。建成“上海商标历史文化走廊”并编印相应图集开展商标文化宣传。

2017年3月1日，工商总局商标局上海（徐汇）商标受理窗口在徐汇区行政服务中心设立

商标注册便利化改革取得突破性成果。2017年3月1日，工商总局商标局上海（徐汇）商标受理窗口在徐汇区行政服务中心设立，进一步打通企业创业创新全链条。2017年9月29日，上海商标审查协作中心正式落户徐汇区，至此国内商标的申请、审查和马德里商标国际注册等业务都能在上海市办理，上海市的企业真正实现了“足不出沪”即可办理国内外商标注册业务。上海市商标注册便利化改革的深入推进为上海打造国际化、法治化、便利化营商环境提供了重要支持，积极助力上海企业实施“走出去”战略。

深入开展商标品牌文化宣传。2017年4月18—30日，上海市工商局与移动电视联合制作的对话商标系列宣传片通过地铁电视、公交电视、楼宇电视、迪士尼园区、机场指路机、大型电子屏、候车亭广告牌等多种形式，进行了2000万多人次/天的播放和展示。

地方品牌展示

上海市工商局与移动电视联合制作的对话商标系列宣传片通过地铁电视等形式播放

江苏省

开展全省商标品牌战略三年行动计划系列活动。江苏省工商局围绕江苏省委、省政府确立的“两聚一高”目标，制定加大高知名度商标培育力度等15项工作举措，印发全省商标品牌战略三年行动计划，明确商标战略实施工作目标任务。9月27日，组织召开全省商标品牌战略三年行动计划推进会，会议明确下一阶段落实三年行动计划的具体工作，表彰一批商标战略实施示范市县和示范企业，激励全社会增强商标品牌意识。认真开展“聚焦品牌、助力创新”系列活动，以江苏省商标战略实施工作领导小组的名义，命名南京市政府等15家市、县人民政府为“省商标战略实施示范市县（金风奖）”，命名南京南瑞集团等68家企业为“省商标战略实施示范企业（金帆奖）”。

持续做好品牌管理专业人才培训工作。多年来，江苏省工商局为贯彻落实工商总局和江苏省政府深入实施商标战略工作会议精神，提高企业商标战略实施和品牌创建水平，自2010年开始举办“江苏省企业负责人品牌管理专业人才培训班”，下大力提高品牌管理专业人才的能力素质。培训班邀请全省著名品牌策划专家、学者等担任讲师，设置了品牌美学、企业商标战略与品牌建设规划、企业商标保护策略与典型案例等课程，使企业树立起品牌培育、运用、管理和保护理念。为减轻企业负担，江苏省工商局从省财政下拨的商标战略实施专项经费中列支培训经费，不让企业承担任何费用，深受企业好评。截至2017年年底，共计开展培训48期，为全省培育创新型企业品牌管理人才5600余人，形成一支结构优、素质高、规模大的品牌管理专业人才队伍，为全省品牌经济发展提供有力人才保障。

江苏省品牌管理专业人才培训班现场

积极筹备世界地理标志大会。组织拍摄地理标志宣传专题片，谋划地理标志商标展览，做好江苏省地理标志宣传。以此为契机，进一步加大地理标志注册与培育力度，继续推进地理标志产品在苏宁“中华特色馆”平台宣传销售，提升地理标志影响力，发挥好地理标志富民效应。

地方品牌展示

南京市

南京市工商局副局长陈元虎（右四）率队开展大走访活动

广泛开展大走访活动，切实实施商标帮扶。南京市工商局通过大走访了解企业群众呼声，掌握基层需求，积极主动开展服务，扎实开展商标帮扶工作，受到了企业热烈欢迎。该局强化服务职能，优化商标品牌战略实施环境，对接各区政府相关部门，对接市区科技创业创新载体平台，对接信息技术、高端装备制造、新能源等战略性新兴产业，主动对接农业主管部门和基层农户、农村合作社，找准全省商标品牌战略三年推进计划落实的切入点，开展商标品牌帮扶活动，帮助建立商标战略实施网络，培育一批商标品牌战略骨干企业，发掘一批商标品牌强企富民工作宣传典型。加大培育力度，夯实商标品牌战略实施的基础，通过广泛开展培训，提高全社会商标品牌意识和商标业务水平；通过走访和上门指导服务，促进全市地理标志和集体商标注册、马德里商标国际注册等工作，推动全市产业集群品牌培育基地建设工作。实施“一企一策”，进行行政指导，定期开展有针对性的商标培训，印制并大范围发放商标注册与使用指南，为企业申请商标注册、创立品牌提供指导，引导企业实施商标战略，做大做强自主商标品牌。

集体商标发展提质增效成果显著。2017年，南京市集体商标发展工作异军突起。全年新申请集体商标71件，占全省新申请量的七成；集体商标有效注册量114件，占全省有效注册量的四成，位居全省第一。近年来，南京市政府成立了商标品牌战略领导小组，先后出台了《南京市商标战略实施意见》《南京市2010—2015年商标战略实施规划》和《关于大力推进商标培育工作的实施意见》等文件，为实施商标品牌战略提供了政策支持。南京市工商局主导牵头商标品牌战略实施工作，定期召开商标战略领导小组联席会议。加大扶持力度，形成保障机制，对农产品商标、地理标志、集体商标、产业集群品牌和马德里商标国际注册等项目进行指导、培育等。

溧水区工商局帮助农民申请注册商标，“霸王枣”身价倍增

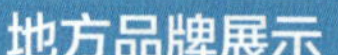
地方品牌展示

浙江省

以农业供给侧结构性改革为切入点，持续深入推进农产品区域品牌建设。2017年以来，浙江省工商局积极思考探索服务改革新路径，积极服务农业供给侧改革，在充分调研基础上形成了《农产品品牌建设工作情况、存在问题及对策》。在此基础上，浙江省工商局商标处结合丽水、衢州等农业发展市、县、区，共同研究，明确了推进农产品区域品牌建设的新路子。牵头省农业厅、省质监局、省食药管理局联合出台《关于支持“丽水山耕”品牌提升发展的若干意见》，2017年9月在丽水市召开全省农产品区域公用品牌建设工作现场交流会，明确下一步工作任务，牢牢抓住“丽水山耕”这一区域品牌的示范典型，带动全省农产品区域品牌深入发展。

浙江省农产品区域公共品牌建设工作现场交流会现场

台州市商标专用权质押融资推进会

“商标权质权百亿融资行动”圆满完成。2017年是浙江省“商标权质权百亿融资行动”的第三年，这三年里，全省共办理商标权质权登记1466件，授信额达219亿元，超额完成119%。2017年，全省新开展商标权质权登记企业482家，涉及商标1860件，授信额58.6亿元；户均授信额1215.8万元。商标权质权登记数占全国同期办理总量的37.4%，排名全国第一。2017年是第一轮“小微企业三年成长计划”的收官之年，也是新一轮小微企业三年发展的谋划之年。三年里全省小微企业共办理商标权质权549件，占三年全省开展商标权质权登记总数1466件的37.4%。

商标示范再创新抓手。2017年是浙江省省级商标品牌示范评价工作第三年，经第三方评价，新认定浙江省商标品牌示范企业55家，省商标品牌示范县（市、区）8个，省商标品牌示范乡镇（街道）13个。联合品牌研究院正式启动商标品牌评价标准化工程，起草了《“浙江省示范商标品牌”评价规范》，从产品品质卓越、品牌形象清晰、品牌投入稳定、品牌绩效显著、品牌管理规范和社会责任履行六方面设置评价指标，并拟在下阶段完善提交专家评审，进一步推动商标标准化工作。

地方品牌展示

杭州市

杭州市商标品牌国际化和知识产权保护实务培训现场

组织开展商标品牌国际化和知识产权保护实务培训。为贯彻落实杭州市委《关于全面提升杭州城市国际化水平的若干意见》、工商总局《关于深入实施商标品牌战略推进中国品牌建设的意见》等文件精神，加快推进杭州市商标品牌“走出去”，强化企业核心竞争力，发挥商标品牌在企业转型升级中的积极作用，杭州市市场监管局联合世界知识产权组织（WIPO）中国办事处和杭州市商标协会，于2017年9月28日共同举办杭州市商标品牌国际化和知识产权保护实务培训，为企业开展国际注册、运用和保护提供指导。杭州市市场监督管理局党委书记兼局长陈祥荣做了培训动员，他从增强企业市场竞争力、促进杭州市经济发展、助推城市国际化等方面，阐述了加强商标品牌建设、推进商标品牌战略的重要意义。在肯定前期工作成绩的同时，他也指出了目前商标工作中一些亟须加强的薄弱环节，并从加强商标管理扩大品牌国际影响、做好引导服务促进商标战略实施、加大监管力度持续净化市场秩序3个角度，提出了9个方面的具体要求，为市场监管局及外贸企业和商标代理机构做好下一步工作指明了方向。

此次培训邀请了世界知识产权组织（WIPO）中国办事处国家项目官员张俊琴女士、雀巢公司前任知识产权全球总监让·皮埃尔·梅德先生、杭州海康威视数字技术股份有限公司法务总监高爱萍女士、中国跨境电商委法律中心主任沈小乐先生授课。他们分别讲解了《商标国际注册与保护体系概览》《外国企业品牌国际化战略与国际保护经验与做法》《中国企业走出去战略中的品牌保护经验交流》《商标马德里国际注册和保护实务操作与对策》等课程。培训期间，授课专家通过现场提问等形式与参训人员就马德里商标国际注册与保护等问题展开互动，为杭州地区外贸企业走出国门，创立国际品牌提供指导和帮助。来自市场监管系统、企业以及商标代理机构共312人参加了此次培训。

培训现场

宁波市

搭建平台，力推指导工作提升。加强品牌指导站建设。2017年3月，宁波市市场监督管理局印发《关于深入推进品牌工作指导站“星火计划”的指导意见》，按照“大品牌”“专业化”要求，在指导站建设工作中，强化系统内外部门工作协调，引入优质第三方资源，切实帮扶企业解决创牌、维权中的实际需求。2017年，重点开发使用“品牌指导站信息化工作平台”，使品牌指导工作更加规范、有效，实现工作互动和资源共享。推动开展指导站的商标品牌“微讲堂”、商标品牌体检、诉调对接服务等工作载体。

2017年12月，世界知识产权组织副总干事王彬颖一行对全市的品牌指导站工作进行考察，予以充分的赞赏和肯定

宁波市市场监管工作人员检查指导商户

议题管理，加强商标权益保护。针对商标侵权复杂化、链条化、网络化的趋势，继续推行行之有效的“议题管理”模式，通过精准打击、以点带面，提高监管效率和效果。截至2017年年底，全市开展商标“议题管理”为重点的商标监管执法工作，共实施议题管理项目30多个，查处商标侵权案件615件，案值1160.8万元，罚没款1180.6万元，移送司法机关案件7件，捣毁制假窝点48个。4月，在全国商标监管工作座谈会上，宁波市市场监督管理局做典型交流发言。

大榭开发区保险箱行业商标品牌培训会现场

“你点我讲”，营造品牌建设氛围。组织开展“你点我讲”培训活动。由商标业务领导、知识产权律师、商标代理机构专家为师资力量的专家志愿团，从3月开始，根据企业需求，由企业点题，专家团成员深入基层进行商标品牌培训辅导。培训主题包括商标的功能及价值，商标品牌建设的着力点，当前企业在商标注册、使用、管理及保护工作中存在问题的解决方案等，内容深入浅出、贴近实际，参训人员普遍感到内容充实、实用，操作性强。2017年，举办培训活动35场，参与企业2150多家，政府部门相关人员及品牌指导站工作人员270多人。

地方品牌展示

FOTILE®

安徽省

积极推进商标注册便利化改革，商标注册申请和新注册商标增幅居全国前列。2017年，全省新申请商标注册163261件，同比增幅高达85.4%，高出全国平均增速29.7个百分点，增速居全国第二位、中部第一位；新注册商标65423件，同比增幅37.32%，增速居全国第四位，中部第二位；有效注册商标量首次突破30万件，达到301957件，同比增幅26%，增速居全国第五位，中部第一位。

商标权质押贷款连续七年保持全国领先、中西部领跑的地位。安徽省实现了商标权质押贷款县市区全覆盖。全年办理商标权质押贷款325件，助企融资22.5亿元。全省累计已办理商标权质押贷款1879件，助企融资169.4亿元。

加强商标知识产权保护，查办的“双打”案件居全国前列。在实施商标品牌战略中，安徽省工商局坚持发展与保护并重，建牌用牌与护牌并举，在工商总局和安徽省政府统一部署下，持续开展打击侵犯知识产权和制售假冒伪劣商品专项行动、打击商标侵权“溯源”行动，以驰名商标、地理标志商标、老字号商标和涉外商标为重点，严厉打击侵犯商标专用权行为，保护企业商标品牌权益，为创新创业营造良好的市场环境。按照比例不低于3% 的要求，组织开展全省商标代理机构代理行为和酒类生产企业商标使用与侵权情况随机抽查，抽查商标代理机构30家，发现问题并列入经营异常2家；抽查酒类生产企业8家，发现问题并列入经营异常2家。2017年全年共立案查处侵犯知识产权和制售假冒伪劣商品案件5339件，结案4755件，案值2055.5万元，罚没款2767万元。移送司法机关案件14件，捣毁制假售假窝点8个。

地方品牌展示

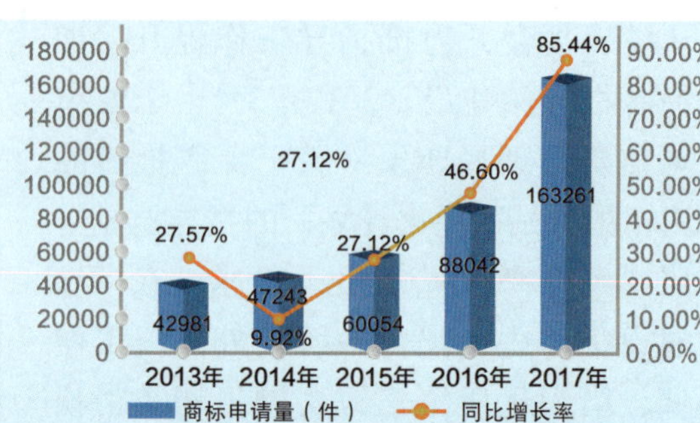

党的十八大以来安徽省商标申请量及增速示意图

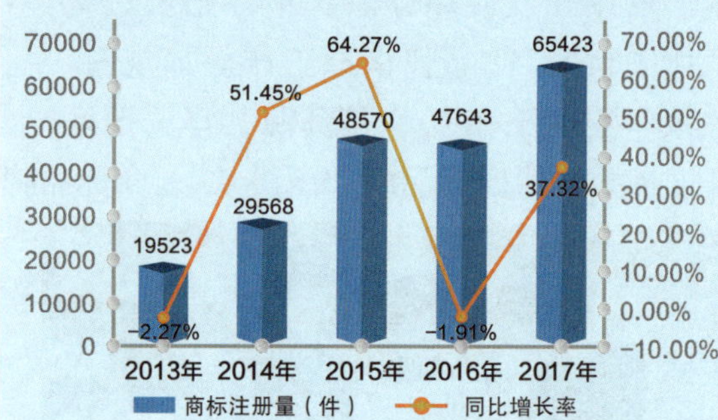

党的十八大以来安徽省商标注册量及增速示意图

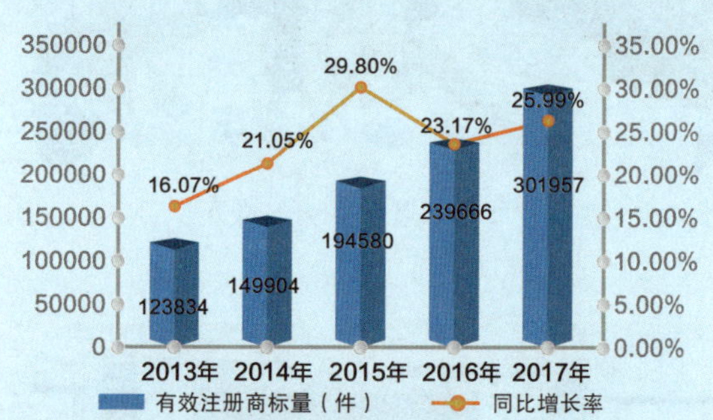

党的十八大以来安徽省有效注册商标量及增速示意图

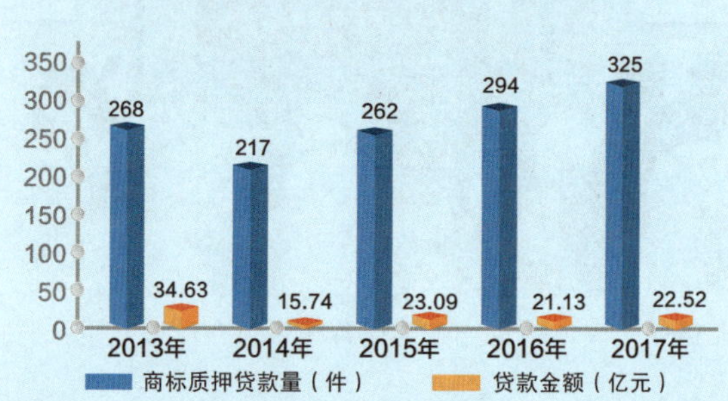

党的十八大以来安徽省商标权质权贷款量及贷款金额示意图

福建省

开展优秀地理标志商标注册人推广示范工作。2017年，福建省工商局在全省组织开展优秀地理标志商标注册人推广示范工作，按照规范使用、严格管理、产品质量稳定、品牌知名度高、富民及带动效应明显等若干标准，确定安溪县茶业总公司、福鼎市茶业协会、宁德市渔业协会、南靖县兰花协会、云霄县枇杷协会、漳平市茶叶协会6个地理标志商标注册人作为2016年度优秀地理标志商标注册人，并在全省进行推广示范。通过对地理标志商标注册人规范使用、严格管理地理标志商标行为的正向激励，充分发挥地理标志商标“富农”“惠农”的积极作用，因地制宜发展特色生态产业，加快推进农业可持续发展和生态产业转型升级，服务生态省建设。

福鼎白茶日光萎凋工艺

柘荣太子参种植、收成

工商总局在全国推广运用地理标志商标精准扶贫“宁德经验”。2017年3月，工商总局在宁德市召开全国工商系统“商标富农”工作座谈会，推广交流各地近年来商标富农工作，特别是宁德市运用地理标志商标精准扶贫工作经验。

在深入落实打赢脱贫攻坚战中，宁德市工商局充分发挥职能作用，积极构建“工商策划、政府重视、部门沟通、协会主体、市场运作、共促发展”的运作机制，立足山海的区位特点，挖掘地理标志资源。经过近20年的积累，地理标志商标从无到有，从有到多，从多到强。“柘荣太子参”带动全县近80%的农民从事太子参种植、购销等行业，全县10多万人口中因太子参直接受益的就有4万多人。“宁德大黄鱼”自成功核准注册地理标志证明商标以来，产值由22.1亿元增至44.8亿元，全市有近10万人常年在海上从事大黄鱼养殖。“福鼎白茶”在2016年中国茶叶区域公用品牌价值评估中，价值33.8亿元，名列全国第四；茶产业也为福鼎市提供就业岗位8万余个，带动30万茶农和10万茶商、茶人增收致富奔小康。“福安葡萄”在当地葡萄种植面积达5万多亩，年销量7.5万吨以上，占福建省葡萄总产量的60% 以上，从业人数达17万人，总产值18亿元，已然成为福安市农民增收致富的“甜蜜产业”。

霞浦海带收成

地方品牌展示

厦门市

2017年8月27日，厦门市市场监督管理局商标监督管理处会同江头市场监督管理所，对厦门盛世豪泰物业服务有限公司设立在东方财富广场的广告牌上使用“厦门会晤”标志进行立案查处

积极推进“厦门会晤”会标特殊标志申请和保护工作。根据“厦门会晤”筹备工作的职责分工，厦门市市场监督管理局负责做好会晤相关标识、礼品、影音资料等有关产品的商标保护工作。2017年2月10日，“厦门会晤”会标对外公布后，厦门市市场监督管理局立即协助市筹备办提交“厦门会晤”会标的特殊标志申请材料。4月10日，“厦门会晤”会标核准登记。

厦门日报 金圆集团

金砖视角 BRICS VIEWP

厦门会晤标志

BRICS 2017 CHINA

新兴市场国家与发展中国家对话会标志

EMDCD 2017 CHINA

全方位巡查保护
规范“厦门会晤”标志使用

市市场监管局提醒，未经许可擅用“厦门会晤”标志将被处罚

A 开展专项行动 保护“厦门会晤”特殊标志

B 擅用“厦门会晤”标志打广告 三家企业被罚

C 擅自改变特殊标志图文 最高可罚5万

七类行为将被视为“商业目的”使用

如何申请使用“厦门会晤”标志

标志使用人应承担哪些义务？

2017年8月9日，厦门市市场监督管理局商标监督管理处在厦门日报专版刊登《全方位巡查保护规范“厦门会晤”标志使用——市市场监管局提醒，未经许可擅用“厦门会晤”标志将被处罚》，积极营造全社会共同保护“厦门会晤”标志的氛围

厦门市市场监督管理局制定出台了《保护厦门会晤特殊标志专项行动方案》，在全市范围内开展线上线下全覆盖的专项保护行动。全系统共出动2629人次，检查商事登记主体4532户次，引导国内各大中文搜索引擎和207家网站经营者及时整改、删除侵权或不规范使用“厦门会晤”特殊标志图片、快照、网站链接等919条，确保辖区“厦门会晤”特殊标志保护工作可控有序，圆满完成保障任务。

商标行政执法成效显著。2017年，厦门市共立案查处“双打”案件122件；办结113件，罚没金额234.99万元；案件信息公开112件；移送4件，案值399.69万元。综合执法“厦门模式”入选国务院批复的国内贸易流通体制改革发展综合试点可复制推广经验。厦门市市场监督管理局因在“厦门会晤”筹备和服务保障工作中表现优秀被福建省委、省政府授予先进集体单位，并荣立集体三等功。

地方品牌展示

厦门市市场监督管理局商标监督管理处处长林良芽在“2017中国反侵权假冒经验交流厦门行暨保护知识产权打击侵权假冒工作成果展示活动”上做交流发言

江西省

继续保持高压态势，扎实推进“双打”工作。2017年，江西省各级工商和市场监管部门加大力度查处各类商标侵权行为，共立案363件，办结案件303件，罚没款445.85万元，移送公安机关15件涉嫌犯罪案件。开展元旦春节期间打击侵权假冒行动，对重点市场、重点领域重点检查，出动检查人员2万余人次，检查市场主体3万余户。组织农资、成品油打假行动，中国制造海外形象维护的“清风”行动；开展长三角“云剑联盟”联合打假专项行动；开展以驰名商标、地理标志商标、老字号为重点的保护注册商标专用权行动。强化事中事后监管，制定《基层商标日常监督现场检查工作指南》，规范商标监管；加强部门执法协作联动，通过案件线索溯源，对侵权假冒商品实施全链条打击；利用华东、泛珠三角区域商标保护协作网等，协助跨省维权，强化追踪溯源，建立政企商标联络制度，强化企业打假维权主体责任，实施高效精准打击。赣州市工商局开展打击侵权假冒清除“山寨货”专项行动，重点检查批发市场、农村地区和城乡接合部市场、超市等，以食品、化妆品、洗涤用品、服装以及其他日用品为检查重点，维护流通环节商品质量安全和人民群众合法权益。

九江市工商局工作人员深入瑞昌山药种植基地，查看山药种植情况，指导“瑞昌山药”地理标志商标的运用和推广

开展商标与字号一体化注册保护。江西省工商局打造商标服务特色工作，利用登记注册窗口，推行商标与字号一体化注册保护工作，发放商标与字号一体化注册申请行政建议书51000余份，帮助市场主体打造商标与字号相统一的整体品牌。

大力推进地理标志商标注册与运用指导工作。江西省工商局着力推进全省地理标志商标注册工作，组织召开全省地理标志商标工作经验交流会，建立推进地理标志商标注册备选名录，2017年全省新申请地理标志商标60件。

地方品牌展示

山东省

2017年6月29日，山东省工商局党组书记、局长李关宾同志出席世界地理标志大会，主持“地理标志在经济、社会及文化维度之状况”议题

2017年山东省地理标志商标注册总量继续全国领先，地理标志商标在推进乡村振兴战略实施，助力精准扶贫中的积极作用日益显著。山东省工商局结合全省农业十大产业振兴规划及农业现代化规划（2016—2020年）的推进，以地理标志商标注册、运用、保护和管理等工作为切入点，积极推进区域品牌和产业集群发展。截至2017年年底，全省拥有地理标志商标584件，总量居全国第一位；在世界地理标志大会上，山东省“章丘大葱”“博山琉璃”“烟台苹果”“肥城桃木雕刻”“威海刺参”5家地理标志单位参加产品展览。

深入实施商标品牌战略，促进新旧动能转换。近年来，山东省工商和市场监管部门紧紧围绕省委、省政府中心任务和工商总局重大决策部署，以加快推进新旧动能转换、促进经济转型升级为目标，坚持重点突破和典型引领，深入推进商标品牌战略实施与经济发展深度融合，全省商标发展和保护环境不断优化，各类市场主体商标注册、运用、保护和管理能力进一步提升。截至2017年年底，全省已有有效注册商标72.3万件，马德里国际注册商标3088件，地理标志商标584件。

2017年7月29日，山东省工商局召开全省工商和市场监管部门深入实施商标品牌战略促进新旧动能转换座谈会

山东省马德里商标国际注册与保护取得重大突破。截至2017年年底，全省马德里国际注册商标3088件。2017年7月28日，工商总局在东营市召开全国工商和市场监管部门运用马德里商标体系现场经验交流会，推广运用马德里商标体系“东营经验”“青岛经验”。

地方品牌展示

張裕

在工商总局和世界知识产权组织举办的中国商标金奖颁奖大会上，潍柴控股集团有限公司荣获2017年中国商标金奖“商标创新奖”，山东科瑞石油装备有限公司荣获2017年中国商标金奖“马德里商标国际注册特别奖”；韩都衣舍电子商务集团股份有限公司、东营市工商局、胶州市市场监管局等3个单位荣获2017年中国商标金奖提名奖。

济南市

强化商标国际注册。为深入实施商标品牌国际战略，进一步提升商标海外注册、运用、管理和保护水平，促进经济转型升级，推动创新济南品牌建设，济南市工商局主动适应新常态，紧紧围绕山东省委、省政府的决策部署，充分发挥职能作用，以深化改革、服务发展为抓手，多措并举提升监管服务水平，助推济南市经济健康发展。该局争取海关等部门支持，在全市登记外贸业务的企业中，筛选出从事出口业务的企业，建立完善出口企业信息库。与专业知识产权服务机构的合作开展全市马德里商标国际注册知识培训班，走遍了全市12个区县，近2000名相关企业负责人以及市场监管基层负责人等参与了培训。培训内容包括“海外市场开拓及国际商标保护”“申请马德里商标国际注册的条件、要求等基本要求和操作”等主题，全面分析马德里商标国际注册业务。

济南市工商局开展马德里商标国际注册知识培训现场

山东省地理标志产业协会正式成立。2017年11月28日，在山东省工商局、济南市工商局、山东省民政厅等部门的支持及指导下，山东省地理标志产业协会在济南市正式成立，该协会是经山东省民政厅批准的具有社团法人资格的行业社团组织。目前协会拥有会员近120家，涉及地标种类有瓜果、蔬菜、茶叶、中草药材、花卉等近20大类。其中山东省地理标志产品代表有烟台苹果、莱阳梨、章丘大葱、龙山黑陶、东阿阿胶、平阴玫瑰、沾化冬枣、肥城桃、日照绿茶、菏泽牡丹、潍县萝卜、博山琉璃、威海刺参、荣成海带、峄城石榴、商河大蒜、莱芜花椒等上百个。通过协会推进地理标志产业延伸和链接关联行业达20多个领域，形成了围绕地理标志产品一、二、三产业及各行业融合交织、相互促进，资源共享共赢的发展格局，为山东省地理标志产业集聚搭建了信息交流合作发展和品牌产品展示服务平台。

山东省地理标志产业协会会长孙明香一行参观章丘市龙山黑陶产业协会

地方品牌展示

青岛市

大力开展商标业务培训。2017年6月，青岛市工商局组织举办全市商标品牌战略培训班，邀请工商总局商标局相关业务处专家授课，组织系统商标监管人员、企业、商标代理组织共900余人次参加了培训。9月6日，邀请世界知识产权组织专家，组织举办了全市商标国际化战略马德里商标国际注册高级培训，有效提升了企业商标战略实施水平，提高了系统商标监管人员业务能力。

马德里商标国际注册工作再创新绩。加强与世界知识产权组织合作，大力推进全市马德里商标国际注册工作，2017年，青岛市申请量1569件，创全国之最、历史之最。积极推进市政府与世界知识产权组织联合调研课题“加强马德里商标国际注册保护，促进地方经济发展”合作事宜，并提报调研报告，世界知识产权组织给予高度评价。王彬颖副总干事专门致函青岛市政府，提出“调研报告总结了青岛市成功推广马德里国际商标体系的宝贵经验，将为中国及全球城市和地区提供有益借鉴”。2月9日，人民日报（海外版）对此进行了报道。9月，成功促成青岛市政府与世界知识产权组织联合举办新闻发布会，发布了《马德里商标国际注册保护与促进经济发展专题调研报告》，盛赞马德里商标“青岛现象”，世界知识产权组织将以六种联合国官方语言推广，并将专门在青岛市拍摄与调研报告配套的宣传纪录片和青岛企业案例分析影片，向世界推介青岛，不断提升青岛市企业海外影响。9月21日，人民日报（海外版）以《马德里商标的“青岛现象”》为题就此做了专题报道。

2017年9月6日，青岛市政府与世界知识产权组织联合举办新闻发布会，世界知识产权组织马德里注册局信息推广司负责人马修·福尔诺先生（左二）和青岛市工商行政管理局局长孙海生（左三）出席发布会

地方品牌展示

海尔®

河南省

积极推动商标品牌战略向纵深发展。河南省政府每年召开专题全省商标品牌建设推进会，表彰先进、总结经验、部署任务。充分利用全省各类媒体，广泛宣传商标有关法律法规，传播商标品牌知识，鼓励、引导企业注册商标，加强商标品牌培育。河南省工商局大力开展商标品牌知识培训活动，举办400人大中型企业负责人商标品牌战略培训班，省内各地也组织了不同类型的企业商标品牌专题培训，先后举办培训56场次，培训人数1200余人，得到各级政府肯定和参训企业的好评。

河南省大中型企业负责人商标品牌战略培训班现场

深入推进产业集群商标品牌培育基地建设。河南省商标品牌战略领导小组印发了《河南省产业集群商标品牌培育基地认定和管理办法》，充分发挥产业集群商标品牌集聚效应，逐步实现从培育商标品牌企业到培育商标品牌产业、由产业集聚向商标品牌集聚转型升级。2017年共认定10家产业集群商标品牌培育基地。组织召开全省产业集群商标品牌培育工作经验交流会，对荣获“河南省产业集群商标品牌培育基地”的产业集聚区进行表彰并颁发奖牌，有力推动了产业集聚区向商标品牌集中区和商标品牌示范区转变。

河南省工商局为荣获“产业集群商标品牌培育基地”的产业集聚区颁奖

河南省新乡市工商系统人员指导获嘉县太山镇大白菜种植农户申报中国地理标志商标

地理标志商标助推精准扶贫。进一步推进商标富农，运用地理标志开展精准扶贫，在全省深入开展地理标志资源调查摸底工作，加强行政指导，强化涉农企业（团体）及时申请注册地理标志商标，2017年新增地理标志商标申请40件，成功注册6件，截至2017年年底，累计注册地理标志商标62件。“西峡香菇”种植农户4万多户，年产20万吨，出口达6.8亿美元，不仅带动当地农民增收致富，产品价值也得到大幅提升，起到了“培育注册一件商标，带动一个产业，富裕一方群众”的作用。

地方品牌展示

湖北省

2017年4月，湖北省潜江市工商局深入汽车城园区进行商标指导

协调引领品牌强省建设深入推进。建立完善品牌强省建设联席会议机制作用，协调各方共同推进品牌强省战略实施。组织召开全省品牌建设示范交流暨深入推进商标品牌战略工作会议，着力形成全社会加强品牌强省建设的共识。全省各级工商部门全面推行商标“四书五进”工作机制，指导聚集区内企业开展商标注册，创建服务业品牌建设示范园区。省工商局、省发改委联合认定首批13家省级现代服务业品牌建设示范园区。东风汽车公司和长飞光纤光缆股份有限公司首获2017年中国商标金奖“商标运用奖”和“商标创新奖”提名奖，进一步提升了湖北品牌形象。

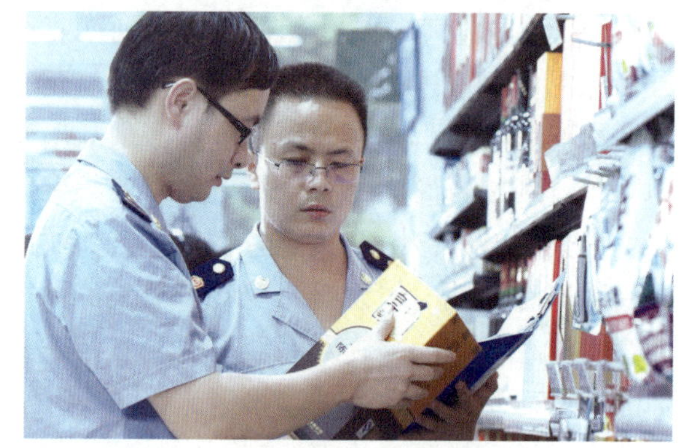
2017年8月，荆州市工商部门工作人员巡查市场

开展“打击侵权假冒执法年”活动。2017年，湖北省工商局开展“打假维权执法年”主题活动，不断深化订单式打假，探索实行点题式打假，商标保护力度不断增大。全省全年共查办侵权假冒案件5696件，案值5207.86万元，其中查处商标侵权案件1440件，案值1112.91万元，向公安机关移送案件37件。春节期间开展打击假冒伪劣烟酒专项整治行动，共出动执法人员2.19万人次，检查市场主体5.88万户次，查扣侵权假冒产品8500余件；查处案件130件，案值74.54万元。开展订单式打假近200次，查办案件519件。全省工商部门上半年立案和办结侵权假冒案件数均居全国第二位。

中外嘉宾参观世界地理标志大会湖北省展示区

彰显地理标志品牌力量。2017年，湖北省工商局积极牵头，全面开展农产品品牌转化行动，指导地理标志商标权利人加强地理标志的运用和管理。全省全年新增地理标志商标54件，地理标志商标总数达348件，8市州进入全国地级市地理标志注册40强，恩施州成为全国工商和市场监管部门地理标志商标精准扶贫典型。出版了《湖北省地理标志特辑》，先后获多位省领导批示肯定。2件地理标志获评“商标富农和运用地理标志精准扶贫十大典型案例”，5件地理标志入选2017年“世界地理标志大会”展示，展示了独特品质与荆楚文化内涵。

地方品牌展示

武汉市

深化商标注册便利化改革。抢抓商标注册便利化改革机遇，在江南已有一个商标受理窗口的情况下，积极协调推动增设一个商标受理窗口，形成江南江北“一城两点”的分布格局。受理窗口运行半年，接待咨询5000余人次，受理申请1343件，受理量位居全国同批次窗口的首位。全市商标注册申请量激增，全年新增商标申请量75128件，同比增长91.44%，高于全国平均增速34个百分点，增速居副省级城市首位。

2017年6月20日，武汉商标受理窗口在市民之家正式启用。“马应龙医药”成为武汉商标受理窗口受理的首份商标申请。武汉市工商局副局长徐波（右）接受企业负责人提交的申请书

2017年6月30日，中国商标金奖颁奖大会现场。左起分别为武汉市工商局局长刘涛、东风汽车公司企业代表、武汉市工商局商标处处长周平

合力推进品牌引领供需结构升级。武汉市工商局统筹协调全市22个部门合力推进品牌引领供需结构升级工作，实现了品牌建设工作不同层级政府间的联动和不同部门间的协同。不断做强品牌优势，名标阵营不断壮大，东风汽车公司和长飞电线电缆有限公司首获中国商标金奖“商标运用奖”和提名奖，东风、马应龙等6家企业入选《2017年中国500最具价值品牌》，品牌总价值达1726.44亿元，武汉品牌影响力进一步扩大。

开展打击侵权假冒执法年行动。找准重点区域、重点商品、重点品牌，组织开展打击侵权假冒执法年行动，先后实施了打击假冒烟酒、打击侵犯茅台、一得阁注册商标专用权等17项专项整治。深入推进“订单式”打假，共收集处置打假诉求161条，移交跨省市打假线索44件，在打击力度、线索数量、涉及范围上创造了武汉市跨区域协同保护商标品牌的新高。全年对侵权假冒违法行为立案699起，办结449件（同比增长19.7%），有力维护了公平竞争的市场环境。

2017年1月18日，根据黄鹤楼茶叶公司反映的侵权线索，执法人员对武汉经开发凯购物中心白仓储进行现场检查

地方品牌展示

湖南省

湖南长康实业公司向湖南省工商局赠送锦旗感谢打假护牌，湖南省工商局党组成员、副局长阳芳华（右一）代表省工商局接受锦旗

严查侵权假冒行为取得明显成效。湖南省工商局打击侵权假冒工作领导小组办公室制定印发了《2017年全省工商和市场监管部门“红盾利剑”打假专项行动工作方案》。根据方案部署，自7月中旬至12月中旬，全省工商和市场监管部门开展了为期5个月的“红盾利剑”打假专项行动。由八大整治行动和四项重点工作组成，即：网络市场监管、农村和城乡接合部市场整治、中国制造海外形象维护“清风”行动、红盾质量维权、保护商标专用权、打击“傍名牌”、成品油市场整治、整治虚假违法广告八大整治行动和全面落实两法衔接、全面落实打击侵权假冒行政处罚信息公开、加强信用监管和联合惩戒、加大打击侵权假冒宣传力度四项重点工作，分动员部署、组织实施、总结考核三个阶段进行。据统计，2017年全省共查处各类侵权假冒案件4360件，案值13578.76万元，罚没款260.23万元。移送司法机关13件。

举办“商标品牌国际化与保护”宣讲会。9月25日，湖南省工商局与世界知识产权组织中国办事处在长沙市举办“商标品牌国际化与保护”宣讲会，增强企业商标国际注册、运用和保护的意识和水平。省工商局副局长李沐出席宣讲会并致辞，世界知识产权组织中国办事处国家项目官员张俊琴女士、雀巢公司前任知识产权全球总监让·彼得·梅德先生做了精彩宣讲。

“商标品牌国际化与保护宣讲会”现场

地理标志商标工作取得显著成效。湖南省各级工商和市场监管部门大力推动地理标志商标发展，加强指导服务，地理标志品牌效应日益凸显；严查侵权假冒，地理标志商标保护不断强化。截至2017年年底，全省地理标志商标达125件，全国排名第九，覆盖全省14个市州，涵盖花炮、瓷器、湘绣、菊花石等传统文化行业和油、茶、果、畜产、水产等特色农产品，彰显了湖湘文化和湘字号产品特色。安化黑茶茶园面积发展到31万亩，综合产值达125亿元，从事茶业及关联产业人员达35万人，带动当地10万茶农脱贫致富，并入选中国茶叶区域公共品牌最具带动力和最具影响力品牌。

地方品牌展示

广东省

加强商标品牌战略的顶层设计。广东省政府办公厅印发《广东省关于深入实施商标品牌战略 服务经济社会发展的若干政策措施》，完善了商标品牌战略的顶层设计，从提高商标便利化服务水平、加强商标品牌创造和运用、深化广东特色品牌建设、推动商标国际化建设、严格实施商标保护等方面提出了具有广东特色的政策措施，为全省深入实施商标品牌战略、推动商标品牌强省建设提供强有力的政策支撑，广东商标品牌建设跃上新台阶，商标品牌提质增量。在2017年中国商标金奖颁奖大会上，广东省共获奖6项，占全部奖项的24%。其中，深圳市大疆创新科技有限公司荣获商标创新奖，奥飞娱乐股份有限公司荣获商标运用奖，华为技术有限公司、深圳市大疆创新科技有限公司荣获马德里商标国际注册特别奖，广东省高级人民法院民三庭、黄埔海关法规处荣获商标保护奖。

广东省人民政府办公厅

粤办函〔2017〕714号

广东省人民政府办公厅关于印发广东省深入实施商标品牌战略服务经济社会发展若干政策措施的通知

各地级以上市人民政府，各县（市、区）人民政府，省政府各部门、各直属机构：

经省人民政府同意，现将《广东省深入实施商标品牌战略服务经济社会发展的若干政策措施》印发给你们，请认真组织实施。实施过程中遇到的问题，请径向省工商局反映。

2017年12月7日

国家商标品牌创新创业（广州）基地揭幕仪式现场

国家商标品牌创新创业基地建设取得重大进展。制定《国家商标品牌创新创业（广州）基地建设工作方案》，经工商总局批复同意，国家商标品牌创新创业（广州）基地覆盖区域由原来的流花展馆扩展至流花片区，共8平方公里。12月19日正式开业运营。目前，该基地已吸引一批品牌企业及代理机构进驻经营，集聚和辐射效应初显。

进一步加强地理标志商标工作。下发《广东工商行政管理局关于加强地理标志商标工作的通知》，明确到2020年全省地理标志商标品牌发展目标和18项工作措施，编印《地理标志商标注册指南》，为推进全省地理标志商标品牌工作提供有力支撑。截至2017年年底，全省共有41件地理标志注册商标。2017年新申请注册地理标志商标达50件。

地方品牌展示

广州市

神钢投资有限公司向广州市工商局赠送锦旗

强化商标执法，营造公平法治市场环境。2017年，广州市工商局共查办各类商标侵权和假冒伪劣商品案件1168宗，案值3138.16万元，罚没款1851.67万元，移送司法机关案件17宗，捣毁侵权假冒窝点30个，查处侵权假冒案件数、罚款额均居全省工商系统首位。及时公开侵权假冒案件行政处罚信息，公开率100%；发布2016年“双打”专项行动十大典型案例，其中一宗入选全国工商和市场监管系统“双打”十大典型案例。组织开展商标保护“溯源”专项行动，对侵犯省外商标权利人的16条案件线索进行了调查处理。全面开展财富论坛商标保护工作，继续做好大型展会的商标权保护工作。法国驻华大使馆、法国香槟协会、美国埃克森美孚公司等先后到访，对广州市工商局的商标权保护工作表示感谢。

深入实施商标品牌战略，推进“广州品牌”建设。开展全市自主品牌重点培育名录编制工作，为企业提供从注册、培育到保护的全方位服务。加强地理标志、集体商标培育，大力扶持老字号企业发展。多次到增城区、番禺区进行地理标志商标专题调研、实地考察，与农业管理部门一起深入发掘“增城丝苗米”“文冈炭步芋头”“沙湾水牛奶”“新垦莲藕”等农产品资源。走访老字号企业，进一步帮助企业增强商标品牌意识，积极向工商总局商标评审委员会反映全市老字号商标被他人恶意抢注情况，协助轻工工贸集团公司夺回了“双鹤玫瑰”老字号商标，维护了老字号企业合法权益。2017年10月11日，在T.I.T创意园设立首个园区商标品牌指导站，强化突出行业协会、产业园区管理方在实施商标品牌战略中的作用，充分利用各种社会资源，将商标品牌服务工作延伸至园区，服务品牌经济发展。

T.I.T创意园设立首个园区商标品牌指导站一角

优化服务环境，助力创新驱动发展。全力保障工商总局商标审查协作广州中心的正常运作和长远发展，加快推进国家商标品牌创新创业（广州）基地建设。依法圆满调解世界500强企业株式会社神户制钢所与国内某企业间涉及金额过亿元的“KOBELCO”商标纠纷案，成功化解双方长达十多年的商标权利纷争，实现“双赢”。

深圳市

深圳市商标品牌亮相2017年中国国际商标品牌节。作为知识产权保护高地，深圳市坚持深化发展商标品牌战略，深圳企业的商标创造能力持续爆发，涌现了一大批在国内外有影响力的深圳品牌，为建设自主创新型城市提供了有力支撑。深圳市市场监督和质量管理委员会组织深圳市大疆创新科技有限公司、深圳市安奈儿股份有限公司等11家企业参加2017年中国国际商标品牌节。深圳市展区以神舟电脑、金立手机、安奈儿等一批拥有自主知识产权的品牌为代表，集中展示了深圳市电子、通信、服装等传统行业的商标品牌建设情况，介绍深圳市近年来商标战略实施取得的主要成效。大疆展区展示了市场上热销的产品，派出专业飞手现场表演无人机飞行，吸引了国内外众多参展嘉宾驻足。深圳市展团在展会期间与各省市的企业、专业机构及个人达成的合作意向共计300多项。

广东省工商局副局长钱永成（左二）在深圳市展区参观指导

深圳商标受理窗口效应明显。2017年3月1日，经工商总局商标局批准，深圳商标受理窗口在深圳市行政服务大厅正式运行，窗口自运行以来，为市场主体提供“一对一”和“面对面”的商标注册受理、商标咨询、代发商标注册证等服务，进一步提高了政府办事效率，拓宽了商标注册服务渠道，降低了各类市场主体的经营成本。截至2017年年底，共受理商标注册申请9102件（按类别计算为10696件），接待现场咨询群众9700多人次，审核商标注册材料9900多份，接听咨询电话5305个。申请人和咨询企业来自深圳、汕头、中国香港特别行政区等多个城市和地区，窗口服务区域辐射效应初步显现。

深圳商标受理窗口发出的第一份受理通知书

深圳企业在2017年中国商标金奖评选中再获丰收。6月30日，中国商标金奖颁奖大会在江苏省扬州市召开。大会表彰了在商标创新、运用、保护和有效利用马德里商标国际注册体系方面取得突出成绩的单位和个人。其中，深圳市大疆创新科技有限公司荣获商标创新奖、马德里商标国际注册特别奖；华为技术有限公司荣获马德里商标国际注册特别奖。

地方品牌展示

广西壮族自治区

“遍行天下 心仪广西——广西品牌神州行”活动启动仪式

努力推动广西商标品牌“走出去”。2017年，广西壮族自治区工商局围绕“聚力广西商标品牌建设，打造商标品牌少数民族示范区”的工作重点，全面落实创新驱动发展战略和“商标强桂”的战略目标。8月19日，“遍行天下 心仪广西——广西品牌神州行”活动在北京正式启动，共有60多家广西企业集中展示品牌产品，吸引了200多家企业、机构以及各省区市驻京商会、电商平台等参加采购，当天签订产品购销协议金额约4.7亿元。9月4日，“广西品牌神州行”活动在桂林市举行，展会当天33家区内外企业达成合作签约，签约金额约30.8亿元，总体规模大幅提升。成功承办2017年国际商标品牌节及系列活动，9月1日，2017年中国国际商标品牌节在桂林市隆重开幕。此次活动参会代表约2000名，共有576家企业参展，其中广西企业270家，占总数的46.8%。

创建商标品牌战略示范点，充分发挥示范引领作用。在全区开展创建商标品牌战略示范点活动，共创建示范点33个。形成“政府主导、工商主推、企业主创”的商标建设合力，全面提高全区企业的自主创新能力，发挥商标示范引领作用。

积极探索服务“三农”新模式。广西壮族自治区工商局围绕全区产业脱贫工作部署及目标任务，深入百色、河池、三江、桂平、横县等地调研、指导“百色芒果”“三江茶”“横县茉莉花”“靖西绣球”等名特优产业品牌整合培育工作，提出了建立地理标志产品孵化库的意见。

地方品牌展示

YUCHAI 玉柴

2017年9月2日，在广西品牌成果展上，自治区工商局领导为5个地区市颁发“广西商标品牌创业创新基地”牌匾

2017年9月1—4日，“遍行天下心仪广西——广西品牌成果展”在桂林市举行，在展会上专门设立的广西三江扶贫点展区，帮助三江企业打响商标品牌，助力三江扶贫攻坚

海南省

海南省工商干部深入农村做好商标宣传工作

加大商标宣传力度，商标注册申请量稳步提升。2017年，全省商标申请量21175件，同比增长57.39%；注册量9953件，同比增长15.24%；累计商标注册量59156件，同比增长18.13%。2017年引导商标申请量创历史新高，每万户企业平均有效商标拥有量为2713件。海南省和三亚市商标受理窗口运行良好，截至2017年年底，共受理商标注册申请2174件，接受咨询1925人次，为企业节省注册费用260多万元。为企业办理商标权质押登记5件，为企业融资19289万元。

运用农产品和地理标志精准扶贫，商标富农工作成绩喜人。截至2017年年底，全省累计注册涉农商标16587件，占全省有效商标注册量的28%，其中2017年注册量2961件，占总数的17.9%；累计注册地理标志商标36件，其中2017年新增15件，为历年来最多的一年，占总数的42%，特别是儋州、海口、保亭地理标志商标工作取得突破性进展。儋州市以商标品牌效益推动了儋州“九大农产品”向亿元产业挺进；澄迈县借助商标品牌助推农业发展，农业总产值突破百亿元大关。“三亚芒果”地理标志商标以年产值47亿元、带动种植户1.2万户、解决2万余人就业的战绩，在海南地理标志产业中独占鳌头；“万宁槟榔”年产值19.32亿元，解决近30万人就业、862户脱贫；“文昌鸡”以年产值19亿元，解决从业人员26000余人的稳定业绩充分释放地理标志效益；“定安粽子”创造了年销售2.7亿元的奇迹，与“三亚芒果”一道入选2017年世界地理标志大会地理标志产品展示。

工商执法人员查处涉嫌侵犯“宗申”注册商标专用权三轮车案件

全省打击侵犯商标专用权和制售假冒伪劣商品工作成效明显。2017年全省共查处侵犯商标专用权案件112件，案值110.93万元，罚没金额91.6万元，移交公安机关案件1件；查处销售假冒伪劣商品案件133件，案值442.55万元，罚没金额665.5万元。组织部署全省7个市县区查获53辆侵犯“宗申”注册商标电动三轮车和5469件涉案物品，涉案金额近60万元。

地方品牌展示

重庆市

工商总局副局长刘俊臣（前排左一）、重庆市政府副市长屈谦（前排右一）共同签署合作协议

大力推进商标注册便利化改革。重庆商标审查协作中心是工商总局为推进商标注册便利化改革、缓解我国商标审查压力，在京外设立的商标审查协作中心之一，也是中西部唯一的商标审查协作中心，被写入2017年重庆市政府工作报告。12月1日，重庆商标审查协作中心正式挂牌。工商总局与重庆市政府签署了《关于支持重庆建设商标品牌强市战略合作协议》，从推动商标注册便利化改革、商标品牌战略实施、产业和区域品牌培育等九个方面开展部市合作，共同把重庆市加快建设成为西部创新中心和商标品牌强市。重庆商标审查协作中心揭牌当月共受理商标注册申请966件，完成商标形式审查17327件、实质审查9419件，基本形成商标审查能力。

重庆商标交易中心一角

重庆商标交易中心建成运行。为深入实施商标品牌战略，推动商标注册便利化改革，提高企业商标品牌资产运用能力，规范和发展商标交易公共服务平台，重庆市工商局按照“政府引导、市场运作、电子交易、公开透明、全程监管”原则，探索建立重庆商标交易中心。加强商标交易市场监管，与市金融办联合出台《重庆市商标交易管理办法》，规范商标交易行为，防范商标交易风险。该中心自2017年3月15日建成运营以来，服务范围已拓展至全国。累计发布商标交易信息3.2万余条，完成商标交易797件、交易金额2402万元，有效盘活了闲置商标资源。

地方品牌展示

商标保护、运用成效显著。加大商标保护力度，持续开展打击侵犯知识产权和制售假冒伪劣商品专项行动，加大打击侵权假冒力度。全系统累计查处商标违法案件146件，案值473万元，罚没款307万元，维护了商标权利人的合法权益和公平竞争的市场环境。积极运用地理标志精准扶贫，开展农村经纪人商标培训，组织涪陵榨菜、合川桃片、永川豆豉参加2017世界地理标志大会产品展示。继续推进商标权质押融资工作，帮助企业拓宽融资渠道，解决融资难问题。

四川省

2017年10月，蒙顶山茶获中国十大区域公共品牌后，茗山区工商质监局、区茶业协会一道，在牛碾坪国家茶树良种繁育场共同研究茶园基地建设和产品质量可追溯体系建设

推进农业供给侧结构性改革。“红盾助农工程”是四川省工商局推进农业供给侧结构性改革的重要举措之一。省工商局印发了《四川省工商局关于“红盾助农工程”服务农业供给侧结构性改革的实施意见》，主要从商事便农、合同帮农、商标富农、监管护农等方面，着力推进农业供给侧结构性改革。主要成效：商事便农新增农专合组织超过4万户、出资总额超过90亿元；合同帮农共检查涉农企业2000余户、共建指导站2000多个；商标富农新增农产品商标上万件、地理标志商标30多件；监管护农消费维权案件调解成功率达99% 以上、挽回经济损失25万元以上；“红盾春雷行动”查处了一大批涉农典型案件。四川省工商局局长万鹏龙以“明珠耀天府 地标促发展”为题在世界地理标志大会上做主题发言，受到与会代表的关注与好评；成功召开全省地标精准扶贫经验交流现场会，总结出地标精准扶贫“四川实践”，提出实施“地标精准扶贫”工程。

2017年7月13日，四川省工商局开展“商标助企大走访”活动，四川省工商局万鹏龙局长（左三）率队走访国美酒业四川公司

开展“商标助企”大走访活动。四川省工商局创新服务企业方式，深入基层，以企业为主体，以问题为导向，采用集中调研、现场办公的形式，由局领导率队走访企业，开展“商标助企大走访”活动，听取企业在制定商标品牌战略规划、商标确权、商标权质押融资等方面遇到的困难以及对工商和市场监管部门的意见和建议；听取企业在商标权保护、域外打假维权、网络打假维权工作中遇到的问题及相关意见和建议；听取企业在生产、经营及发展过程中面临的挑战以及对工商和市场监管等部门在提升服务水平、加强市场监管、优化发展环境等方面的需求和建议，现场解答企业提出的疑难问题，收效明显。全省工商和市场监管部门共走访知名企业2169户。

地方品牌展示

成都市

优化培育指导，商标品牌发展取得新成效。成都市注册商标数量稳步增长，截至2017年年底，全市各类市场主体新申请商标注册11.9万件，新增注册商标5.9万件，累计有效注册商标达28.5万件，占全省总量的58.7%，全市地理标志证明商标达18件，以农产品商标和地理标志为纽带的商标助农机制进一步健全，有效助推“精准扶贫”攻坚，新增涉农注册商标5904件，占新增量的14 %。

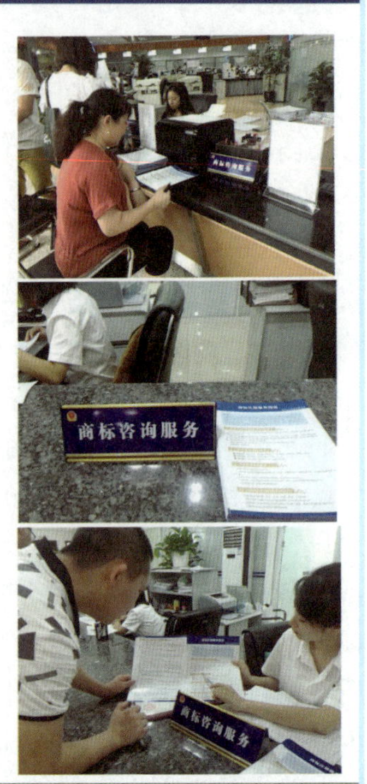

双流区市场监管局在区政务服务中心和分中心设立“商标咨询服务”窗口，并接受群众咨询

突出重点环节，商标品牌战略持续深化。商标公共服务体系更加完善，品牌助推经济发展的作用进一步彰显。积极推进商标服务便利化工作，在市、区（市）县政务机构的工商窗口及各区（市）县市场监管所全面推进商标咨询指导工作，为企业提供更加优质、便利的服务。目前，全市已设立商标品牌咨询服务窗口136个，编印发放《注册商标服务指南》10万册。截至2017年年底，工商总局商标局成都商标受理窗口共受理商标注册申请9176件，其中，成都市8073件，省内各市州700余件，重庆、云南等24省（市）400余件，实现了“立足成都、服务四川、辐射西部、面向全国”的服务理念和服务目标；办理商标专用权质押登记5件，涉及商标74件，质押金额6818万元。深入开展商标品牌与产业发展的研究与分析，优质高效完成了《成都市产业品牌培育发展战略报告》《关于强化品牌引领助力产业发展工作有关思考的报告》，围绕全市特色优势产业，集中组织开展了“商标助企专家服务”大走访活动。市、区（市）县两级联动，共召开50余次企业座谈会，为400余家企业提供商标注册、品牌创建、商标维权保护等咨询服务，收集企业需求、意见近100条。

地方品牌展示

郫县豆瓣®

监管履职到位，商标品牌发展健康有序。继续开展“红盾春雷”和“双打”专项工作，认真组织实施“打击商标侵权溯源行动”等系列专项执法工作，截至2017年年底，全市共立案查办侵犯注册商标专用权案件175件，结案162件，罚没款256.556万元，移送司法机关5件。

贵州省

贵州省工商局、省供改办联合开展贵州省产品市场占有率及品牌培育发展调研。为贯彻落实《国务院办公厅关于发挥品牌引领作用推动供需结构升级的意见》精神，深入推进全省供给侧结构性改革，提高经济发展质量和效益。2017年6—7月，贵州省工商局联合有关部门，共同开展贵州省产品市场占有率及品牌培育发展调研，掌握省内高知名度商标产品市场占有情况、存在的主要问题，提出对策建议并进行深入分析研究，为政府、企业提供合理化建议和意见。

挖掘本省非物质文化资源，引导非物质文化遗产申报地理标志商标。为推动地理标志发展，2017年，贵州省工商局和湖北省工商局联合开展《地理标志与非物质文化遗产关系》课题研究，获取了大量研究非物质文化遗产的文献资料，掌握了省内非物质文化遗产特点和保护情况。深入黔东南州少数民族聚居区实地考察，进一步系统、客观地分析贵州地理标志与非物质文化遗产的关系，汇总搜集全省国家级和省级非物质文化遗产名录，撰写贵州省在地理标志保护非物质文化遗产方面的基本做法和成效。参加了工商总局商标局《地理标志与非物质文化遗产关系》课题研究中期评估会，评估专家对报告给予了充分肯定。

2017年12月29日，《地理标志与非物质文化遗产关系》课题研究中期评估会现场

六盘水商标受理窗口工作人员解答申请人问题

继续贯彻落实工商总局商标注册便利化改革，进一步推进商标品牌战略实施。全省十个市州已批准设立了6个商标受理窗口，覆盖率达到60%，截至2017年年底，商标受理窗口已累计受理商标注册申请2081件。商标受理窗口的设立，为申请人提供便利，减轻各类市场主体的经营成本。2017年2月17日，贵州省工商局承办工商总局商标局第二批商标受理窗口启动运行工作会议，来自华南、西南地区各个商标受理点的工作人员参加了工作会议。2017年5月11日，贵州省工商局组织贵阳市、遵义市、六盘水市、安顺市、黔东南州工商局商标监管工作人员，前往浙江省台州市市场监督管理局考察学习商标注册登记及商标权质权登记业务，进一步提高省内商标受理窗口工作人员办理商标注册登记及商标权质权登记业务水平。

地方品牌展示

云南省

德宏州工商局到德宏后谷咖啡有限公司开展地理标志商标“德宏咖啡”商标品牌发展和保护行政指导工作

加大商标富农工作力度，积极培育地理标志商标发展。云南省各级工商部门认真贯彻落实《云南省工商局关于加强地理标志商标工作助推高原特色农业发展的指导意见》，加大商标富农工作力度，挖掘和梳理地理标志资源，积极培育指导地理标志商标发展。2017年新增“德宏柠檬”“保山猪”等地理标志商标35件，全省地理标志商标总数达到189件。其中，迪庆州成功注册维西乌骨羊、维西核桃等7件地理标志商标，实现零的突破，全省实现地理标志商标州市全覆盖。

昆明市商标受理窗口工作人员热情指导申请人办理商标注册申请

认真贯彻落实商标注册便利化改革措施，营造商标品牌发展良好氛围。认真贯彻落实《工商总局关于大力推进商标注册便利化改革的意见》，为申请人提供便利，提升政府部门的服务效能，先后在玉溪市、昆明市、曲靖市设立了商标受理窗口和商标权质权登记申请受理点。截至2017年年底，玉溪和昆明商标受理窗口共受理商标注册申请630件，并接待窗口和电话咨询商标注册相关事宜3970人次。昆明市商标权质权登记申请受理点共办理质权登记16件，被担保债权总额3.478亿元。

深入开展打击侵权假冒工作。积极深入开展打击侵犯知识产权和制售假冒伪劣商品专项行动。加强与市场监管各业务条线处室的沟通协作，突出重点时段、重点领域、重点对象安排部署各类专项整治，有效维护了市场秩序和消费者的合法权益。在全国打击侵权假冒工作领导小组对云南省进行的现场考核中取得较好成绩。2017年，全省共查处商标案件443件，案值484.05万元。

保山市工商局执法人员到乡村集镇宣传打击侵权假冒工作和商标法律知识

地方品牌展示

云南白药 ®
YUNNAN BAIYAO

西藏自治区

西藏自治区人民政府副主席多吉次珠（前排左三）在西藏自治区工商局党委副书记、局长达娃欧珠（前排右一），陪同下参观商标品牌成就展

加强教育宣传，进一步营造商标品牌发展氛围。为展示西藏品牌形象及品牌建设成果，推进西藏商标品牌战略实施，为西藏经济社会长足发展和长治久安不断注入新的活力，结合国务院批准设立“中国品牌日”安排，西藏自治区工商局自2017年8月1日至9月上旬，组织开展了推进商标品牌战略实施宣传教育系列活动，努力营造政府主导、企业主体、媒体重视、全民参与的浓厚氛围。一是举办全区推进商标品牌战略实施高级研修班，邀请14名业内专家进藏授课，3天时间共有1200多人次参加培训。自治区副主席多吉次珠同志在开班仪式前会见了部分研修班授课领导专家。二是认真组织讲述商标品牌故事活动。通过深入挖掘企业的成长史、商标品牌发展史以及商标品牌在企业发展中所发挥的重要带动作用等，充分展示商标品牌对经济社会发展的促进作用，扩大自治区商标品牌影响力。全区共筛选出“甘露”“拉萨啤酒”“达美拥”“海思科”等28件商标品牌参加“讲述商标品牌故事”宣传推介活动。三是全力举办实施商标品牌战略成就展活动。8月10日，全区实施商标品牌战略成就展启动仪式举行，全区实施商标品牌战略成就展充分展示了近年来全区商标品牌建设取得的成绩，来自全区各地市的46家企业参加展示，其中37家同时进行了实物展示。活动期间，有2000人次参观，接受咨询800人次。

2017年8月14日，西藏自治区工商局党委委员、副局长（工商总局商标评审委员会副主任，中央国家机关第七、第八批援藏干部）徐建宏（左一）接受西藏卫视《高原新闻眼》栏目专访，宣讲西藏商标品牌战略实施情况

强化商标行政保护，保护创新创造和消费者合法权益。西藏自治区工商局继续深入开展打击商标侵权假冒专项执法工作，全面保护企业商标知识产权。2017年，依法查处商标案件109件，案件总值215.54万元，罚没款54.1万元。其中商标侵权假冒案件65件，案件总值152.36万元，罚没款26.37万元。

地方品牌展示

陕西省

紫阳富硒茶制作现场

发挥商标品牌作用，助推精准扶贫。近年来，在陕西省委、省政府和工商总局的关怀下，陕西省工商和市场监管部门以“深入推进农业供给侧结构性改革，坚定不移打赢脱贫攻坚战”为引领，大力实施商标富农工程，开展商标品牌提升行动。在政府引导扶持、工商主动作为、品牌宣传推广、产业运作发展、商标维权打假工作机制推动下，一批具有陕西特点、市场知名度高的农产品商标群体不断壮大，不论是单一品牌模式、产业品牌模式，还是区域品牌模式，都在三秦大地这片沃土中找到了巨大的发展空间。不少特色农产品借助商标品牌效应“点石成金”，促进了农民增收致富。2017年4月24日，陕西省工商局印发《关于开展商标品牌精准扶贫暨万名工商干部帮建活动实施方案》，活动以“帮建品牌、助推发展”为主题，以农业企业、小微企业、涉外企业为帮建重点，主要围绕商标注册、地理标志商标申报、商标国际注册、商标维权保护四个方面开展工作。目前，在全省工商和市场监管部门干部职工的努力下，商标品牌助推精准扶贫工作取得阶段性成果。

陕西省地理标志商标精准扶贫展现场

坚持走好内修外扬两条路径，不断提升陕西商标品牌竞争力。“酒香也怕巷子深。”培育商标品牌、发展品牌经济，必须坚持内修品质与外扬品牌并重。在推动陕西商标品牌“走出去”的过程中，陕西省工商局联合省级八部门出台政策，鼓励引导高知名度商标品牌、外向型企业加强商标国际注册与保护。依托丝博会、欧亚经济论坛、杨凌农高会、世界苹果大会、丝路电影节等国际平台，引导陕西商标品牌参与国际交流合作，加快提升国际知名度和影响力。

随着丝绸之路经济带“新起点”建设的深入推进，一大批陕西商标品牌，如“西进”“洛川苹果”“泾渭茯茶”“长恨歌”“延安保育院”等蜚声海内外，“陕煤化集团”“陕汽集团”等企业纷纷开展国际产能和装备制造合作，随着古丝绸之路一同再现辉煌。

地方品牌展示

西安市

大力查处商标侵权行为，树立“工商铁军”良好形象。2017年，西安市各级工商部门共查处商标侵权案件801件，办结案件486件，案值145.34万元，罚没款428.59万元。查处侵犯商标权案件455件，查处侵犯驰名商标案件65件，查处涉外商标专用权案件121件，查处违法印制商标案件1件，查处仿冒知名商品特有的名称、包装、装潢案件20件，查处假冒伪劣商品案件139件。

西安市工商干部进行执法检查

中国国际商标品牌节西安展厅

组织品牌企业参加中国国际商标品牌节，展现西安商标强市风采。组织市内32家品牌企业代表参加了中国国际商标品牌节。西安品牌馆设立了高新品牌示范区、曲江文化产业区、莲湖坊上、碑林书院等展示区，陕西华清宫文化旅游有限公司、西安利君、开米、穆堂香、中航富士达等品牌展示区实物亮相，吸引了与会代表和参观者的浓厚兴趣，纷纷品尝并拍照，展现西安商标强市风采。

“临潼石榴”种植园

扎实开展商标品牌精准扶贫暨万名工商干部帮建活动。以“帮建品牌、助推发展”为主题，以农业企业、小微企业、涉外企业为帮建重点，以利用商标品牌实现精准扶贫为目标，指导帮助企业加强商标注册，积极申报农产品和地理标志商标，引导企业开展商标国际注册，努力实现全市商标品牌战略工作的新突破。2017年指导企业申请注册商标3301件。

地方品牌展示

甘肃省

甘肃省商标品牌战略推进视频会议现场

加强工作筹划，商标品牌战略顺利推进。2017年1月25日，甘肃省人民政府办公厅出台《关于深入实施商标品牌战略的意见》，对全省“十三五”期间商标品牌建设作出了全面规划部署。目前全省14个市州、兰州新区和各县市区均出台了新的意见或政策，强化了政策支撑，搭建起较为完善的商标品牌战略发展框架。9月12日，甘肃省政府在兰州市召开“全省商标品牌战略推进视频会议”，通报了全省商标品牌战略实施情况，交流了各地商标工作成果及商标企业在商标品牌创建、使用、管理和保护中的经验，并对下一阶段全省商标品牌战略工作进行动员部署。

推进商标品牌指导站建设，全面加强商标培育指导。2017年，甘肃省工商局筹措专项资金在全省设立了300个商标品牌指导站，先后下发了《关于在全省开展商标品牌指导站建设工作的指导意见》《关于进一步做好全省商标品牌指导站建设有关工作的通知》，夯实了商标品牌建设基础，依托商标品牌指导站全面加强商标培育指导，有效提升了商标申请数量和质量。2017年，甘肃省商标申请量24920件、新增有效商标12835件、有效商标累计53499件，同比分别增长38.8%、69.3%和29.1%，均创历史新高，商标品牌建设驶入“快车道”。

2017年8月1日，甘肃省工商局党组书记、局长王世华，副局长任丽梅在平凉市崆峒区中街工商所商标品牌指导站检查调研

加强商标专用权保护，全面提升企业品牌竞争力。全面加强商标专用权保护，开展商标印刷企业专项整治和商标专用权保护专项督查，加强源头治理。深入开展商标侵权“溯源”行动，完善全省商标发展保护情况（季度）通报制度，维护商标企业合法权益和公平有序的市场竞争环境。截至2017年年底，全省系统商标侵权假冒立案641件，案值854.53万元，罚没款524.62万元，立案数和罚没数位列中西部省区市前列，甘肃省工商局商标处被评为“全国打击侵犯知识产权和制售假冒伪劣商品先进集体”。积极引导各类市场主体特别是企业、农民专用合作社等，发挥商标品牌引领作用，加快培育全省优势中药材“陇”字号品牌，全面提升企业综合竞争实力。

甘肃省白银市靖远县商标工作人员指导商标注册

地方品牌展示

青海省

圆满承办"2017青海品牌商品西安推介会"。青海省工商局依托国内一线城市优越的地理位置和市场辐射面广及经济文化发达的产业等优势，架起了青海企业与省外企业交流合作的桥梁，使青海出产、青海生产、青海制造、青海创造的品牌影响力不断增强，快步"走出去"。据统计，推介会举办8年以来，青海省共组织了1398家知名品牌企业参加，近万个品种的产品参展，青海省共有524家企业与国内外企业签订协议，总金额达513.49亿元。通过推介会的举办，一大批青海品牌商品走出"三江源"，快步走向海内外。西安推介会共组织266家品牌企业参展，是历届推介会参展企业最多的一次。参展商品共计26个大类，2800个品种。其中，牛羊肉、牛肉干、酸奶、青稞酒、矿泉水以及冬虫夏草、枸杞等高原特色食品和土特产品的参展企业达198家，占参展企业总数的75%，这充分体现了青海产品的资源优势和高原品质。推介会期间，综合运用展示、表演、演绎、销售、体验、品尝、对接、交流等方式，多方面展示青海特色品牌产品的魅力，使"青海生产""青海制造"的民族特色、地域特色、生态特色、文化特色、品牌特色进一步凸显。累计销售商品2621种，总金额609万元，共有160家企业发放了1.3万份体验品，折价金额49.2万元；促成了132个项目签约；其中正式签约37个，意向性签约95个，签约总金额约人民币50.5亿元。

2017青海品牌西安推介会——青海省副省长匡湧、青海省工商行政管理局党组书记、局长马骥等领导巡馆

青海非物质文化遗产藏毯手工织造

宣传片《火红的辣椒香飘飘》正在播出

拍摄播出10集地理标志商标宣传片。为最大限度突出"大美青海、特色品牌"主题，进一步提高青海地理标志商标的知名度和影响力，青海省工商局出资拍摄《青海省地理标志商标品牌产品宣传片》在央视七套《每日农经》《乡村大世界》《农广天地》《美丽中国乡村行》等节目播出。

地方品牌展示

宁夏回族自治区

宁夏商标受理窗口工作人员解答咨询

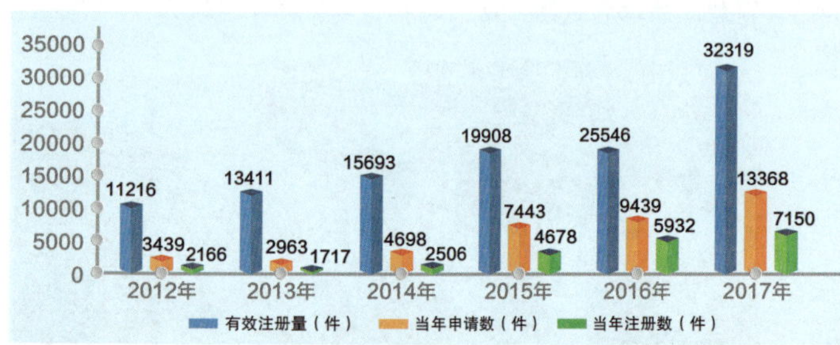

党的十八大以来宁夏回族自治区商标注册量示意图

商标品牌意识觉醒，注册商标总量突破3万件。宁夏回族自治区各级工商和市场监管部门坚持宣传与教育先行，以“3·15”“4·26”等宣传节点为契机，充分发挥报纸、广播、电视、网络等多种媒介作用，积极开展宣传活动，增强社会公众对商标品牌的认知度。突出服务意识，加强对商标注册和使用工作的指导，引导企业规范使用商标，有效管理商标和积极保护商标。配合职能部门，制定发展规划，打造优质粮食、现代畜牧、酿酒葡萄、枸杞、瓜菜等商标特色品牌。截至2017年年底，宁夏拥有有效注册商标32319件，比2016年同期的25546件增长了26.5%，比2012年同期的11216件翻了近两番；2017年商标申请数为13368件，比2016年同期的9439件增长了41.6%，比2012年的有效商标总量还多2000多件。累计注册商标数为7150件，比2016年同期的5932件增长了20.5%，是2012年2166件的3.3倍。

深化地理标志证明商标保护运用，助推精准扶贫。宁夏现有地理标志证明商标21件，既包括享誉全球的“中宁枸杞”，又包括欧美人青睐的“贺兰山东麓葡萄酒”，也包括被端上G20、厦门金砖会议餐桌的“盐池滩羊”，还包括革命老区的“西吉马铃薯”和“西吉芹菜”。为了让宁夏地理标志商标发挥其弘扬当地传统文化、助推县域经济发展的特有作用，宁夏各级工商及市场监管部门做了大量卓有成效的工作。制定出台政策文件，指导地理标志证明商标使用、管理、保护，指导地理标志商标实施“公司＋农户＋商标＋基地”模式，增加地理标志商标产品的附加值，实现农民增收、农业增效、企业获利、政府得利，助推精准扶贫。“盐池滩羊”证明商标注册以来，全县农民年人均纯收入从2004年的1567元提高到2016年的8532元。“塞外香”与6个乡镇17000多户农户签订了10万亩优质水稻和小麦订单，带动农户增收370多万元。

中宁枸杞

地方品牌展示

中寧枸杞®

THE LYCIUM CHINENSE OF ZHONGNING

新疆维吾尔自治区

地理标志的使用、管理和保护工作取得较好成效。近年来，新疆地理标志商标发展至86件，跃居全国第14位，地理标志的使用、管理和保护工作取得较好成效，为促进全区经济发展、帮助农民增收、推动脱贫攻坚发挥了积极作用。为发挥地理标志商标在扶贫帮农中的有效作用，自治区工商部门积极开展调研，摸清新疆特有的“哈密瓜”“吐鲁番葡萄”“吐鲁番葡萄干”等地理标志的运用现状，指导当地政府及地理标志持有人提升管理、运用、保护地理标志商标的能力。在巴音郭楞蒙古自治州若羌县组织举办了全区地理标志商标运用和保护工作现场交流培训班，邀请工商总局商标局，江苏省、福建省工商局有关专家，就地理标志商标培育、发展、管理及运用有关知识，作7场专题讲座。若羌县红枣管理协会在培训班上就运用地理标志商标脱贫致富作经验交流发言；参训人员现场观摩若羌好想你枣业、羌都枣业等6个具有典型代表性的企业。全区各地州市工商和市场监管部门商标工作业务骨干、具有一定品牌影响力的地理标志注册人代表，共100人参加培训。

参加全区地理标志商标运用和保护工作现场交流培训班的学员参观若羌骏枣基地

“深耕品牌经济 助力一带一路”研讨会现场

实施“走出去”战略，举办深耕品牌经济助力“一带一路”研讨会。为大力发展品牌经济，推进中国企业迈向国际产业链中高端、掌握产业话语权、提升国际竞争力，提高新疆维吾尔自治区经济发展质量和效益，主动适应经济新常态，6月16日，由新疆维吾尔自治区工商局主办、美克集团承办的“深耕品牌经济　助力‘一带一路’研讨会在美克集团举行。自治区人民政府副主席、自治区政协副主席马敖·赛衣提哈木扎在致辞中强调，要积极作为，坚持实施品牌战略，发挥标杆引领作用、立足职能、优化服务，不断推进新疆产品向新疆品牌转变。自治区工商局局长买买提江·阿不拉介绍了国家和自治区实施商标品牌战略，助推自治区从资源经济向品牌经济转型的经验做法。与会代表共同探讨了新疆实施品牌战略、促进经济转型的方法和路径，分享成功经验，为新疆品牌经济腾飞建言献策。

地方品牌展示

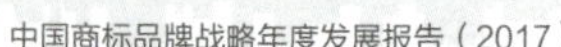

2017 年商标工作大事记

◎ 2017年1月 ◎

1月1日

工商总局商标局调整商标注册证的发放方式，优化商标注册证内容版式。一是将直接申请注册商标的注册人凭收到的领取商标注册证通知书，到商标注册大厅领取商标注册证，改变为直接提交或网上提交申请注册的，直接向注册人寄发商标注册证。商标注册申请人自2017年1月1日起直接提交或网上提交的商标注册申请，该商标核准注册后，将向商标注册申请人直接寄发商标注册证，不再寄发领取商标注册证通知书。二是将商标注册证双面打印调整为单面打印，同时取消商标注册证书覆膜。进一步压缩商标注册证书印刷制作流程，减少工作环节，提高发证速度。

1月4日

经工商总局批准，新修订的《商标审查及审理标准》自公布之日起实施。此次《商标审查及审理标准》的主要修订内容有：一是新《商标法》增加了声音商标客体，与之相适应新增声音商标审查标准；二是新增审查意见书在审查实务中的运用标准；三是新《商标法》第十条的部分修改引起审查标准的变化；四是新《商标法》禁止商标代理机构超范围申请注册商标，新增《商标法》第十九条第四款的适用标准；五是新《商标法》规定了审查期限，新增《商标法》第五十条的适用标准；六是新增《商标法》第十五条第二款的审理标准；七是新增利害关系人的认定标准；八是删减、新增部分案例，丰富、完善商标审查审理标准的内容。

1月18日

工商总局召开商标改革领导小组第二次会议。总局副局长刘玉亭主持会议，副局长马正其、王江平、刘俊臣出席会议。会议确定，商标审查协作广州中心自2017年4月起，开展变更、续展、转让审查业务。会议还研究了商标审查协作上海中心筹建等工作。

1月19日

工商总局商标局召开商标代理工作座谈会。针对商标注册便利化改革带来的新变化和新形势，提出行业发展和规范代理市场秩序的对策，征求对《商标代理机构信用信息管理暂行办法》和《国家工商行政管理总局停止受理商标代理机构商标代理业务办法》的意见。工商总局商标局副局长闫实主持会议，商标局党委书记、副局长崔守东出席会议并讲话。工商总局有关司局和直属事业单位、北京、上海、广东等部分省市工商和市场监管部门、代理机构代表共40余人参加了会议。

1月25日

人民日报刊发《深圳、义乌试点知识产权统一监管机制，解决多头管理、推诿扯皮等问题》。文章介绍了深圳市和义乌市两地建立在统一市场监管框架下的知识产权综合保护机制，将分散的商标、版权、专利保护纳入统一市场监管机制，实现知识产权保护执法全覆盖的改革模式。统一监管机制保护了企业家精神，收获了自主品牌，拓展了国内外市场，探索了中国企业走出微笑曲线谷底的道路。

◎ 2017年2月 ◎

2月9—10日

工商总局商标局召开局务会，学习传达习近平总书记在中央全面深化改革领导小组第三十二次会议上的重要讲话精神，总结工商总局商标局2016年改革工作情况，谋划部署2017年工作。会议明确了2017年改革工作的主要任务：一是持续深入推进商标注册便利化改革，重点做好开放网上申请、京外审查协作中心试点、细化商标图形要素国际分类等工作；二是全面推进商标品牌战略实施；三是坚定不移地做好商标管理改革，加强商标代理机构监管等。

◎ 2017年3月 ◎

3月1日

工商总局商标局发出关于批准设立第二批商标受理窗口的公告，批准北京市工商行政管理局朝阳分局等41个工商和市场监管部门设立商标受理窗口，2017年3月1日正式启动运行，开展商标注册申请受理工作。

3月2日

工商总局与广西壮族自治区人民政府签署《关于推进广西建设商标品牌强区合作框架协议》。在总局党组书记、局长张茅，自治区党委副书记、自治区主席陈武的共同见证下，总局党组成员、副局长刘俊臣，自治区政府副主席黄日波分别代表总局和自治区政府签署协议。总局和自治区政府相关部门负责同志出席签约仪式。

3月10日

新版商标网上申请系统发布，《商标网上申请暂行规定》施行。商标网上申请系统受理范围由仅对商标代理机构扩展至商标代理机构、国内申请人、在中国有经常居所或营业所的外国人或者外国企业；业务范围由仅接受商标注册申请逐步扩大至商标续展、转让、注销、变更等商标业务申请。

3月13日

工商总局商标局在山东省泰安市举办商标行政保护专题研讨会。与会代表围绕网络商标侵权假冒行为查处，跨部门、跨地域执法协作，商标行政处罚案件信息公开，以及开展统一市场监管框架下知识产权综合管理改革试点等商标行政保护中的热点、难点问题，展开研讨并提出了兼具科学性和可执行性的建议。来自北京、上海、山东等八省市商标处负责人共30余人参加会议。

3月27—28日

工商总局商标局在福建省宁德市召开全国工商系统商标富农工作座谈会，总结交流各地运用地理标志精准扶贫的经验，推广宁德市运用地理标志商标富农经验，部署工商总局商标局2017年及今后一个时期商标富农和运用地理标志商标精准扶贫等工作。来自农业部，中华供销总社，全国各省、自治区、直辖市工商和市场监管部门等单位代表参加座谈会。

3月30日

工商总局商标局发布《关于调整商标注册收费标准的通告》。根据《财政部、国家发展改革委关于清理规范一批行政事业性收费有关政策通知》（财税［2017］20号），自2017年4月1日起，商标注册收费标准降低50%。4月1日当天，共接收网上申请37397件，较前一日增加33856件。

◎ 2017年4月 ◎

4月13日

全国商标监管工作座谈会在河北省石家庄市召开。工商总局副局长刘俊臣出席会议并讲话。刘俊臣强调，面对新形势，要进一步转变观念，着力推动商标工作重点逐步从审查注册向注册确权与保护维权并重转变；推动商标监管方式从传统型向新型监管机制转变；推动商标品牌评价从政府主导向市场主导转变；推动商标品牌建设从鼓励注册向倡导使用转变；推动市场主体从单纯追求商标注册数量向提升商标品牌质量转变。会议指出，应取消政府对著名商标的行政认定，并提出三条意见：一是政府对著名商标、知名商标的行政认定不符合市场经济发展规律；二是暂停著名商标、知名商标行政认定工作；三是各省区市工商部门主动向地方政府汇报总局意见，积极主动推动工作开展，着手研究如何取消著名、知名商标行政认定工作。

4月25日

工商总局副局长刘俊臣在国务院新闻办公室出席知识产权发展状况新闻发布会。刘俊臣通报了2016年工商总局在大力推进商标注册便利化改革、加大商标专用权保护力度，严厉打击商标侵权假冒行为，营造良好营商环境方面取得的成效，并介绍了在遏制商标恶意注册和加强商标专用权保护方面的重点举措。

4月27日

工商总局商标局与世界知识产权组织中国办事处联合举办"加强与世界知识产权组织合作，共同推进马德里商标国际注册"座谈会。世界知识产权组织中国办事处陈宏兵主任介绍了马德里体系的最新发展情况。工商总局商标局党委书记、副局长崔守东同志指出，推进马德里商标国际注册是实施商标品牌战略的重要组成部分，要深化交流与合作，研究与世界知识产权组织合作开展"一带一路"马德里体系研讨和培训活动，召开马德里体系现场会，推广先进省市的经验做法；要树立"大商标"格局，通过"开门办商标"集聚社会各界力量，共同推动马德里商标国际注册工作取得新突破。

◎ 2017年5月 ◎

5月5日

新版商标网上查询系统试运行，新版系统具有运行速度快、查询准确率高、服务体验好等优点。运行一周来，新版商标网上检索系统总访问量2.47亿次，日均访问量4.11千万次；发现并拦截异常访问量211万次，日均拦截异常访问量35.1万次。

5月17日

工商总局印发《关于深入实施商标品牌战略 推进中国品牌建设的意见》（工商标字［2017］81号）。《意见》明确深化商标注册管理体制改革、切实加强注册商标行政保护、全面构建品牌培育服务体系、统筹推进产业区域品牌建设、大力开拓品牌发展国际空间等具体措施。

5月19日

工商总局副局长刘俊臣在商标大楼主持召开商标业务成本分解专题会议，研究部署商标业务单件成本分解工作。工商总局综合司、商标局、商标评审委员会、商标审查协作中心负责同志参加会议。

5月22日

工商总局召开关于深入实施商标品牌战略推进中国品牌建设有关情况新闻通气会。工商总局商标局党委书记、副局长崔守东介绍了工商总局实施商标战略多年来取得的成绩，介绍了商标注册便利化改革工作取得的成效。他指出，深入实施商标品牌战略需要坚持《关于深入实施商标品牌战略 推进中国品牌建设的意见》一条主线，商标注册便利化改革、商标监管、商标服务三个点，以及利用地理标志精准扶贫、马德里注册两个抓手。规划发展处介绍了意见起草的背景及主要内容。人民日报、中央电视台、法制日报等中央媒体参加通气会。

5月25日

全国工商和市场监管部门商标品牌战略实施工作会议在浙江省杭州市召开。工商总局副局长刘俊臣在会上发言指出，全国工商和市场监管部门要充分发挥职能作用，认真贯彻落实《关

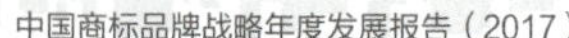

于深入实施商标品牌战略 推进中国品牌建设的意见》，深入实施商标品牌战略，努力开创商标品牌工作新局面，为建设品牌强国贡献力量。

◎ 2017年6月 ◎

6月8日

工商总局副局长刘俊臣召集法规司、商标局等单位召开会议，传达国务院常务会议关于奥凯电缆处理决定，部署取消著名商标行政认定工作。

6月19日

工商总局商标局发出关于批准设立第三批商标受理窗口的公告，批准辽宁省盘锦市工商行政管理局等20个工商和市场监管部门设立商标受理窗口，2017年6月20日正式启动运行，开展商标注册申请受理工作。

6月19日

中国商标网新版网上申请系统按计划开放商标后续业务申请，受理业务范围由商标注册申请扩大至商标变更、续展、转让、注销、许可备案等23项。

6月27日

工商总局商标局召开专题会议，组织学习工商总局党组书记、局长张茅在人民日报上发表的《提高认识澄清误区 积极实施商标品牌战略》的署名文章，研究落实文章精神。会议认为，文章科学阐述了商标品牌战略在供给侧改革阶段的重大意义，全面深刻地论述了在市场经济关系中如何处理好政府与企业的关系，如何正确认识和理解驰名、著名、知名商标在企业发展和经济发展中的作用等，对于全面推进商标改革工作，深入实施商标品牌战略，充分发挥商标品牌对经济社会发展的促进作用，起到了重要的指引作用。

6月29日

工商总局与世界知识产权组织在江苏省扬州市召开世界地理标志大会。国务院总理李克强专门发来贺信，国务委员王勇出席开幕式并致辞。工商总局党组书记、局长张茅出席开幕式并演讲，强调工商总局将以此次世界地理标志大会为契机，扎实推进地理标志工作，加强国际合作交流，助推“一带一路”建设。世界地理标志大会是世界知识产权组织的重要会议，每两年举办一次。

6月30日

工商总局和世界知识产权组织在江苏省扬州市召开中国商标金奖颁奖大会，表彰在商标创新、运用、保护和有效利用马德里商标国际注册体系方面取得突出成绩的单位和个人。工商总局局长张茅、世界知识产权组织总干事弗朗西斯·高锐出席大会并致辞。工商总局副局长刘俊臣主持大会。

◎ 2017年7月 ◎

7月4日

工商总局商标局在中国商标网发出《关于开通商标异议申请人变更渠道的通知》，明确了开通商标异议申请人变更渠道有关事项，充分发挥商标异议程序的权利救济功能，便于当事人依法主张权利。

7月4日

工商总局商标局召开局长办公会，传达学习张茅局长在全国工商和市场监管工作座谈会上的重要讲话精神，并就贯彻落实作出安排部署。会议强调，要落实国务院“放管服”改革要求，继续深化商标注册管理制度改革，研究落实缩短审查周期问题；加强商标专用权保护，有力打击侵权假冒行为；贯彻落实总局党组关于取消政府行政认定著名商标制度的决策部署，进一步厘清政府和企业的关系；研究落实商标海外维权工作，推动商标品牌国际化。

7月14日

工商总局商标评审委员会与最高人民法院知识产权庭联合举办的商标评审与行政诉讼业务研讨会在北京举办。来自商标评审委员会、最高人民法院、北京市高级人民法院和北京知识产权法院的代表，围绕商标近似判断、“在先权利”的认识等商标授权确权领域的重点问题展开沟通交流，取得诸多共识。

7月17日

工商总局商标局副巡视员欧阳少华主持召开部分商标代理机构座谈会，研究压缩商标异议案件纸质证据材料相关事宜，并就《商标注册申请形式审查标准》征求代理机构的意见。

7月28日

工商总局商标局在山东省东营市召开全国工商和市场监管部门运用马德里体系现场经验交流会，总结推广“东营经验”。会议强调，要充分学习借鉴东营市“三个到位”的宝贵经验，把加强马德里商标国际注册作为服务企业实施“走出去”战略、加快新旧动能转换的重要举措，在马德里国际注册工作中做到重视和扶持到位、宣传和培训到位、帮扶和落实到位。

7月28日

《工商总局关于做好著名商标行政认定规范性文件清理工作的通知》（工商标字［2017］127号）印发，要求北京、陕西、山西、黑龙江、西安、广州6省市清理工商局规范性文件，取消著名商标行政认定工作，厘清商标品牌建设中政府与市场的关系，在商标品牌评价中发挥市场主导作用。

◎ 2017年8月 ◎

8月19日

由广西壮族自治区人民政府主办、自治区工商局等八部门联合承办的“遍行天下 心仪广西——广西品牌神州行”系列活动在北京启动。工商总局副局长刘俊臣、广西壮族自治区人民政府副主席黄日波出席启动仪式。

8月21日

商标评审委员会对高丽红参商标驳回复审案进行口头审理，开启商标评审案件口头审理的良好实践。

8月22日

工商总局召开商标改革领导小组第三次会议。工商总局副局长马正其主持会议，副局长唐军、王江平、刘俊臣出席会议。会议对上海中心筹备工作所取得的成绩表示肯定，会议要求，对《商标审查协作上海中心设置方案》进行充实和完善。会议原则通过了工商总局商标局《关于各审协中心业务分配的建议》，由工商总局商标局与各审协中心分别签订委托外包协议，确定具体业务种类及任务量的分配。

8月22日

工商总局商标局在中国商标大楼举办知名作品名称、角色名称等在先权益商标权保护研讨会。与会人员围绕知名作品名称、角色名称等在先权益商标权保护的法律依据、保护条件以及在审查程序中的具体实践等问题展开讨论，交流了看法，达成了共识。全国人大常委会法工委、中国青年政治学院、北京君策知识产权发展中心等单位的专家学者和作家代表郑渊洁以及媒体记者出席研讨会。

8月23日

工商总局商标局发出《关于简化马德里商标国际注册申请材料和手续的通知》，从三个方面简化马德里商标国际注册申请材料和手续，推进马德里商标国际注册便利化，更好地服务商标申请人实施“走出去”战略。

8月25日

工商总局在江苏省淮安市召开全国工商和市场监管部门地理标志商标精准扶贫经验交流会，总结推广“淮安经验”。这是继3月在福建省宁德市召开商标富农工作座谈会后，以地理标志商标精准扶贫为主题的又一次重要会议。

◎ 2017年9月 ◎

9月1—4日

2017中国国际商标品牌节在广西壮族自治区桂林市举办。工商总局副局长刘俊臣出席商标品牌节主论坛，并作题为《品牌保护共享发展》的主旨演讲。会前，刘俊臣到桂林市当地企业及基层工商所调研。刘俊臣强调，在品牌培育扶持方面，要看到桂林不单是旅游胜地，还有许多名优特产品等待开发和提升；同时，要在地方政府的重视与行业协会的指导下，加强商标管理、维权和打假工作。

9月3日

工商总局商标局在2017中国国际商标品牌节期间成功举办“商标审查实务论坛”。论坛主题是“商标实质审查程序遏制恶意注册及热点问题探讨”。来自律师事务所、商标代理机构、企业的代表出席并围绕遏制恶意注册和审查热点难点进行了深入探讨。

9月4日

工商总局商标局在2017中国国际商标品牌节上成功举办“中国企业商标海外维权论坛”。来自企业、代理机构、行业组织和政府有关部门的代表就如何建立和完善中国商标海外维权机制，更好地帮助国内企业“走出去”进行了充分讨论。

9月20日

《工商总局办公厅关于印发开展打击商标侵权“溯源”专项行动方案的通知》(办字[2017]165号)正式下发。为加大对商标侵权行为的打击力度，工商总局决定自2017年9月至2018年2月在全系统开展打击商标侵权“溯源”专项行动。此次“溯源”专项行动以驰名商标、地理标志、涉外商标和老字号商标为重点，加大对商标侵权案件源头追溯力度，对商标侵权开展全链条打击，重点解决商标专用权保护焦点问题，有效防范和遏制商标侵权地域性、行业性风险，切实提升商标行政执法工作效能，着力营造公平竞争市场环境和安全放心的消费环境。

9月21日

工商总局副局长刘俊臣在中国商标大楼主持召开专题会议，研究深化商标注册便利化改革，切实提高商标注册效率相关措施。工商总局商标局、商标评审委员会、信息中心、商标审查协作中心负责同志参加会议。

9月29日

上海商标审查协作中心正式挂牌运行，工商总局党组书记、局长张茅为上海中心揭牌。同日，工商总局与上海市人民政府共同签署了实施商标品牌战略合作协议。张茅局长、应勇市长见证了协议签署并讲话，总局副局长刘俊臣、上海市副市长许昆林出席上述活动并签署合作协议书。

◎ 2017年10月 ◎

10月17日

工商总局商标局发出关于批准设立第四批商标受理窗口的公告，批准北京市工商行政管理局石景山分局等29个工商和市场监管部门设立商标受理窗口，2017年10月18日正式启动运行，开展商标注册申请受理工作。

◎ 2017年11月 ◎

11月3日

工商总局商标局在中国商标网发布《关于简化地理标志商标申请材料、便利申请人的通知》，采取五项措施进一步便利地理标志商标注册申请人。

11月3日

工商总局商标局在中国商标网发布《商标局关于启用新版电子公告系统的公告》，正式启用新版电子公告系统。新电子公告系统主要特点：一是大幅缩短商标公告刊发等待周期。二是大幅提高商标公告刊载量。三是商标公告数据全覆盖。四是优化商标公告查询体验。2017年11月6日在中国商标网上发布第一期（第1574期）电子公告，顺利完成商标电子公告系统的上线工作。

11月14日

《工商总局关于深化商标注册便利化改革 切实提高商标注册效率的意见》（工商标字［2017］213号）印发，明确在2017年年底实现商标注册申请受理通知书发放时间由3个月压缩到2个月、商标注册审查周期由9个月压缩到8个月的基础上，2018年年底前实现以下目标：商标注册申请受理通知书发放时间由2个月压缩到1个月，商标注册审查周期由8个月压缩到6个月，商标转让审查周期由6个月压缩到4个月，商标变更、续展审查周期由3个月压缩到2个月，商标检索盲期由3个月压缩到2个月，提出了20项具体落实措施。

11月23日

工商总局召开“关于深化商标注册便利化改革 切实提高商标注册效率”有关情况新闻通气会。工商总局商标局党委书记、副局长崔守东通报了工商总局大力推进商标注册便利化改革以来所取得的成绩，相关处室对《工商总局关于深化商标注册便利化改革 切实提高商标注册效率的意见》进行解读。

11月29日

上午，工商总局党组书记、局长张茅，副局长刘俊臣等一行亲切看望慰问工商总局商标局、商标评审委员会、商标审查协作中心干部员工，考察商标国际注册、异议审查等业务工作。张茅同志充分肯定了各单位在商标注册和管理工作中取得的成绩，并对做好下一步商标工作提出了明确要求。下午，工商总局商标局召开局务会传达张茅同志重要讲话精神。

11月30日

2017年度商标审查工作会议在重庆市召开，工商总局副局长刘俊臣出席会议并讲话。会议总结近年来商标审查工作的成绩和经验，研究部署下一阶段商标审查工作。明确了做好2018年审查工作的具体安排：按照统一任务分配、统一工作制度、统一审查标准、统一质量考核的工作原则，通过采取充实审查能力、强化质量意识、加强标准研究、加强协同能力、杜绝安全隐患等具体措施，进一步促进审查质量和效率的全面提升。上海市、广东省、重庆市工商局派员参会，四个商标审查协作中心负责同志，工商总局商标局有关业务处室负责人及局属媒体参加会议。

◎ 2017年12月 ◎

12月1日

重庆商标审查协作中心正式挂牌运行，工商总局党组书记、局长张茅和重庆市委副书记、市长张国清为商标审查协作重庆中心揭牌。同日，工商总局与重庆市人民政府共同签署了关于支持重庆建设商标品牌强市战略合作协议。张茅局长、张国清市长见证了协议签署并讲话，总局副局长刘俊臣、重庆市副市长屈谦出席上述活动并签署合作协议书。

12月8日

工商总局商标局商标电子发文试点工作正式启动，通过电子邮件向百家代理机构发送《商标注册申请受理通知书》和《商标初步审定公告通知书》，实现电子文书当日导出当日寄发，同时发送文件清单，便于查收。试点首日，电子发文1.6万余件。截至2017年年底，电子发文日均约1万件，当日即时送达，缩短送达时间1个多月，有效缓解了纸质打印寄发压力。

12月13日

商标审查审限管理功能模块在商标审查系统中成功运行，实现了对商标业务各环节时限的控制，为严守审限底线提供了强有力的技术支撑，切实做到了“文文有监控、件件可追溯”。

12月15日

全国工商和市场监管部门商标行政执法工作座谈会在湖北省黄石市召开。总结全国工商和市场监管部门商标监管执法工作情况，推广“北京经验”，督办打击商标侵权“溯源”专项行动。截至11月底，共有26个省区市上报案件线索2000余条。

12月21日

工商总局商标局召开商标改革工作座谈会，传达张茅局长考察商标工作重要讲话精神，征求全国工商和市场监管系统对商标改革工作的意见和建议。来自北京、天津、吉林、上海等15个省（自治区、直辖市）的23个县以上工商和市场监管部门、知识产权部门及企业代表参加会议。

12月21日

工商总局商标局发布《关于启用尼斯分类第十一版2018文本的通知》。根据世界知识产权组织的要求，尼斯联盟各成员国将于2018年1月1日起正式使用尼斯分类第十一版2018文本。申请日为2018年1月1日及以后的商标注册申请适用新版本，申请日在此之前的商标注册申请适用原版本。

12月28日

工商总局商标评审裁决文书全面即时公开系统正式上线运行，商标评审委员会作出的所有裁决文书，除依照有关规定不予公开的情形外，将全部自动公布，主动接受社会监督。

典型案例

“东方美谷”商标异议案件评析

一、基本案情

异议人：上海市奉贤区行政服务中心

被异议人：上海艾因星球投资管理有限公司

被异议商标：第17929919号“东方美谷”商标

被异议商标指定使用服务：第36类“保险承保；金融服务；艺术品估价；不动产经纪；不动产出租；公寓管理；不动产管理；经纪；担保；受托管理”

（一）当事人主张

异议人主要异议理由：“东方美谷”系异议人在先使用且有一定知名度的商标，被异议人作为地域比较接近的同行企业，理应对异议人在先使用商标知晓，被异议人未经授权擅自将与该名称相同的文字作为商标申请注册，违反《商标法》第十五条、第三十二条相关规定，被异议商标不应被核准注册。

1. 异议人受上海市奉贤区人民政府授权，负责“东方美谷”商标的品牌管理，属于本案利害关系人，其提异议主体适格。

2. “东方美谷”系上海市奉贤区人民政府招商办公室以美丽健康产业为核心打造的地区化妆品行业的产业联盟的名字，并经大量的宣传和使用而具有一定的知名度。

3. 被异议人作为地理位置临近的化妆品企业，对异议人“东方美谷”产业联盟名称理应知晓。

异议人提交主要证据：上海市奉贤区人民政府情况说明的“东方美谷”产业联盟筹备座谈会通知复印件，“东方美谷”化妆品产业服务平台项目方案打印件，被异议人工商登记信息及其销售产品网页截图，奉贤区行政服务管理办公室2015年工作计划网页截屏，新浪网、解放日报、新华网等媒体或期刊对“东方美谷”

的报道，异议人将“东方美谷”用于化妆品、时尚产品、电子商务、金融服务、物业管理服务、广告宣传等商品和服务上的相关证据等。

被异议人主要答辩理由：

1. 被异议人在申请注册被异议商标前已进行在先权利检索，未侵犯他人权利。

2. 被异议商标系被异议人独创，异议人未提交证据说明其受到损失。

（二）案件裁定

根据当事人陈述的理由及事实，经审查，工商总局商标局认为：在被异议商标申请日前，“东方美谷”作为上海市奉贤区倡导打造的化妆品产业联盟项目，集产业集群、研发创新、服务配套、人才聚集等功能于一体，并通过前期的筹备、招商及大量的推广与宣传工作已在当地及相关市场主体中产生了一定影响，也一定程度上促进了地方经济的发展。被异议人同处上海市，其营业场所与“东方美谷”产业联盟总部所在区域地理位置较为接近。且“东方美谷”产业联盟在总部经济基础上发展出化妆品全产业链，其筹备、运作、推广活动包含与被异议商标指定服务相同或类似的服务项目。鉴于“东方美谷”经过大规模的筹备、招商、广告宣传、商业推广等活动已具有一定的知名度，异议人作为同行业者和地域较为接近的市场主体具有较大知晓异议人“东方美谷”商标的可能性。同时，“东方美谷”并非固定搭配的常用词汇，具有一定的独创性，被异议商标文字与该名称完全相同，被异议人亦未对被异议商标的独立创作来源作出合理解释，其申请注册被异议商标属于《商标法》第十五条第二款所规定的因“其他关系”而明知他人商标存在的情形，以及《商标法》第三十二条规定的以不正当手段抢先注册“他人已经使用并有一定影响的商标”的情形。被异议商标注册、使用在其指定服务上易导致相关公众混淆误认。

根据《商标法》第十五条第二款及第三十二条规定，决定被异议商标不予注册。

二、案例评析

本案被异议商标由文字“东方美谷”构成，与异议人在先产业联盟名称及大量使用的“东方美谷”商标文字相同，双方商标的近似性不再赘述。本案焦点是引证商标在先使用及影响力的判断。

（一）关于商标在先使用的判断

本案异议人提交的证据可以证明在被异议商标申请日前，异议人已完成对“东方美谷”品牌的设计、策划等筹备工作，进行了大量的宣传和推广，并形成以美丽健康产业总部经济为核心，涵盖文化创意、旅游休闲、电子商务、体育运动、金融服务、不动产物业管理、时尚产业等多种产业的联盟。上述事实可证明异议人对“东方美谷”进行了大量的商标性使用，其使用范围亦包含与被异议商标指定相同或类似的服务领域。

（二）关于在先使用商标影响力的判断

《商标法》第十五条第二款及第三十二条后半段都规定了对在先使用未注册商标的保护，但二者对影响力大小的要求有所不同。《商标法》第十五条第二款规定主要是指商标申请人因具有某种特定关系或关联而明知他人商标存在，在他人商标已在先使用的情况下，不得抢先注册该商标。这里主要基于申请人所应负有的诚信义务方面的考虑，适用该条款，在举证方面不需要证明在先商标的使用具有影响力。《商标法》第三十二条后半段主要指因商标在先使用具有较强影响力，商标申请人对该在先商标明知或应知情况下而进行的抢先注册，适用该条的前提是在先使用商标具有一定影响力。对于商标在先使用影响力的判断，工商总局商标局和商标评审委员会编著的《商标审查及审理标准》中列举了证明商标使用“有一定影响”可以提供的证据材料。在司法程序中，《最高人民法院关于审理商标授权确权行政案件若干问题的规定》规定了“在先使用人举证证明其在先商标有一定的持续使用时间、区域、销售量或者广告宣传的，人民法院可以认定为有一定影响”。此外，在影响力的判断上，在先商标的独创性也是重要的考量因素。

结合本案，首先，被异议人主要营业场所与异议人“东方美谷”项目主要办公地点地域较为接近，涉及行业相同。根据《最高人民法院关于审理商标授权确权行政案件若干问题的规定》第十六条，商标申请人与在先使用人营业地址邻近属于《商标法》第十五条第二款中规定的“其他关系”的情形。其次，“东方美谷”属于臆造词，并非固有词语，具有一定的独创性，被异议商标文字与异议人在先使用商标“东方美谷”文字构成相同，且被异议人未对被异议商标的独立创作来源作出合理解释。同时异议人提交的相关证据可以证明在被异议商标申请日前，“东方美谷”商标已经通过在先大量使用和宣传而在当地和同行业中具有一定影响力，在相关公众的认知中，已将“东方美谷”与异议人形成稳定对应关系。异议人“东方美谷”商标符合《商标法》第三十二条规定的“已经使用具有一定影响的商标”的情形。

双方当事人是否具有特定关系、在先商标的独创性和影响力、市场的认知是合理界定在先使用商标保护范围的重要考量因素。由于个案事实不同，对在先商标使用和影响力的判断很难明确一个统一的量化标准，宜将相关证据作为一个整体、一个证据链来综合判断证明力。

同时，我国的《商标法》以注册制为基础，对未注册的商标的保护要符合相应的条件，所以在先未注册商标使用人也应增强知识产权法律意识，及时主动进行商标注册，加强对自身权利的有效保护。

加强商标专用权保护 为企业发展保驾护航

——“邯丛”“郸台”商标异议案件评析

一、基本案情

异议人：河北邯郸丛台酒业股份有限公司

被异议人：山西志刚商贸有限公司

被异议商标：第15584257号“邯丛”商标、第15584241号“郸台”商标

被异议商标指定使用商品：第33类“葡萄酒；烈酒（饮料）；白兰地；酒精饮料原汁；酒精饮料浓缩汁；酒精饮料（啤酒除外）；含水果酒精饮料；白酒；黄酒；烧酒”

备注：此案例评析原为两个单独的商标异议案例，因两异议案件的异议人、被异议人相同，案件又存在密切联系，所以进行了并案审理，在本文中一并分析。

（一）当事人主张

异议人主要异议理由：被异议商标第15584257号“邯丛”、第15584241号“郸台”两件商标由同一申请人申请并通过实审予以初步审定，如两商标合在一起使用将构成商标外观“邯郸丛台”，与异议人在先注册商标“丛台”构成高度近似商标，侵犯异议人的驰名商标权，并侵犯异议人在先商号权“邯郸丛台”，从而达到“傍名牌”的效果，甚至有可能“以假乱真”，严重违反了诚实信用原则。因此，异议人请求工商总局商标局将两件被异议商标不予注册。

异议人提交的主要证据：异议人河北邯郸丛台酒业股份有限公司企业发展经营情况介绍及其“丛台”系列商标的注册信息。异议人河北邯郸丛台酒业股份有限公司所获荣誉，包括《国家工商总局商标局关于认定“丛台及图”注册商标为驰名商标的批复》复印件、商务部印发的“中华老字号”证书复印件、河北省工商局印发的省著名商标认定证书复印件等荣誉证书复印件。河北新闻网关于丛台酒品质及河北邯郸丛台酒业股份有限公司生产能力及企业荣誉的网页打印件等。

被异议人主要答辩理由：被异议商标第15584257号“邯丛”、第15584241号“郸台”两商标中任一商标均不与异议人“丛台”商标构成近似，其并不存在“傍名牌”“搭便车”的主观恶意。请求工商总局商标局对其两件被异议商标准予注册。

（二）案件裁定

1. 对被异议的第15584257号“邯丛”商标的审理决定

根据当事人陈述的理由及事实，经审查，工商总局商标局认为：被异议商标“邯丛”指定使用商品为第33类“葡萄酒；烈酒（饮料）；白兰地”等。异议人引证在先注册第1235649号“丛台及图”、第1217741号“丛台及图”等商标核定使用商品为第33类“白酒；果酒（含酒精）；含水果的酒精饮料”等。双方商标核定使用商

品的功能用途、销售渠道、消费对象相近，属于同一种或类似商品。经过异议人的宣传、使用，其在先注册使用在白酒商品上的“丛台及图”商标已在相关公众中具有一定知名度并曾被认定为驰名商标。被异议人于类似商品上同日申请注册第15584241号“郸台”商标并已获初步审定，同一申请人将异议人具有较高知名度的“丛台及图”商标文字拆开并配以具有地名标识意义的文字申请注册，从而在使用中易形成“邯郸丛台”商标外观，我局认为被异议人的申请注册行为具有恶意，有悖诚实信用原则。异议人另称被异议人申请注册被异议商标侵犯其在先商号权证据不足。

依据《商标法》第七条、第三十条、第三十五条规定，我局决定：第15584257号“邯丛”商标不予注册。

2. 对被异议的第15584241号“郸台”商标的审理决定

根据当事人陈述的理由及事实，经审查，工商总局商标局认为：被异议商标“郸台”指定使用商品为第33类“葡萄酒；烈酒（饮料）；白兰地”等。异议人引证在先注册第1235649号“丛台及图”商标、第1217741号“丛台及图”等商标核定使用商品为第33类“白酒；果酒（含酒精）；含水果的酒精饮料”等。双方商标核定使用商品的功能用途、销售渠道、消费对象相近，属于同一种或类似商品。经过异议人的宣传、使用，其在先注册使用在白酒商品上的“丛台及图”商标已在相关公众中具有一定知名度并曾被认定为驰名商标，被异议人于类似商品上同日申请注册第15584257号“邯丛”商标并已获初步审定，同一申请人将异议人具有较高知名度的“丛台及图”商标文字拆开并配以具有地名标识意义的文字申请注册，从而在使用中易形成“邯郸丛台”商标外观，我局认为被异议人的申请注册行为具有恶意，有悖于诚实信用原则。异议人另称被异议人申请注册被异议商标侵犯其在先商号权证据不足。

依据《商标法》第七条、第三十条、第三十五条规定，我局决定：第15584241号“郸台”商标不予注册。

二、案例评析

邯郸地处华北平原，自古就是名酒之乡，多部史书典籍均有记载。异议人河北邯郸丛台酒业股份有限公司在册职工2200余人，总资产7.2亿元，固定资产3.6亿元，注册资本1.2亿元。公司的前身——河北省邯郸市酒厂正式建厂于1945年11月，是邯郸解放初期成立的地方国营企业，1994年10月改制为股份制企业。

（一）双方商标指定使用商品相同或类似

本案中，被异议商标第 15584257号“邯丛”、第15584241号“郸台”两件已初步审定商标指定使用的“葡萄酒；烈酒（饮料）；白兰地；酒精饮料原汁；酒精饮料浓缩汁；酒精饮料（啤酒除外）；含水果酒精饮料；白酒；黄酒；烧酒”商品与异议人引证商标核定使用的“白酒；果酒（含酒精）；含水果的酒精饮料”等商品在功能、用途、销售渠道、消费对象等方面相近，属于相同或类似商品。

（二）双方商标是否近似

单从商标近似审查角度考虑，任一单件被异议商标“邯丛”或“郸台”都不与引证商标“丛台”近似，但这只是在商标审查环节、仅仅从商标近似审查角度出发考虑此问题的结果。在商标异议程序中，不仅要求异议审查员熟知商标近似审查规则和案例，也要从维护公平市场竞争秩序和诚实信用原则的角度出发全盘考虑。被异议商标“邯丛”“郸台”两商标中任一个单独使用都不与引证商标“丛台”构

成近似商标，但若两件商标同时合并使用将构成“邯郸丛台”商标外观，与驰名商标“丛台”构成相同或类似商品上的近似商标。而且引证商标“丛台”的商标权人即异议人“河北邯郸丛台酒业股份有限公司”为河北省邯郸市知名酒类生产企业，两被异议商标合并使用所构成“邯郸丛台”商标外观极易使相关消费者误认为该商品生产地为邯郸，生产商或授权商为河北邯郸丛台酒业股份有限公司。被异议人山西志刚商贸有限公司具有想通过不规范的商标使用以达到“傍名牌”“搭便车”，盗用驰名商标商誉的主观故意。虽然，被异议人的商标不当使用行为可以在商标行政执法中予以纠正，商标权人的驰名商标权益可以通过规范商标使用行为、处罚不当商标使用行为的方式得到维护，但是作为商标异议审查人员，应尽可能从“源头”上，即商标注册、异议等环节发现、甄别这种违反诚实信用原则的恶意注册行为，及时尽早地遏制恶意商标注册申请，有效降低企业维权时间和成本，以加强商标专用权保护，为企业发展保驾护航，营造良好的营商环境。

因此，本案中应认定两件被异议的第15584257号“邯丛”、第15584241号“郸台”商标已与引证商标“丛台”构成相同或类似商品上的近似商标，并严重违反了诚实信用原则，应对两被异议商标不予注册。

“互森歌”商标异议案件评析

古有“民无信不立、业无信不兴”，今有营造诚实守信的良好营商环境的价值观，诚实守信一直以来都是从事民事活动的基本准则和价值要求。商标作为市场主体的重要无形资产，起着承载商誉的重要作用，在商标申请注册、使用及保护过程中均需要遵守诚实信用原则。

一、基本案情

异议人：浙江森歌电器有限公司

被异议人：龙达成

被异议商标：第18449489号“互森歌”商标

被异议商标指定使用商品：第9类“照明器械及装置；烹调器；厨房用抽油烟机；炉子；消毒设备；水净化设备和机器；空气调节设备；卫生器械和设备；淋浴热水器；电暖器”

（一）当事人主张

异议人主要异议理由：被异议商标与异议人在先注册的“森歌”商标构成高度近似，违反了《商标法》第三十条的规定，被异议人存在多例抢注他人知名商标的行为，足以证明其存在恶意抢注的行为，有违诚实信用原则，请求被异议商标不予核准注册。主要异议理由：

1. 被异议商标与异议人在先注册的第9776995号、第6955039号、第7370933号“SENG森歌”及第7625247号“森歌”商标近似。

2. 被异议商标存在多例抢注他人知名商标的行为，足以证明其申请注册被异议商标也是恶意抢注行为。例如：互方太、互老板、互好太太、互帅康、互爱妻、互美菱。

3. 异议人引证商标已通过使用具有一定知名度，其销售范围亦包括被异议人所在地。

4. 被异议商标显属对异议人商标/标识的摹仿和抄袭。被异议商标的申请注册，不仅损害了异议人的合法权益，同时也违反了诚实信用原则，易产生不良社会影响以及损害商标管理秩序。

异议人提交的主要证据：异议人经销商目录，异议人国内外商标注册情况，异议人品牌所获得的荣誉，异议人产品销量排名证明，异议人在媒体、互联网上宣传及线下宣传，异议人商标管理制度，异议人企业荣誉以及其他相关证据等。

本案被异议人未在规定期限内答辩。

（二）案件裁定

根据当事人陈述的理由及事实，经审查，工商总局商标局认为：被异议商标“互森歌”指定使用在第11类“照明器械及装置；烹调器；厨房用抽油烟机；炉子”等商品上。异议人引证在先注册的第9776995号、第6955039号、第7370933号“森歌 SENG”及第7625247号“森歌”等商标，核定使用商品为第11类“煤气灶；冰箱；厨房用抽油烟机；水龙头；水暖装置”等。被异议商标指定使用的“烹调器；厨房用抽油烟机；炉子；消毒设备；水净化设备和机器；空气调节设备；卫生器械和设备；淋浴热水器；电暖器”商品与异议人引证商标核定使用商品的功能用途、销售渠道等相似，属于类似商品，被异议商标“互森歌”完整包含异议人引证商标主要显著部分文字

"森歌"，且整体未形成明显有别的新含义，被异议商标指定使用在上述类似商品上易导致相关消费者误认为其与异议人具有特定关联进而对商品来源产生混淆误认，双方商标构成使用在类似商品上的近似商标。另外，异议人本案中提交的证据可以证明在被异议商标申请日前，其"森歌"品牌在"集成灶"等相关商品领域已经具有一定的消费群体和知名度。同时经查，被异议人除本件被异议商标外，还在与被异议商标指定类似商品上申请注册了多件包含他人在先具有一定知名度的商标，如"互爱妻""互方太""互美菱""互老板""互好太太""互帅康"等，部分申请亦已被提出异议。被异议人未对被异议商标的独立创作来源作出合理解释，具有摹仿、复制他人在先商标及攀附他人商誉的故意，其行为有违诚实信用原则。

依据《商标法》第七条、第三十条，被异议商标不予注册。

二、案例评析

（一）关于构成同一种或类似商品上的近似商标的认定

1. 双方商标部分指定使用商品类似。

本案中，被异议商标指定使用的"烹调器；厨房用抽油烟机；炉子；消毒设备；水净化设备和机器；空气调节设备；卫生器械和设备；淋浴热水器；电暖器"商品与异议人引证商标核定使用商品在功能、用途、销售渠道、消费对象等方面相似，属于类似商品。

2. 被异议商标指定使用在类似商品上，与引证商标构成使用在类似商品上的近似商标。

被异议商标"互森歌"完整包含异议人具有一定知名度商标的文字"森歌"，双方商标如并存使用在类似商品上，易导致相关消费者认为双方系来自同一市场主体的系列商标，进而对商品的真实来源产生混淆、误认，双方商标构成使用在类似商品上的近似商标。

（二）关于恶意摹仿在先知名商标，违反诚实信用原则的认定

对于商标申请注册过程中主观状态的认定要依据客观事实及相关证据综合推定，认定行为人是否具有主观恶意主要参考以下因素：1. 在先标识的独创性及双方近似程度；2. 在先权利 / 权益的影响力或知名度；3. 行为人对在先权利存在的明知 / 应知程度；4. 行为人的主观意图，如搭便车、阻止第三方入场等；5. 是否有向被侵权人恶意索要经济赔偿的行为；6. 行为人对自己商标独立创作来源的合理解释和声明。以上各考量因素彼此关联和相互影响，主观恶意是将上述各因素结合在一起的综合判断。

结合本案：1. 异议人提交的证据可以证明其引证商标文字"森歌"并非固定搭配词语，具有一定的独创性，经过异议人的使用与宣传该商标已在相关消费者中具有一定知名度和影响力；2. 被异议人经营项目与异议人相似，属于同行业者，对异议人产品具有知晓可能性；3. 被异议人申请的"互爱妻""互方太""互美菱""互老板""互好太太""互帅康"等商标均完整包含他人在先有一定知名度的商标，尽管其他案件会另行裁定，但该行为可以印证被异议人申请被异议商标具有摹仿他人在先有一定知名度商标的主观故意。

商标是区别商品或服务来源的标志，是承载市场主体商誉的重要载体，不诚信的注册和使用会面临注册不成功或无法得到有效保护的风险，亦会导致商标无法正常地发挥区别商品或服务来源的功能，进而损害广大消费者的利益和公平竞争的市场秩序。品牌的建设需要经营者投入大量智慧创造和商业活动，只有诚信注册、诚信经营才是促进品牌做大做强的根本。

亮法律利剑 倡诚实守信
——第17883296号“利君方圆”商标异议案件评析

《商标法》第七条第一款“申请注册和使用商标，应当遵循诚实信用原则”的规定意在引导商标当事人诚实守信、正确地注册和使用商标。在商标异议案件中，依法打击商标恶意注册行为，积极维护诚实守信的良好营商环境，是商标确权机关服务国家经济社会发展大局的重要职责。

一、基本案情

异议人：西安利君制药有限责任公司

被异议人：王洪艳

被异议商标：第17883296号“利君方圆”商标

被异议商标指定使用商品：第10类“缝合材料；矫形用物品；假肢；避孕套；奶瓶；助听器；电疗器械；电动牙科设备；医疗器械和仪器；医疗分析仪器”

（一）当事人主张

异议人主要异议理由：被异议商标违反《商标法》第七条、第十三条、第三十条、第三十二条的相关规定，请求不予核准被异议商标注册。主要异议理由如下：

1. 被异议商标与异议人在先注册的第3335649号“利君”、第15452925号“利君制药及图”、第9117508号“利君国际 LIJUN INTERNATIONAL 及图”、第7408372号“利君国际 LIJUN INTERNATIONAL 111”商标在文字构成、含义、呼叫上高度近似，且被异议商标与异议人引证商标核定使用商品属于同一类别，因此双方商标已经构成类似商品上的近似商标。

2. 被异议人申请注册多件商标，利用异议人知名度谋取私利，被异议人“傍名牌”“搭便车”的恶意十分明显，违反《商标法》第七条诚实信用原则，被异议商标一旦注册必将产生混淆和误认。

3. 异议人“利君”商标已达到驰名程度，被异议商标是对异议人驰名商标的抄袭和摹仿，违反了《商标法》第十三条第三款的相关规定。

4. 被异议商标侵犯了异议人及其旗下西安利君方圆制药有限责任公司企业字号权。

异议人提交的主要证据：异议人企业发展经营情况介绍和所获荣誉，异议人“利君”及其系列商标实际使用资料、宣传资料和所获荣誉，异议人在先设立西安利君方圆制药有限责任公司并许可使用“利君”商标的信息，被异议人投资吉林利君康源药业有限公司的信息，被异议人投资的公司以“利君集团”名义推广药品的图片，被异议人投资的公司在各大医药网站以“利君集团”“利君制药”名义进行招商宣传的信息，被异议人商标申请注册信息等。

被异议人在法定期限内未作出答辩。

（二）案件裁定

根据当事人陈述的理由及事实，经审查，工商总局商标局认为：被异议商标“利君方圆”指定使用商品为第10类“矫形用物品；假肢”等。异议人引证在先注册的第3335649号“利君”商标、第15452925号“利君制药”、第9117508号“利君国际 LIJUN INTERNATIONAL及图”、第7408372号“利君国际 LIJUN INTERNATIONAL 111”商标核定使用商品为第10类“医疗器械和仪器；理疗设备”等。被异议商标指定使用的“矫形用物品；假肢；避孕套；奶瓶；助听器；电疗器械；电动牙科设备；医疗器械和仪器；医疗分析仪器”商品与异议人引证商标核定使用商品的功能用途、销售渠道相近，属于相同或类似商品。被异议商标完整包含异议人引证商标中文显著部分“利君”，易使消费者误认为被异议商标所标识的商品来源于异议人或与异议人存在某种特定联系。因此，被异议商标指定使用在上述类似商品上，双方商标已构成使用于类似商品上的近似商标，如予并存易造成消费者的混淆误认。本案中，异议人提交的证据显示：被异议人先后在多类商品上申请注册600多件商标，除被异议商标外，还包括多件包含有“修正”“白云山”“葵花”“三精”“江中”“扬子江”“丽珠”“恩威”“步长”“杨森”等他人知名商标的商标。我局认为，被异议人上述行为已超出正常的生产经营需要，具有明显的复制、抄袭及摹仿他人在先知名商标的故意，该行为不仅会导致相关消费者对商品来源产生误认，更扰乱了正常的商标注册管理秩序，并有损于公平竞争的市场秩序，明显有违诚实信用原则，不应获得支持。异议人另称被异议人恶意抄袭、摹仿其驰名商标，侵犯其在先商号权证据不足。依据《商标法》第七条、第三十条、第三十五条规定，被异议商标不予注册。

二、案例评析

（一）关于构成同一种或类似商品上的近似商标的认定

1. 双方商标部分指定使用商品类似。

本案中，被异议商标指定使用的第10类“矫形用物品；假肢；避孕套；奶瓶；助听器；电疗器械；电动牙科设备；医疗器械和仪器；医疗分析仪器”商品与异议人引证商标核定使用商品的功能用途、销售渠道相近，属于相同或类似商品。

2. 被异议商标指定使用在类似商品上，与引证商标构成使用于类似商品上的近似商标。

被异议商标“利君方圆”完整包含异议人在先注册使用并已具有一定知名度的商标文字“利君”，易使消费者误认为被异议商标所标识的商品来源于异议人或与异议人存在某种特定联系，如予并存易造成消费者的混淆误认。因此，被异议商标指定使用在上述类似商品上，双方商标已构成使用于类似商品上的近似商标。

（二）关于违反诚实信用原则，恶意摹仿在先知名商标的认定

1. 是否构成恶意摹仿在先知名商标的考量因素。

本案的焦点是被异议商标是否构成恶意摹仿他人独创性强、知名度高的商标，从而违反诚实信用原则。在判定上述情形的标准方面，主要考虑以下因素：（1）异议人商标的独创性；（2）异议人商标的知名度和影响力；（3）双方商标是否相同或近似；（4）双方商标所使用的商品或服务是否具有关联性；（5）被异议人是否具有恶意，包括被异议人的明知程

度、主观意图、申请注册此类商标的数量和被异议人能否对其商标独创性作出合理解释等。

2. 商标及商品的情况。

本案中，引证商标“利君”并非中文固有词汇，具有一定的独创性。异议人提交的在先使用证据可以证明，引证商标经其广泛宣传和长期使用在我国已具有一定的知名度。结合被异议商标的独创性和知名度，如前所述双方商标构成近似商标。被异议商标指定使用的第10类“缝合材料”商品与异议人引证商标核定使用商品，均属于医疗用品，具有相同的使用对象、销售场所和渠道，属于关联度较高的商品。

3. 关于被异议人是否具有恶意。

本案中，异议人提供的证据资料表明：（1）异议人在先设立西安利君方圆制药有限责任公司并许可其使用“利君”商标，被异议商标“利君方圆”与异议人旗下公司企业字号相同。（2）被异议人投资的吉林利君康源药业有限公司与异议人为同行业经营者，被异议人对异议人商标有知晓的可能。被异议人投资的吉林利君康源药业有限公司以“利君集团”“利君制药”名义推广产品和招商宣传，易导致相关消费者对商品来源产生误认。（3）被异议人先后在多个类别申请注册了600多件商标，除被异议商标外，还包括多件包含有“修正”“白云山”“葵花”“三精”“江中”“扬子江”“丽珠”“恩威”“步长”“杨森”等他人知名商标的商标。上述他人知名商标均为我国高知名度医药企业的商标。

综上所述，本案被异议人摹仿他人在先有一定知名度商标，数量较大，行业较为集中，主观意图较为明显，且被异议人未对其行为作出合理解释，因此可以认定被异议人申请注册被异议商标的行为已构成恶意摹仿他人独创性强、知名度高的商标，违反了诚实信用原则。

当前，实施商标品牌战略，发展品牌经济，是新形势下我国经济向高质量发展转型升级的必然要求。构建公平竞争、诚实守信的市场环境既是实施商标品牌战略的重要内容，也是发展品牌经济的有效保障。商标恶意注册行为不仅严重损害商标权利人和消费者的合法权益，浪费商标标识资源和行政、司法资源，有损于公平竞争的市场秩序，还严重危害我国知识产权保护的国际形象。对此，商标确权机关将坚持以事实为依据、以法律为准绳，勇于亮剑，积极作为，有效地遏制商标恶意注册行为，强化商标知识产权保护，倡导市场主体诚信经营，努力构建既规范有序又充满活力的市场秩序。

"瑞戈军刀"商标异议案例分析

在异议案件审理中，会接触各种类型的"傍名牌""搭便车"的不诚信行为，近来又出现一种炮制虚假身份的新型案件，本文试对此进行评析，以阐述我局在推进商标品牌战略、发展品牌经济、促进产业提质增效升级中坚持打击恶意注册、坚持诚实信用原则的坚决立场。

一、基本案情

异议人（代表人）：维氏股份公司

共同申请人：维氏瑞士军刀股份公司、威戈有限公司

被异议人：瑞士军刀瑞戈股份有限公司

被异议商标：瑞戈军刀

被异议商标指定使用商品：第14类"贵重金属合金；首饰盒；珠宝首饰；玉雕首饰；手表；手表带；精密计时器；表盒（礼品）；表链；银制工艺品"

（一）当事人主张

异议人主要异议理由：被异议商标与异议人在先注册/使用/许可使用的引证商标构成使用于类似商品上的近似商标。被异议人违反诚实信用原则，恶意摹仿其引证商标。被异议商标构成对异议人商标的抢注。

异议人提交的主要证据：异议人商标的注册信息，中国国家图书馆对异议人及其商标报道的中文出版物的检索报告，部分中文广告宣传活动图片及发票，在中国的销售记录，异议人在中国的授权经销店、专卖店及店商列表，商标评审委员会曾在相关案件中认定"VICTORINOX"译为"瑞士军刀"的裁定，中国产业信息网关于世界军刀行业的排名，瑞士联邦军事装备局许可异议人使用"SWISS ARMY"商标的确认书，瑞士驻华大使馆发表的声明等。

被异议人主要答辩理由：被异议人总部位于瑞士苏黎世直角街18号，以设计、生产、销售十字瑞士军刀、瑞戈/RUIGOR箱包、瑞戈/RUIGOR手表、瑞戈/RUIGOR眼镜、瑞戈/RUIGOR户外鞋帽服装为主。被异议商标与三位异议人的引证商标区别显著，不会造成相关公众的混淆和误认，不构成近似商标。被异议人已在其他国家成功注册"瑞戈军刀"商标。被异议人已将被异议商标投入商业使用多年，在实际的商业活动中并未造成相关消费者的混淆误认。该商标若予以驳回，将对被异议人造成无可计量的损失。

被异议人提交的主要证据：异议人"WENGER"商标在马德里官网注册的驳回记录信息，被异议人商标在日、韩、美等国家的注册信息，被异议人的官网截图、百度百科截图、新闻报道截图、天猫店截图。

（二）案件裁定

根据当事人陈述的理由及事实，经审查，工商总局商标局认为：被异议商标"瑞戈军刀"指定使用商品为第14类"贵重金属合金；首饰盒；珠宝首饰；手表"等。异议人引证在先注册的第1628685号"SWISS ARMY"商标、第1330496

号“威戈”商标及在先经国际注册并领土延伸至中国受保护的第1055398号“WENGER GENUINE SWISS ARMY KNIFE SINCE 1893及图”、第637941号“WENGER”商标、第763828号“VICTORINOX”商标，核定使用商品包括第14类的“钟；表；珠宝”等。双方商标指定使用商品虽然属于类似商品，但双方商标文字构成差异较大，未形成对应关系，双方商标未构成使用于类似商品上的近似商标。但是异议人提供的证据可以证明，异议人维氏股份公司、威戈有限公司是世界两大瑞士军刀制造商，“瑞士军刀”这一多功能刀具的设计最早由异议人维氏股份公司创始人所注册，经过100多年的宣传和使用，该商品名称已与两位异议人产生密切关联，并在中国相关公众中具有较高知名度。被异议人为一家同在瑞士注册成立的企业，对异议人及其产品的知名度应有所知晓。被异议人在广东新闻网（2015年6月23日）上发布的标题为“瑞士军刀 Ruigor（瑞戈）品牌正式入驻中国市场”的新闻中称“RUIGOR（瑞士军刀瑞戈）是瑞士的知名品牌”，但被异议人既未提供其在瑞士的有关商标注册登记或宣传使用信息予以佐证，且经查明其在主营的箱包业务上注册和使用的“瑞戈”“十字盾牌图形”商标实为2015年从中国两名伍姓自然人手中转让而来，后又许可给其中一人控制的箱包公司实际使用。故我局认为，被异议人将其名称由“瑞士军刀王股份有限公司”变更为“瑞士军刀瑞戈股份有限公司”，在相关报道中突出其与“瑞士军刀公司、瑞士军刀集团总部”的关联，并作出虚假的“瑞士知名品牌”宣传，在天猫网店上也宣扬“瑞士军刀瑞戈，纯正瑞士血统”等口号，上述行为在客观上具有极强的欺骗性，易导致中国消费者将其与两位因生产瑞士军刀而闻名的异议人产生错误关联或认为其确实是来自瑞士的知名品牌。因此，被异议商标若予以核准注册，将鼓励被异议人的此种不诚信行为，有损国家行政机关的公信力，并破坏公平的市场竞争秩序。为了维护和建设诚信的市场环境，制止欺骗消费者的行为，被异议商标应不予核准注册。异议人提供的中文宣传和报道，虽然将异议人的“VICTORINOX”“WENGER”商标与“瑞士军刀”放在一起进行宣传和使用，但我局不能认定两位异议人商标已分别与“瑞士军刀”产生互译关系，也不能将“瑞士军刀”视为异议人于钟表、服装上在先使用并具有一定影响的商标。故异议人称被异议商标与其引证商标的中文翻译构成近似商标，以及被异议商标构成对其在先使用并具有一定影响商标的抢注的主张我局不予支持。

二、案例评析

本案主要涉及被异议商标是否构成《商标法》第三十条“同他人在同一种商品或者类似商品上已经注册的或者初步审定的商标相同或者近似的”情形，以及被异议人在申请注册被异议商标的过程中是否违反诚实信用原则，被异议商标是否构成抢注。

本案的重点在于判定双方商标是否构成近似，从而认定被异议商标是否构成《商标法》第三十条及第三十二条所指之情形。在异议案件中判断商标是否构成近似，一般从以下几点考虑：1. 商标标志本身的音、形、义和整体表现形式；2. 引证商标的显著性或知名度；3. 双方商标所使用的商品或服务原则上相同或类似；4. 被异议人是否具有恶意。

本案中，异议人引证商标为“VICTORINOX”“WENGER”“WENGER GENUINE SWISS ARMY KNIFE SINCE 1893及图”及“SWISS ARMY”，其知名度在相关公众中

毋庸置疑，其核定使用商品与被异议商标指定使用商品亦属于类似商品。但是，双方商标文字构成不同，在音、形和整体表现形式方面均有明显区别，因此异议人在案卷中提供了大量中文报道和广告宣传材料，用以证明其引证商标已与“瑞士军刀”中文形成互译关系，从而希望在“义”上得出被异议商标与其引证商标的中文翻译构成近似商标的结论。但是，从异议人所举证据来看，异议人维氏股份公司和威戈有限公司分别为排名世界第一和第二的瑞士军刀生产商，在商业活动和日常宣传中，两家企业均将其名下商标与“瑞士军刀”放在一起使用，故我局认为，“瑞士军刀”在实际使用中既与“VICTORINOX”产生关联，又与“WENGER”发生联系，在中国公众心目中其未唯一指向维氏股份公司或威戈有限公司，故其不可能既与“VICTORINOX”商标形成固定对应关系、又与“WENGER”商标形成一一对应关系。因此被异议商标“瑞戈军刀”与异议人引证商标在音、形、义等方面均明显不同，双方商标未构成《商标法》第三十条所指的使用于同一种或类似商品上的近似商标之情形。同时，“瑞士军刀”也不能被认定为异议人于钟表、服装、箱包等商品上在先使用的未注册中文商标。众所周知，“瑞士军刀”是一种多用途袋装刀具的代名词，虽然是异议人将其带入中国，并使中国相关公众对这一风靡世界的产品予以了解和喜爱，但该名称本身不能被认定为异议人使用于钟表、服装上的商业标识，其单独使用不足以起到区分不同商品和服务来源的作用。因此，被异议商标“瑞戈军刀”与“瑞士军刀”虽仅一字之差，但异议人关于被异议人以不正当手段抢注其在先使用并有一定影响的“瑞士军刀”商标的主张我局亦不予支持。

此外，本案的难点在于被异议人是否违反诚实信用原则申请注册被异议商标的认定。在各类商业活动中，诚实信用原则应是基本行为准则，仅就从被异议人申请被异议商标行为本身而言，并无明显有违诚信原则之处。但是，从异议人提供的（2016）京国立内证字第19580号公证书及被异议人提供的答辩材料可知，被异议人在新闻发布会上宣称其“瑞戈 Ruigor”品牌为瑞士知名品牌，并假借瑞士驻广州总领事馆副总领事 Beat Schimind 先生之口发表相关声明。但被异议人并未提供其商标在瑞士本国的商标注册和登记信息，副总领事先生也表示从未发表过类似声明。同时经查，被异议人在箱包上拥有的“瑞戈”“十字盾牌图形”商标，最早由国内两名自然人申请，后转让给被异议人，被异议人又在我局办理了许可其中一人使用的备案手续。因此，结合被异议人一系列商标申请注册、转让、许可行为，以及被异议人名称的变更、被异议人在新闻报道中突出其与“瑞士军刀公司、瑞士军刀集团总部”的关联等事实，我局认为，被异议人虽然为在瑞士登记注册的企业，但其旗下商标并非真实的瑞士知名品牌，鉴于中国消费者对来自瑞士的产品品质具有较高信任度，被异议商标若予以核准注册，将使其成为欺骗中国消费者的合法工具。鉴于此，为了维护和建设诚信的市场环境，被异议商标应不予核准注册。

因地制宜 互相促进 开创共赢新局面

——“湘西黄金茶”商标异议案例分析

作为与“三农”联系最为密切的知识产权，地理标志商标既能直接促进农民增收、农业产业结构调整和新农村建设，又能促进当地通过生态农业开发实现可持续发展。因此，对于地理标志商标之间的异议案件必须更加突出以事实为依据、以法律为准绳的确权原则。

一、基本案情

异议人：保靖县茶叶产业开发办公室、湖南保靖黄金茶有限公司、湘西自治州吕洞山茶业有限公司、湘西秀宝农业开发有限责任公司、保靖县鼎盛黄金茶开发有限公司、保靖御品黄金茶业有限公司、保靖县现英茶叶产销专业合作社、湘西自治州天赐黄金茶业有限公司、保靖县黄金村黄金沟茶叶专业合作社

被异议人：吉首市经果技术推广站

被异议商标：第15887938号湘西黄金茶（地理标志证明商标）

被异议商标指定使用商品：第30类“茶”

（一）当事人主张

异议人主要异议理由：异议人在先注册的第8532976号“保靖黄金茶BAOJINGHUANG-JINCHA及图”商标是湖南省著名地理标志证明商标，在茶叶行业享有极高的知名度和影响力，被异议商标“湘西黄金茶”侵犯其在先商标权；其申请主体不符合《商标法》及《集体商标、证明商标注册和管理办法》等相关法律规定；其指定使用的茶叶产地在地域范围上覆盖了异议人引证商标指定使用的茶叶产地，易造成消费者混淆误认。

被异议人主要答辩理由：被异议商标是经湘西州委、州政府研究决定、批准，依照地理标志证明商标注册程序和相关规定依法、依规申请注册的地理标志证明商标，申请主体符合《商标法》及《集体商标、证明商标注册和管理办法》等相关法律规定。“黄金茶”为茶的通用名称，被异议商标与异议人引证商标未构成使用于相同商品上的近似商标，二者同根同源，并存使用不会导致相关公众的混淆误认。

（二）案件裁定

根据当事人陈述的理由及事实，经审查，工商总局商标局认为：被异议商标“湘西黄金茶”指定使用商品为第30类“茶”。异议人引证在先注册的第8532976号“保靖黄金茶BAO-JINGHUANGJINCHA及图”商标核定使用商品为第30类“茶”。双方商标在文字构成、呼叫及整体外观上区别明显，并未构成使用于相同或类似商品上的近似商标。虽然被异议商标中的“湘西”在地域范围上覆盖了异议人引证商标中的“保靖”，但双方商标均为地理标志证明商标，分别标示了其商品来源于各自地区以及该商品的不同质量、信誉，并存使用应不致

造成相关消费者的混淆和误认。此外，根据提供材料，被异议人“吉首市经果技术推广站”具备监督管理该地理标志证明商标的资质，符合地理标志证明商标申请主体要求。因此被异议人申请注册被异议商标未违反《商标法》第十六条之规定。依据《商标法》第三十五条，被异议商标准予注册。

二、案例评析

本案主要涉及被异议商标是否违反《商标法》第十六条、第三十条规定的情形。

本案中，双方商标均为地理标志证明商标。引证商标“保靖黄金茶 BAOJINGHUANGJINCHA 及图”申请人为保靖县茶叶产业开发办公室，核定使用商品为第30类茶叶，注册有效期自2011年7月28日至2021年7月27日止，产品生产地域范围为湖南省保靖县内葫芦镇、夯沙乡、水田河镇等16个乡镇。被异议商标“湘西黄金茶”申请人为吉首市经果技术推广站，申请日期为2014年12月9日，产品生产地域范围为湖南省湘西土家族苗族自治州境内的吉首市、保靖县、古丈县、花垣县、永顺县、龙山县、芦溪县、凤凰县。虽然被异议商标产品生产地域范围覆盖了异议人引证商标产品生产地域范围，但黄金茶为茶叶通用名称，在我国江西、浙江等其他省份也有出产。湘西州吉首市、古丈县等其他地区亦具有适合黄金茶生产的地理环境和悠久的种植历史。近年来，当地政府因地制宜，大力发展茶叶种植业，目前湘西自治州黄金茶种植面积18万亩，具有了稳定、独特的品质。湘西黄金茶曾获得“2013中国武陵山片区绿茶金奖”“2013第五届湖南茶叶博览会茶祖神龙杯名优茶金奖”“2014武陵山片区（湘西）首届生态有机富硒农产品博览会参展农产品”等多项荣誉。上述事实说明，“湘西黄金茶”已具备了地理标志证明商标应有的地理名称、商品的特定品质、商品的信誉和独特的自然因素或人文因素。由于“保靖黄金茶”在地域上限制了除保靖县以外黄金茶产区对该地理标志的使用，而黄金茶产业已发展成为湘西州全州精准扶贫的支柱产业和帮扶贫困农户脱贫致富的重要渠道，但缺乏统一的品牌管理严重制约了企业和茶农的生产发展。因此将“湘西黄金茶”作为地理标志证明商标申请注册，解决了湘西州黄金茶其他产区品牌使用问题，其根本目的是实现品牌的统一管理，保证湘西黄金茶的产品质量，长期惠及湘西州公众。双方商标并存使用可以互相促进，开创黄金茶市场的共赢新局面，达到共同富裕的目的。此情形在地理标志证明商标中亦存在先例，如“龙井”与“西湖龙井”。因此被异议商标的申请注册符合《商标法》第十六条规定。

被异议商标“湘西黄金茶”与引证商标“保靖黄金茶 BAOJINGHUANGJINCHA 及图”在文字构成、呼叫及整体外观上区别明显，并未构成使用于相同或类似商品上的近似商标。因此被异议商标未构成《商标法》第三十条所指“同他人在同一种商品或者类似商品上以及注册或者初步审定的商标相同或者近似”之情形。

综上，我局认定被异议商标的申请注册符合《商标法》第十六条、第三十条规定，应予以核准注册。

维护公共利益和市场秩序

——通过“镇南月琴”商标异议案例解析《商标法》相关法条的适用

商标异议的实质审查包括绝对理由的审查和相对理由的审查。绝对理由的审查包括《商标法》禁用条款和缺乏显著性条款的审查适用，相对理由的审查主要指审查待审商标是否与他人在先权利相冲突。基于绝对理由的审查对于维护公共利益和市场秩序、保障消费者利益、避免商标申请人获得不应得到的商标专用权具有重要作用。

一、基本案情

异议人：南华县文化馆

被异议人：云南半瓯春商贸有限公司

被异议商标：第16966467号“镇南月琴”商标

被异议商标指定使用商品：第15类“乐器；弦乐器；竖琴；七弦琴；曼陀林；木琴；胡琴；音乐合成器；班卓琴；弹拨乐器”

（一）当事人主张

异议人主要异议理由：异议人创建于1952年，原名镇南县文化馆，1954年镇南县改为南华县。“镇南月琴”为著名非物质文化遗产，被异议人将其作为商标注册使用，会导致对公共资源的侵占，容易造成不良社会影响。被异议商标“镇南月琴”使用在指定商品项目上，仅表示了商品的通用名称、产地特点，缺乏显著特征。

异议人提交的主要证据：《南华县文史资料选辑》部分复印件、《楚雄州非物质文化遗产保护名录》复印件、《省级非物质文化遗产》证书复印件、“镇南月琴”申报国家级非物质文化遗产的文字材料。

被异议人在法定期限内未作出答辩。

（二）案件裁定

根据当事人陈述的理由及事实，经审查，工商总局商标局认为：被异议商标“镇南月琴”指定使用商品为第15类“乐器；弦乐器；曼陀林”等。异议人在本案中提供了《南华县文史资料选辑》部分复印件、《楚雄州非物质文化遗产保护名录》复印件、《省级非物质文化遗产》证书复印件等证据材料。经查，镇南月琴是云南省南华县人民经300多年传承下来的一种民间民族弹拨乐器，既是具有一定普及率的大众乐器又属于工艺美术品。镇南月琴制作技艺于2006年5月被批准确定为云南省省级非物质文化遗产，现今镇南月琴传统技艺有多位传承人制作和销售镇南月琴。镇南月琴传统技艺的商业信誉和商业价值属公共资源，不应由一家企业独占，被异议商标的申请注册侵犯了公共利益，易产生不良社会影响。被异议人并非来自云南省南华县，被异议商标的注册使用易使相关公众对商品的产地产生误认，被异议商标用于“竖琴；木琴；胡琴”等指定商品上，易使相关公众对商品本身产生误认，因此被异议商标已构成《商标法》第十条第一款第（七）项所指标志。此外，被异议商标使用在指定商品上并非其通用名称，具备商标应有的显著性。异议人提供的证据材料不足以证明其在被异议商标申请注册前将“镇南月琴”作为商标使用在“乐器；弦乐器；曼陀林”等商品上并具有一定影响，异议人称被异议商标系恶意抢注的主张我局不予支持。

二、案例评析

本案主要涉及被异议商标是否构成《商标法》第十条第一款第（七）（八）项、第十一条第一款第（一）（二）项、第三十二条所规定情形。

（一）关于带有欺骗性，容易使公众对商品的质量等特点或者产地等特点产生误认的认定。《商标法》第十条第一款第（七）项规定情形主要指容易使公众对商品或服务的质量、品质、功能、用途、内容、工艺、技术等特点产生误认的；容易使公众对商品或服务的产地、来源产生误认的。本案中，被异议商标为申请使用于乐器类商品上的商标。根据被异议人提供的相关史料及政府相关文件可知，镇南历史上即楚雄自治州的南华县，“镇南月琴”经300多年传承，不仅作为民族乐器盛久不衰，还是具收藏价值的工艺美术品。且该琴制作工艺于2006年5月由云南省人民政府公布为第一批省级非物质文化遗产，具有独特的地方风格。被异议人并非来自云南省南华县，被异议商标易使公众对乐器商品的质量、工艺、技术等特点产生误认；容易使公众对商品的产地、来源产生误认；被异议商标使用于“竖琴；木琴；胡琴”等非“月琴”商品上，容易使公众对商品本身产生误认。

（二）关于有其他不良影响的认定。《商标法》第十条第一款第（八）项规定情形中“其他不良影响”主要指商标的文字、图形或者其他构成要素对我国政治、经济、文化、宗教、民族等社会公共利益和秩序产生消极、负面的影响。本案中根据“镇南月琴”作为省级非物质文化遗产所承载的历史背景、文化传统、现实状况等，“镇南月琴”产生于民间，是当地少数民族劳动人民先辈创作、生产并使用的乐器，属于公共资源，不宜由被异议人申请注册专用，因此被异议人申请注册被异议商标侵犯了公共利益、易产生不良社会影响。

（三）关于具备显著特征的认定。《商标法》第十一条第一款第（一）（二）项所指标志主要指不具备足以使相关公众区分商品来源特征的标志。镇南为旧时地名，“镇南月琴”具备文化传统和民族风俗方面的内涵，现今“镇南月琴”传统技艺有多位传承人，制作和销售镇南月琴，“镇南月琴”既具有观赏性，又具有实用性，因此被异议商标整体能够起到区分商品来源的作用、具备显著特征。

（四）《商标法》第三十二条“以不正当手段抢先注册他人已经使用并有一定影响的商标”的情形，适用如下要件：1. 异议人商标在被异议商标申请日之前已经使用并有一定影响；2. 双方商标相同或近似；3. 双方商标所使用的商品或服务原则上相同或类似；4. 被异议人具有恶意。本案中异议人提供的证据材料不足以证明异议人南华县文化馆在被异议商标申请注册前将“镇南月琴”作为商标使用在“乐器；弦乐器；曼陀林”等商品上，并具有一定影响。由此，我局认定被异议商标的申请注册未构成对异议人在先商标的恶意抢注。

综上所述，我局认定被异议商标的申请注册未构成《商标法》第十一条第一款第（一）（二）项、第三十二条规定之情形，但被异议

商标属于《商标法》第十条第一款第（七）（八）项所指标志，应该不予注册。

在商标注册审查环节，囿于待审商标的知名度、审查员的知识面、审查员所掌握的证据材料，予以初步审定并公告的商标可能不完全具备注册的合法性，因此《商标法》第三十三条对商标异议程序作出规定，以加强社会公众对商标审查工作的监督，提高商标审查质量。《商标法》第三十三条对异议申请人的主体资格相应地作出不同规定，基于《商标法》第十三条、第十五条、第十六条、第三十条、第三十一条、第三十二条等相对理由条款提出异议的异议申请人必须是权利人或利害关系人；基于《商标法》第十条、第十一条、第十二条等绝对理由条款提出异议的异议申请人可以是任何人。商标异议实质审查中，审查员根据当事人的理由、所提供的证据材料等，作出商标是否准予注册的决定，商标异议程序是维护市场秩序、保障消费者利益、维护在先权利人的权益和营造良好营商环境的有力武器。

商标的混淆性近似与实质性近似

——第 15157899 号“”商标异议案例评析

商标异议审查实践中，常常会遇到异议申请人以侵犯其著作权为由，要求不予核准被异议商标注册的情形。对于著作权与商标权的冲突，法律实践中确定了实质性近似加接触可能性这两条基本原则。其中，接触可能性比较好理解，即在先享有著作权的作品通过公开发表或某种特殊渠道可以被侵权人知晓。但实质性近似应如何理解和把握，以及此类近似与商标审查中所称的混淆性近似区别何在，一直是判断商标权与著作权是否存在冲突的难点。

一、基本案情

异议人：DC 科米克斯合伙公司

被异议人：深圳市花生科技有限公司

被异议商标：第15157899号“”商标

被异议商标指定使用商品：第16类“纸或纸板制广告牌；卡片；印刷出版物；宣传画；包装用纸袋或塑料袋（信封、小袋）；削铅笔器（电或非电）；文具；书写工具；画箱；封面（文具）”

（一）当事人主张

异议人主要异议理由：被异议商标中含有“”图形，与异议人在先注册的第1307995号“”商标以及“超人”系列商标构成类似商品上的近似商标。异议人对该图形享有在先著作权，被异议商标抄袭其美术作品，侵犯了异议人的著作权。为支持其理由，异议人向工商总局商标局提供了在先商标注册证明、《超人》系列漫画、电影介绍及海报、“超人”系列产品在我国的销售图片及相关报道、《超人》系列美术作品的著作权登记证明等证据。

被异议人在法定期限内未作出答辩。

（二）案件裁定

根据当事人陈述的理由及事实，经审查，工商总局商标局认为：被异议商标“”指定用于第16类“纸或纸板制广告牌；印刷出版物；文具”等商品上。异议人引证在先注册的第1307995号“S图形”商标、第158151号“SUPERMAN 及图”商标、第896298号“超人”商标核定商品为第16类“文具”“印刷品”“杂志”等。被异议商标与异议人引证商标指定的部分商品虽属类似商品，但双方商标在整体外观上差异显著，未构成近似商标。异议人提供的著作权登记证明、商标注册证明、在先媒体报道、宣传海报等证据可以证明，异议人对其“S图形”美术作品依法享有著作权，该作品通过在先公开发表已为相关公众所知晓。被异议商标中所含“S图形”部分与异议人上述美术作品基本相同，二者已构成实质性相似。因此，被异议人申请注册被异议商标的行为损害了异议人在先享有的著作权。依据《商标法》第三十二条、第三十五条规定，第15157899号

“ ”商标不予注册。

二、案例评析

该案例的典型意义在于，被异议商标与异议人在先注册商标未构成《商标法》意义上的混淆性近似，而构成《著作权法》意义上的实质性相似。

一般而言，在判断两枚图形商标是否近似时，是通过比对二者的构图设计、表现形式及整体视觉效果等因素来进行综合考量。就该案而言，被异议商标整体表现为一个卡通花生小人，虽然身着超人披风、胸前有超人标志，但整体形象上与异议人在先注册的“S 图形”商标差异明显。从混淆的角度考虑，二者若同出现在市场上应当不会导致消费者的误认。

因此，工商总局商标局认定两枚商标未构成类似商品上的近似商标。

然而，从著作权的角度出发，判断图形商标与在先美术作品是否构成实质性相似时，并不以二者整体外观是否近似为前提，而是将作品中受《著作权法》保护的独创性内容与图形商标的相应部分进行比对。具体到本案，异议人享有在先著作权的美术作品由钻石形外轮廓以及内部镂空设计的 S 字母构成，其字母设计并非常见的普通字体，具有一定的独创性。被异议商标中，花生小人卡通图形虽然是该标识的显著部分，且具有较强的独创性，但该卡通图形胸前带有与异议人的“S 图形”完全相同的标志。而异议人的“S 图形”是具有独创性并享有著作权的美术作品，被异议商标所含图形与之完全相同，很难用巧合予以解释。

本案中，异议人的“S 图形”美术作品构图要素虽然较为简单，但其 S 字母上大下小的镂空设计、起笔收笔的特殊处理以及与外框结合的具体方式均为该美术作品的独创性内容。虽然创意点并不十分丰富，但仍具有一定独创性。被异议商标中所含的 S 图形部分与异议人图形不仅在上述所有创意点上全部吻合，而且图形的所有细节设计也均与异议人在先美术作品完全一致。因此，可以判定二者已构成实质性相似。再结合异议人在先作品通过影视、漫画、海报等载体已进入我国市场多年，具有一定知名度，被异议人显然有接触该作品的可能。综上，判断侵权的两个条件全部满足，工商总局商标局认定被异议商标侵犯了异议人在先作品的著作权。

商标富农和运用地理标志精准扶贫十大典型案例

1. 紫阳富硒茶

陕西省南部紫阳县境内产销茶叶历史悠久，拥有天然富硒区，所产茶叶硒元素含量高，具有特种保健功效。紫阳富硒茶地理标志商标于2005年10月21日获得核准注册后，注册人坚持以各项制度规范管理，自2006年以来坚持执行“五统一”、即统一品牌、统一质量、统一标准、统一包装、统一宣传。

紫阳县委、县政府把紫阳富硒茶作为立县富民产业，高度重视商标管理工作。紫阳富硒茶产业赢得前所未有的发展机遇，成为紫阳的支柱产业，10万茶农因茶而致富。使用地理标志商标前，茶叶每公斤价格为120—600元，使用后达200—3600元。县内大量外出务工的青壮年劳动力，转而回乡投身茶产业，产业效益的提高给他们带来稳定而可观的收入。2016年，全县茶叶产量5863吨，实现茶叶产值8.8亿元，综合收入13.5亿元，较2015年分别增长11.46%、12.8% 和8%。

2. 万荣苹果

万荣县地处山西省南部，特殊的气候使这里出产的苹果外观呈鲜红、浓红和金黄色。万荣苹果皮薄肉脆，维生素 C 含量丰富。在县委、县政府的大力支持下，2012年9月万荣县果业发展中心申请了两件地理标志商标，并于2013年3月获得核准注册。

经过近几年的宣传和使用，万荣苹果地理标志商标知名度大幅提升，带动全县经济发展。据不完全统计，截至2016年年底，万荣县120多户苹果仓储企业、专业合作社、电商申请办理万荣苹果地理标志商标使用许可协议。全县统一箱装鲜果包装和分级苹果标贴，推广使用覆盖率达60% 以上。

万荣苹果地理标志商标带动了万荣果业及相关产业的发展，目前已有汇源果汁、中鲁果汁、乐万家罐头等苹果深加工及果品储藏企业120余户，形成产、储、加、销一体化产业链。万荣县苹果衍生产业如果木香菇产业等，也走在国内同行前列。集香菇产、销、加工于一体的天天香公司2016年产值达7000万元，解决剩余劳力1300人，成为农民增收的主要来源。

万荣苹果地理标志商标同时带动当地电商产业的发展。截至2016年年底，万荣从事电商行业的人员达3000多人，微商达200户，解决剩余劳动力1万余人。2016年，仅微商、网店渠道销售苹果就达100多万公斤。2016年，果农人均纯收入达4506元，全县依靠果业产业脱贫2380户，带动200多户贫困户新栽苹果700余亩。

3. 静宁苹果

甘肃省静宁县依托独特的自然条件和区位

优势，举全县之力持续推进果品产业开发，坚持把静宁苹果地理标志商标建设、宣传和管理贯穿于苹果产业发展始终。通过多年的宣传推介，静宁苹果地理标志商标逐渐被广大消费者认可，市场竞争力和占有率明显提升，出口欧盟、俄罗斯、南美、东南亚等10多个国家和地区。

据有关资料统计显示，2016年全县挂果果园面积65万亩，总产量75万吨，产值28亿元，农民人均从苹果产业中收益5990元，占农民人均纯收入80%以上。2016年，收入达百万元的村有81个，200万—500万元的村有23个；收入上万元的户达2.6万户，2万—5万元的户达1.98万户，5万元以上的户超过1万户，10万元以上的户达958户；亩收入最高的达3.6万元；户收入最高的达39万元。依靠果品产业增收，全县16.5万人脱贫。

果品产业为全县主要经济指标实现两位数增长做出重要贡献，苹果产业成为富民强县、发展地方区域经济的主导产业。目前，全县已初步形成基地规模化、生产标准化、产品品牌化、营销市场化、服务社会化的产业发展格局，扶持建成陇原红果品公司、常津公司、德美公司、麦林公司、恒达公司等一批龙头企业，取得显著的社会、经济、生态效益。

4. 盐池滩羊

盐池县是著名的中国滩羊之乡，是宁夏回族自治区唯一的牧业县，也是全国266个牧区县之一。盐池滩羊地理标志商标注册后，对全县农业农村经济发展起到巨大促进作用。全县畜牧业总产值从2005年的2.06亿元增加到2016年的14亿元，占全县农业总产值的50%，农民人均纯收入1/3来自滩羊产业。

2016年，全县共有滩羊养殖户8500户，滩羊饲养量305.4万只；相关产业从业人员6.2万人左右，占总人口的36.05%。2016年滩羊产值6.8亿元，占农业总产值的48.57%。截至目前，盐池县共创办农民专业合作社61户，累计建设规模滩羊养殖园区（场）317个。2016年全县农民人均纯收入达8532元，其中来自滩羊的收入2793元，占比达32.7%。

盐池县财政每年拨付300万—500万元经费，在机场、车站、高速公路等客流量较大场所及电影院、广场等人群密集场所设置广告牌，让盐池滩羊名扬四方。盐池县还建设中国滩羊馆，系统地宣传展示盐池滩羊和中国滩羊文化。县委书记、县长亲自上阵，在全国各大城市举办盐池滩羊肉展示推介会。

目前，滩羊肉畅销北京、上海、广州等全国26个大中城市高端市场。盐池县发展滩羊专卖店和连锁经营超市116家，直供餐饮企业108家，设立8个盐池滩羊电商旗舰店，盐池滩羊肉销售网络覆盖全国90%以上的省区市。

5. 英山云雾茶

英山云雾茶具有“形美、色绿、香高、味醇”的品质，湖北省英山县被授予“中国茶叶之乡”“中国绿茶（名茶）之乡”等称号。2016年，全县茶园面积达25.4万亩，茶叶产量2800万公斤，产值19.9亿元，茶业规模位居全国前列。全县11个乡镇中，有10个乡镇成为茶叶专业乡镇。全县已建成5个万亩生态茶叶带，50多个千亩茶叶小区，60多个茶叶专业村，有近20万名茶农。英山云雾茶成为推动县域经济发展、山区群众脱贫致富的支柱产业。

地理标志商标的注册使用为英山云雾茶带来翻天覆地的变化：使用前茶叶占人均纯收入的10%～20%，使用后占30%～60%。使用前英山云雾茶每公斤只能卖60元，如今英山云雾茶产销两旺，每年每户农民可以增收2万多元，近12.6万名茶农脱贫致富。据统计，2016年茶农人均收入0.6万元，茶产业精准扶贫带动1.06万户4万人增收脱贫，其中人均增收0.15万元。2017年年底，英山县实现整体脱贫。

6. 平谷鲜桃

北京市平谷区是著名的中国桃乡，平谷鲜桃以个大、色艳、风味浓、含糖量高等独特的优良品质屡获殊荣。目前平谷区有5万户近10万人从事果品生产，户均收入3.04万元；其中有3万户桃农近7万人从事大桃生产，户均收入3.93万元。全区3000余名农民从事果品营销，每年销售收入1.5亿元。平谷鲜桃不仅畅销全国，而且远销日本、韩国、俄罗斯等10多个国家和地区。

果品产业带动旅游及相关产业发展，第一产业变成第三产业，40.8万亩果园成为不可多得的旅游资源。每年举办的国际桃花音乐节、平谷鲜桃采摘季等活动，实现了果品产业与旅游业有效融合，还带动餐饮、包装、加工等相关行业的发展。果品产业发展还使土地资源得到有效保护和利用，带动近10万名中老年果农就业和增收致富，在促进农村稳定和谐方面发挥了重要作用。

7. 黄松甸黑木耳

2014年，黄松甸黑木耳成功注册地理标志商标，随后吉林省蛟河市黄松甸镇的黑木耳产业获得跨越式发展。2016年，蛟河市共种植黑木耳8.1亿袋，全市从事黑木耳种植的农户达1.8万户，蛟河全市实现产值24亿元。在木耳种植加工产业发展的辐射下，与之相关的锯末子、麦麸子制菌配料、塑料薄膜、压缩包装、浇灌设施制作和木耳饮料深加工等配套产业相继形成，并促进当地交通物流、商贸服务等行业快速发展。

地理标志商标精准扶贫的典型是蛟河市黄松甸镇南顶子村，全村152户542人中有贫困家庭51户117人，是省级贫困村。2016年，黄松甸镇政府启用扶贫专项资金110万元，建设了15公顷的食用菌生产园区，村里37户贫困家庭入园种植木耳40万袋。村里成立黑木耳经销处，高于市场价格收购园区种植的优质黑木耳，优先吸纳12户贫困家庭人员到经销处打工。经销处与镇政府引进的当地木耳经销龙头企业实现对接，优质黑木耳深加工后精致包装再通过电商平台、产品推介会、大型超市推向市场。自启动黑木耳产销扶贫项目以来，南顶子村贫困家庭每户实现收入约为5万元，村集体当年收取管理费约5万元。全村脱贫49户108人，脱贫率达92.3%。

在2016年的精准扶贫工作中，蛟河市仅种植黑木耳一项即带动贫困户2363户4791人摘下穷帽子，占全市脱贫总人数的53.8%。

8. 宽城板栗

宽城板栗是河北省宽城满族自治县果品行业协会注册的地理标志商标。在地理标志商标使用前，宽城栗农没有销售主动权，市场价格波动较大，总体价格较低，基本维持在每公斤4元左右。经过地理标志商标的带动以及龙头企业承德神栗食品股份有限公司的大力宣传，到2016年宽城板栗每公斤价格突破10元，广大栗农收益大大增加。

宽城板栗地理标志商标的运用深入推进了精准扶贫工作。宽城满族自治县专门成立板栗合作总社，设立46个乡村分社，入社农户4万余户，每年为农户增收4亿元，解决就业岗位2000余个。地理标志商标带动宽城20万栗农年人均增收300元以上，目前板栗收入占农民总

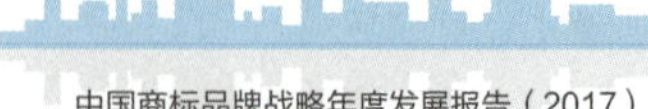

收入的38%，有效保障县内45个贫困村21567名贫困人口稳定脱贫，同时带动餐饮、旅游、仓储、物流、运输、信息等相关产业进一步发展，对调整县域产业结构起到积极的促进作用。

9. 沼山胡柚

沼山县不仅是湖北省最大的胡柚生产园区，也是国内仅次于浙江常山的第二大胡柚种植基地，种植面积逾5万亩，盛年期果树总产量达1120万公斤。胡柚鲜果及深加工品远销北京、上海、广州等大城市各大市场，每年为农民增加纯收入约1.1亿元。

作为湖北省第一家胡柚深加工企业，梁子湖绿色食品开发有限公司与韩国果品加工企业合作生产的产品，成为与韩国胡柚茶比肩的饮品。目前使用沼山胡柚地理标志商标的加工企业达12户，可提供300多个固定生产岗位、600多个季节性生产岗位，不仅解决了当地农民就业问题，还吸引众多大学生回乡就业。

在政府引导扶持下，沼山镇涌现了一批高产典型。永塘村村民黄清树带领本村村民种植胡柚150亩，带动相邻村组连片种植2000余亩，部分已进入试果期。沼山林场张胜州等联合承包168亩胡柚，年产胡柚33万公斤，年收入60多万元。

10. 枞阳媒鸭

安徽省枞阳县地处长江中下游平原中心地带，辖区有84公里长江岸线，是各种候鸟迁徙的必经之地。枞阳媒鸭是经越冬野鸭与当地家鸭杂交而产生的独特品种，具有可野外放牧，耐粗饲，觅食力、抗病力强等特点，养殖历史已有700多年。2013年前，枞阳媒鸭都是散户分散养殖，年产值不到百万元。为做大这一传统产业，枞阳县市场监管局着力推动该产业走品牌发展之路。2013年，枞阳媒鸭地理标志商标成功注册。

地理标志商标注册后，枞阳媒鸭的价格由使用前的每只15元～20元增加到每只45元～50元。目前，枞阳每年出售枞阳媒鸭50万只以上，腌制枞阳媒鸭鸭蛋6000万枚以上。枞阳媒鸭产业总产值超过1亿元，带动1200多户农户户均获纯利万元以上，带动上百户建档立卡贫困户脱贫。

案例评析

获选典型案例用一组组数据全面展现了地理标志商标在精准扶贫工作中发挥的重要作用，论证了地理标志商标引领当地经济发展的品牌力量。

一是商品价格明显上升，商标品牌价值显著提升。“盐池滩羊”“枞阳媒鸭”“紫阳富硒茶”等商品在使用地理标志商标后，商品价格增长了3～6倍，品牌价值提升显著，“紫阳富硒茶”区域品牌价值达19.67亿元。

二是农民收入显著提高，精准扶贫效果卓越凸显。2016年，“静宁苹果”带动当地农民人均从苹果产业中收益5990元，占农民人均纯收入的80% 以上，全县16.5万人脱贫。“英山云雾茶”产销两旺，每年每户农民增收2万多元，累计受益农民达10余万人，茶产业精准扶贫带动10600户、4万人增收脱贫。蛟河市仅种植“黄松甸黑木耳”一项，当年带动全市脱贫总人数的53.8%

摘下穷帽子、走上致富路。

三是就业问题有效解决，带动地方经济发展作用明显。“沼山胡柚”地理标志商品加工企业达12家，解决当地农民就业问题，吸引众多大学生回乡就业。“万荣苹果”发展的同时带动了当地电商的发展，万荣网军规模达3000多人，微商达200户，解决剩余劳动力1万余人。宽城县运用“宽城板栗”地理标志商标解决就业岗位2000余个，带动餐饮、旅游、仓储、物流、运输、信息等相关产业的进一步发展。“平谷鲜桃”全区5万户近10万名农民从事果品生产，3000余名农民从事果品营销，果品产业带动了旅游及相关产业的发展，不仅最大限度地保护了农民的切身利益，还带动餐饮、包装、加工等相关行业的发展。

商标数据统计

2017年度商标申请/注册概况表

单位：件

<table>
<tr><th>业务名称</th><th>国　内</th><th>国　际</th><th>马德里</th><th>合　计</th></tr>
<tr><td>注册申请</td><td>5538980</td><td>141951</td><td>67244</td><td>5748175</td></tr>
<tr><td>异议申请</td><td>50920</td><td>21222</td><td>417</td><td>72559</td></tr>
<tr><td>续展申请</td><td>158802</td><td>20384</td><td>10929</td><td>190115</td></tr>
<tr><td>变更申请</td><td>325375</td><td>28831</td><td>8787</td><td>362993</td></tr>
<tr><td>转让申请</td><td>283642</td><td>13424</td><td>5970</td><td>303036</td></tr>
<tr><td>注销申请</td><td colspan="2">13180</td><td rowspan="2">9145</td><td rowspan="2">79030</td></tr>
<tr><td>撤销申请</td><td colspan="2">56705</td></tr>
<tr><td>许可备案申请</td><td colspan="3">26045</td><td>26045</td></tr>
<tr><td>注　册</td><td>2656039</td><td>94147</td><td>41886</td><td>2792072</td></tr>
<tr><td>审　定</td><td colspan="2">2636431</td><td>21104</td><td>2657535</td></tr>
<tr><td>核　驳</td><td colspan="2">876911</td><td rowspan="2">43586</td><td rowspan="2">1594500</td></tr>
<tr><td>部分核驳</td><td colspan="2">674003</td></tr>
<tr><td>异议裁定</td><td colspan="3">61124</td><td>61124</td></tr>
<tr><td>变　更</td><td colspan="2">303392</td><td>12714</td><td>316106</td></tr>
<tr><td>转　让</td><td colspan="2">246655</td><td>7187</td><td>253842</td></tr>
<tr><td>续　展</td><td colspan="2">178276</td><td>9316</td><td>187592</td></tr>
<tr><td>注　销</td><td colspan="2">13741</td><td rowspan="2">9510</td><td rowspan="2">51756</td></tr>
<tr><td>撤　销</td><td colspan="2">28505</td></tr>
<tr><td>许可合同备案</td><td colspan="3">30428</td><td>30428</td></tr>
<tr><td>补发注册证</td><td colspan="3">21804</td><td>21804</td></tr>
<tr><td>国内企业马德里商标国际注册申请</td><td colspan="3"></td><td>4810</td></tr>
<tr><td>国内企业马德里商标国际变更续展等</td><td colspan="3"></td><td>1041</td></tr>
</table>

2017 年度各省、自治区、直辖市商标申请与注册统计表

说明：申请件数、注册件数指 2016.12.16—2017.12.15 的商标统计情况，其他指截至 2017.12.15 的统计情况。

单位：件

省、自治区、直辖市	申请件数	注册件数	有效注册量
北京市	490086	264231	1141776
天津市	49849	26938	159048
河北省	164274	74171	360067
山西省	40016	19948	108969
内蒙古自治区	46580	21782	115917
辽宁省	85977	44794	250184
吉林省	52815	22807	125297
黑龙江省	60122	31856	164575
上海市	343879	192661	878460
江苏省	352736	159474	888601
浙江省	546987	254918	1544827
安徽省	163261	65423	301957
福建省	296171	128709	734624
江西省	105660	43806	204053
山东省	284475	141238	722833
河南省	208393	97536	448013
湖北省	145367	59600	294792
湖南省	138400	66897	319766
广东省	1095053	514024	2525055
广西壮族自治区	55794	26095	127544
海南省	21175	9953	59156
重庆市	102532	52639	290072
四川省	194765	93701	478192
贵州省	53766	23488	112343
云南省	80246	42064	212407
西藏自治区	10511	3264	12890
陕西省	88754	44481	242900
甘肃省	24920	12835	53499
青海省	10444	4799	22981
宁夏回族自治区	13368	7150	32319
新疆维吾尔自治区	40560	25426	124871
中国香港	150392	63374	377661
中国澳门	1344	832	4972
中国台湾	20308	15125	153489
合　计	5538980	2656039	13594110

2017 年度各省、自治区、直辖市马德里商标国际注册申请量统计表

单位：件

省、自治区、直辖市	申请件数
北京市	219
天津市	25
河北省	29
山西省	16
内蒙古自治区	13
辽宁省	19
吉林省	12
黑龙江省	18
上海市	208
江苏省	631
浙江省	483
安徽省	93
福建省	274
江西省	23
山东省	3323
河南省	26
湖北省	20
湖南省	93
广东省	935
广西壮族自治区	6
海南省	5

续表

省、自治区、直辖市	申请件数
重庆市	20
四川省	51
贵州省	6
云南省	31
西藏自治区	5
陕西省	32
甘肃省	9
青海省	0
宁夏回族自治区	1
新疆维吾尔自治区	2
中国台湾	22
合　计	6650

注：以上数据为工商总局商标局收到国内申请人提交的马德里国际注册申请量。

2017年度外国（地区）在华商标申请统计表

单位：件

外国（地区）	外国（地区）申请件数	马德里申请件数	总　计
阿尔及利亚	51	1	52
阿富汗	55	0	55
阿根廷	147	0	147
阿联酋	387	35	422
阿　曼	19	0	19
阿塞拜疆	35	0	35
埃　及	59	18	77
爱尔兰	287	219	506
爱沙尼亚	19	46	65
安道尔	181	7	188
安哥拉	2	0	2
安奎拉	34	0	34
安提瓜和巴布达	4	0	4
奥地利	455	904	1359
澳大利亚	5468	2453	7921
巴巴多斯	39	7	46
巴布亚新几内亚	2	0	2
巴哈马	90	14	104
巴基斯坦	131	0	131
巴拉圭	14	0	14
巴勒斯坦	9	0	9
巴　林	6	0	6
巴拿马	48	8	56
巴　西	368	1	369
白俄罗斯	26	98	124
百慕大	168	4	172
保加利亚	35	177	212
贝里斯	0	9	9
比利时	5766	997	6763
冰　岛	24	66	90
波多黎各	6	0	6
波　黑	0	3	3
波　兰	415	513	928
玻利维亚	2	0	2
伯利兹	47	9	56

续表

外国（地区）	外国（地区）申请件数	马德里申请件数	总　计
博茨瓦纳	135	0	135
布基纳法索	4	0	4
朝　鲜	1	38	39
丹　麦	1290	941	2231
德　国	6548	12342	18890
多　哥	8	0	8
多米尼加	24	0	24
俄罗斯	864	1981	2845
厄瓜多尔	39	0	39
厄立特里亚	1	0	1
法　国	4033	6656	10689
菲律宾	147	46	193
斐　济	7	1	8
芬　兰	793	1126	1919
哥伦比亚	106	10	116
哥斯达黎加	4	0	4
格陵兰岛	0	1	1
格鲁吉亚	16	32	48
根西岛	1	0	1
古　巴	48	10	58
圭亚那	1	0	1
哈萨克斯坦	17	45	62
海　地	8	0	8
韩　国	14944	1212	16156
荷　兰	2032	2193	4225
荷属安的列斯群岛	5	0	5
黑　山	1	45	46
吉布提	1	0	1
吉尔吉斯斯坦	10	5	15
几内亚	5	0	5
加拿大	3341	60	3401
加　纳	2	0	2
加　蓬	2	0	2
柬埔寨	28	1	29
捷　克	112	363	475

续表

外国（地区）	外国（地区）申请件数	马德里申请件数	总　计
喀麦隆	4	0	4
卡塔尔	41	0	41
开曼群岛	1318	15	1333
科特迪瓦	3	0	3
科威特	37	0	37
克罗地亚	15	36	51
肯尼亚	29	5	34
库克群岛	5	0	5
库拉索	0	13	13
拉脱维亚	16	43	59
黎巴嫩	74	8	82
立陶宛	84	81	165
利比里亚	1	0	1
利比亚	4	0	4
列支敦士登	104	123	227
卢森堡	435	742	1177
罗马尼亚	47	68	115
马达加斯加	1	0	1
马恩岛	217	7	224
马尔代夫	3	0	3
马耳他	24	39	63
马来西亚	1669	22	1691
马　里	12	0	12
马其顿	1	29	30
马绍尔群岛	119	0	119
毛里求斯	72	10	82
毛里塔尼亚	13	0	13
美　国	36046	7519	43565
蒙　古	7	3	10
孟加拉	21	0	21
秘　鲁	84	0	84
缅　甸	59	0	59
摩尔多瓦	0	26	26
摩洛哥	22	33	55
摩纳哥	33	79	112

续表

外国（地区）	外国（地区）申请件数	马德里申请件数	总　计
莫桑比克	0	1	1
墨西哥	586	58	644
纳米比亚	53	0	53
南　非	412	4	416
瑙　鲁	10	0	10
尼泊尔	27	0	27
尼加拉瓜	1	0	1
尼日尔	94	0	94
尼日利亚	27	0	27
挪　威	260	438	698
葡萄牙	137	224	361
日　本	16846	3541	20387
瑞　典	1187	1351	2538
瑞　士	3162	5124	8286
萨尔瓦多	2	0	2
萨摩亚	127	0	127
塞尔维亚	11	62	73
塞拉利昂	9	0	9
塞内加尔	25	0	25
塞浦路斯	74	253	327
塞舌尔	851	10	861
沙特阿拉伯	105	7	112
圣基茨和尼维斯	11	2	13
圣卢西亚	4	0	4
圣马利诺	13	12	25
圣文森特和格林纳丁斯	4	0	4
斯里兰卡	43	0	43
斯洛伐克	29	77	106
斯洛文尼亚	27	108	135
苏　丹	29	0	29
塔吉克斯坦	3	0	3
泰　国	1769	31	1800
坦桑尼亚	17	3	20
特克斯和凯科斯群岛	9	0	9
特立尼达和多巴哥	13	0	13

续表

外国（地区）	外国（地区）申请件数	马德里申请件数	总　计
突尼斯	12	22	34
土耳其	309	636	945
土库曼斯坦	7	27	34
瓦努阿图	9	0	9
危地马拉	10	0	10
委内瑞拉	30	0	30
文　莱	10	8	18
乌干达	7	0	7
乌克兰	52	207	259
乌拉圭	22	0	22
乌兹别克斯坦	10	13	23
西班牙	1173	1324	2497
希　腊	164	98	262
新加坡	3331	756	4087
新喀里多尼亚	1	0	1
新西兰	1535	399	1934
匈牙利	52	119	171
叙利亚	85	0	85
牙买加	1	0	1
亚美尼亚	23	14	37
也　门	91	0	91
伊拉克	353	0	353
伊　朗	255	82	337
以色列	556	292	848
意大利	2984	4961	7945
印　度	410	125	535
印度尼西亚	676	0	676
英　国	10874	4904	15778
英吉利海峡群岛	20	0	20
英属维尔京群岛	2630	181	2811
约　旦	62	0	62
越　南	176	134	310
泽西岛	39	31	70
乍　得	1	0	1
直布罗陀	1	6	7
智　利	406	1	407
合　计	141951	67244	209195

2017 年度外国（地区）在华商标注册统计表

单位：件

外国（地区）	外国（地区）注册件数	马德里注册件数	总　计
阿尔巴尼亚	2	1	3
阿尔及利亚	9	0	9
阿富汗	20	0	20
阿根廷	91	1	92
阿联酋	402	8	410
阿　曼	13	0	13
阿塞拜疆	16	0	16
埃　及	93	10	103
埃塞俄比亚	2	0	2
爱尔兰	201	147	348
爱沙尼亚	29	75	104
安道尔	6	7	13
安哥拉	3	0	3
安奎拉	37	0	37
奥地利	219	824	1043
澳大利亚	3317	1538	4855
巴巴多斯	53	0	53
巴布亚新几内亚	1	0	1
巴哈马	87	10	97
巴基斯坦	70	0	70
巴拉圭	3	0	3
巴　林	5	3	8
巴拿马	63	0	63
巴　西	327	0	327
白俄罗斯	6	29	35
百慕大	149	5	154
保加利亚	35	92	127
北马里亚纳群岛	2	0	2
贝　宁	5	0	5
比利时	380	453	833
冰　岛	15	30	45
波多黎各	0	1	1
波　兰	252	350	602
玻利维亚	16	0	16
伯利兹	32	3	35
朝　鲜	2	13	15

续表

外国（地区）	外国（地区）注册件数	马德里注册件数	总　计
丹　麦	784	608	1392
德　国	4444	8577	13021
多米尼加	16	2	18
俄罗斯	363	1007	1370
厄瓜多尔	24	0	24
法　国	2636	3240	5876
菲律宾	155	17	172
斐　济	7	1	8
芬　兰	324	1302	1626
刚果（金）	1	0	1
哥伦比亚	90	9	99
哥斯达黎加	13	0	13
格鲁吉亚	5	16	21
根西岛	5	1	6
古　巴	7	1	8
圭亚那	2	0	2
哈萨克斯坦	15	56	71
海　地	4	0	4
韩　国	15298	902	16200
荷　兰	1251	1187	2438
荷属安的列斯群岛	4	0	4
洪都拉斯	5	0	5
吉尔吉斯斯坦	6	0	6
几内亚	6	0	6
加拿大	2089	22	2111
加　纳	2	0	2
柬埔寨	7	0	7
捷　克	89	245	334
喀麦隆	4	0	4
卡塔尔	22	0	22
开曼群岛	1441	6	1447
科特迪瓦	1	0	1
科威特	29	0	29

续表

外国（地区）	外国（地区）注册件数	马德里注册件数	总　计
克罗地亚	8	29	37
肯尼亚	16	0	16
库克群岛	5	0	5
库拉索	2	2	4
拉脱维亚	17	32	49
黎巴嫩	33	0	33
立陶宛	22	16	38
利比亚	16	0	16
列支敦士登	138	49	187
卢森堡	387	405	792
卢旺达	2	1	3
罗马尼亚	11	25	36
马恩岛	85	32	117
马尔代夫	2	0	2
马耳他	73	34	107
马拉维	1	0	1
马来西亚	1046	8	1054
马　里	6	0	6
马其顿	0	15	15
马绍尔群岛	128	0	128
毛里求斯	21	0	21
毛里塔尼亚	2	0	2
美　国	25197	4658	29855
蒙　古	13	3	16
孟加拉	22	0	22
秘　鲁	42	0	42
缅　甸	26	0	26
摩尔多瓦	10	7	17
摩洛哥	4	19	23
摩纳哥	14	70	84
墨西哥	321	7	328
南　非	188	0	188
尼泊尔	15	0	15

续表

外国（地区）	外国（地区）注册件数	马德里注册件数	总　计
尼日利亚	10	0	10
挪　威	136	186	322
帕　劳	1	0	1
葡萄牙	115	118	233
日　本	10319	2616	12935
瑞　典	692	801	1493
瑞　士	1745	2186	3931
萨尔瓦多	6	0	6
萨摩亚	153	0	153
塞尔维亚	10	17	27
塞拉利昂	2	0	2
塞内加尔	3	0	3
塞浦路斯	110	70	180
塞舌尔	407	0	407
沙特阿拉伯	93	0	93
圣基茨和尼维斯	1	0	1
圣卢西亚	4	0	4
圣马利诺	2	6	8
圣文森特和格林纳丁斯	1	0	1
斯里兰卡	22	0	22
斯洛伐克	11	78	89
斯洛文尼亚	12	71	83
苏　丹	2	0	2
所罗门群岛	1	0	1
塔吉克斯坦	1	0	1
泰　国	755	5	760
坦桑尼亚	15	0	15
特克斯和凯科斯群岛	1	0	1
特立尼达和多巴哥	19	0	19
突尼斯	10	2	12
土耳其	147	534	681
土库曼斯坦	8	0	8
瓦努阿图	30	0	30

续表

外国（地区）	外国（地区）注册件数	马德里注册件数	总　计
危地马拉	8	0	8
委内瑞拉	31	0	31
文　莱	32	0	32
乌干达	2	0	2
乌克兰	29	137	166
乌拉圭	16	0	16
乌兹别克斯坦	3	0	3
西班牙	899	527	1426
希　腊	54	56	110
新加坡	1886	403	2289
新西兰	896	346	1242
匈牙利	26	76	102
叙利亚	31	0	31
牙买加	3	0	3
亚美尼亚	1	3	4
也　门	72	0	72
伊拉克	75	0	75
伊　朗	200	58	258
以色列	256	146	402
意大利	2074	3225	5299
印　度	247	78	325
印度尼西亚	148	0	148
英　国	6194	3704	9898
英吉利海峡群岛	30	0	30
英属维尔京群岛	2554	155	2709
约　旦	31	0	31
越　南	161	54	215
赞比亚	10	0	10
泽西岛	6	14	20
乍　得	3	0	3
直布罗陀	2	3	5
智　利	338	0	338
合　计	94147	41886	136033

2017 年度按类申请和注册商标统计表

单位：件

类别	申请				注册			
	国内	国际	马德里	合计	国内	国际	马德里	合计
1	65206	2377	1489	69072	36167	1568	1113	38848
2	32032	838	373	33243	17181	533	327	18041
3	183207	10403	2810	196420	89550	7227	1717	98494
4	28408	976	607	29991	14779	607	412	15798
5	187529	7152	2644	197325	87039	4661	1971	93671
6	71058	1986	1130	74174	37889	1303	771	39963
7	101322	3704	2361	107387	57618	2578	1579	61775
8	36860	1711	724	39295	17566	993	428	18987
9	314755	11317	7310	333382	169472	7685	4425	181582
10	83104	3297	1781	88182	35866	2060	1140	39066
11	142972	3964	1863	148799	74413	2457	1178	78048
12	74558	2562	1441	78561	39663	1553	766	41982
13	8711	338	80	9129	4133	151	48	4332
14	89597	2423	1272	93292	40972	1748	838	43558
15	19645	605	165	20415	8939	285	110	9334
16	108925	3933	2025	114883	55246	2984	1400	59630
17	29176	1236	763	31175	16306	862	550	17718
18	90412	4053	1993	96458	42608	2847	1179	46634
19	68501	1003	677	70181	36701	640	422	37763
20	151425	2583	1317	155325	62801	1759	843	65403
21	117445	3536	1312	122293	52898	2495	886	56279
22	18911	790	266	19967	9314	383	169	9866
23	12213	386	116	12715	5678	181	61	5920

续表

类别	申请				注册			
	国内	国际	马德里	合计	国内	国际	马德里	合计
24	62734	2138	959	65831	33335	1472	643	35450
25	526604	7709	3410	537723	182133	5438	1977	189548
26	25139	889	324	26352	12943	550	243	13736
27	29784	902	326	31012	13095	435	228	13758
28	89490	3932	1598	95020	46394	2587	1005	49986
29	234953	4637	1315	240905	127951	3081	852	131884
30	324414	6184	1894	332492	166565	4375	1201	172141
31	148709	1870	684	151263	79088	1067	387	80542
32	114547	3725	1136	119408	52151	2346	656	55153
33	136870	3788	1359	142017	49893	2216	779	52888
34	17811	811	241	18863	8598	455	170	9223
35	611419	9875	4544	625838	270282	6369	2263	278914
36	98298	1888	982	101168	51147	1297	596	53040
37	70342	1656	1480	73478	36141	1058	967	38166
38	73877	1686	1240	76803	40709	1083	768	42560
39	74227	1419	855	76501	40324	963	559	41846
40	43276	1076	834	45186	23004	677	539	24220
41	226438	5691	2850	234979	108578	3887	1704	114169
42	189645	4540	4138	198323	106654	2946	2418	112018
43	254739	3284	866	258889	120259	2298	574	123131
44	96890	2028	1008	99926	45664	1310	580	47554
45	52802	1050	682	54534	28332	677	444	29453
合计	5538980	141951	67244	5748175	2656039	94147	41886	2792072

1979—2017 年商标注册申请及核准注册商标统计表

单位：件

年度	申请				核准注册			
	国内	国际	马德里	合计	国内	国际	马德里	合计
1979	0	0	0	0	27459	5130	0	32589
1980	26177	0	0	26177	15348	1297	0	16645
1981	23004	0	0	23004	15707	2049	0	17756
1982	17000	1565	0	18565	12385	4672	0	17057
1983	19120	1687	0	20807	4293	2278	0	6571
1984	26487	3077	0	29564	13252	1518	0	14770
1985	43445	5798	0	49243	19584	2084	0	21668
1986	45031	5939	0	50970	26993	5126	0	32119
1987	40014	4055	0	44069	27687	4454	0	32141
1988	41683	5866	0	47549	25448	3604	0	29052
1989	43202	5209	0	48411	31810	4625	0	36435
1990	50853	4371	2048	57272	25966	4036	1269	31271
1991	59124	5885	2595	67604	34501	3523	2306	40330
1992	79837	8367	2591	90795	42710	4198	1180	48088
1993	107758	21014	3551	132323	42668	3999	2059	48726
1994	117186	20238	5193	142617	47482	7803	3016	58301
1995	144610	21442	6094	172146	59895	12591	19380	91866
1996	122057	22615	7132	151804	101178	15843	11407	128428
1997	118577	21676	8502	148755	188047	24958	10033	223038
1998	129394	18252	10037	157683	80095	14137	13478	107710

续表

年度	申请				核准注册			
	国内	国际	马德里	合计	国内	国际	马德里	合计
1999	140620	18883	11212	170715	96139	13896	12366	122401
2000	181717	24623	16837	223177	129441	16327	12807	158575
2001	229775	23234	17408	270417	167563	19017	16259	202839
2002	321034	37221	13681	371936	169904	23364	19265	212533
2003	405620	33912	12563	452095	206070	21188	15253	242511
2004	527591	44938	15396	587925	225394	25069	16156	266619
2005	593382	52166	18469	664017	218731	23792	16009	258532
2006	669276	56840	40203	766319	228814	25254	21573	275641
2007	604952	59714	43282	707948	215161	19159	29158	263478
2008	590525	60704	46890	698119	342498	31870	29101	403469
2009	741763	51966	36748	830477	737228	68471	31944	837643
2010	973460	67838	30889	1072187	1211428	108510	29299	1349237
2011	1273827	95831	47127	1416785	926330	66074	30294	1022698
2012	1502540	97190	48586	1648316	919951	58656	26290	1004897
2013	1733361	95177	53008	1881546	909541	59496	27687	996724
2014	2139973	93284	52101	2285358	1242840	86394	45870	1375104
2015	2699156	116687	60205	2876048	2077037	99852	49552	2226441
2016	3526827	112347	52191	3691365	2119032	97497	38416	2254945
2017	5538980	141951	67244	5748175	2656039	94147	41886	2792072
合计	25648938	1461562	731783	27842283	15641649	1085958	573313	17300920

2017 年度商标评审案件情况统计表

单位：件

项　目	案件类型	数量
评审案件申请量	驳回复审	174118
	不予注册复审	1674
	异议复审	0
	撤销注册商标复审	6273
	无效宣告	23173
	无效宣告复审	1
	总　计	205239
评审案件裁决量	驳回复审	144215
	复杂案件	24679
	总　计	168894
参与行政诉讼	一　审	9310
	二　审	2228
	再　审	249
	总　计	11787
行政复议	申请量	880
	结案量	731

2017 年度各省、自治区、直辖市查处商标违法案件统计表

省、自治区、直辖市	查处商标一般违法与侵权假冒案件量（件）	查处商标违法案件罚款金额（万元）	查处商标违法及侵权假冒案件移送司法机关案件量（件）
北京市	1051	4762.11	6
天津市	325	522.19	0
河北省	983	1397.95	2
山西省	436	271.33	0
内蒙古自治区	265	203.07	0
辽宁省	381	476.91	0
吉林省	208	284.95	0
黑龙江省	109	173.36	0
上海市	1254	909.78	22
江苏省	1920	3836.91	0
浙江省	3865	9202.65	85
安徽省	2632	1185.57	1
福建省	1205	2094.36	2
江西省	389	538.94	1
山东省	1271	1305.75	0
河南省	1575	1133.81	6
湖北省	2211	2129.56	0
湖南省	1105	1372.11	1
广东省	3659	10917.92	39
广西壮族自治区	736	479.48	0
海南省	114	91.7	0
重庆市	268	461.27	0
四川省	1029	974.58	0
贵州省	806	612.04	2
云南省	443	377.24	2
西藏自治区	107	37.92	0
陕西省	952	620.37	0
甘肃省	418	332.16	2
青海省	139	100.23	0
宁夏回族自治区	100	100.8	0
新疆维吾尔自治区	174	135.3	1
总　计	30130	47042.32	172

查处商标一般违法案件情况统计表

项目		案件总数（件）		其中：涉外案（件）		案值（万元）	罚没金额（万元）	其中：立案查处（件，万元）					
								小计	处罚程度		利用互联网实施侵权假冒案件		
		合计	其中：投诉案件	合计	其中：投诉案件				其中：投诉案件	罚款10万—100万元	罚款100万元以上	收缴和销毁商标标识（件）	销毁物品（件）
合计		3145	507	33	9	3196.30	2735.10	1065	271	40	0	47109	3037
注册商标使用的管理	自行改变注册商标的	44	6	0	0	33.09	——	2	1	——	——	——	——
	自行改变注册商标注册人名义、地址或其他注册事项的	28	0	0	0	17.91	——	6	0	——	——	——	——
	自行转让注册商标的	0	0	0	0	0.00	——	0	0	——	——	——	——
	商品粗制滥造、以次充好、欺骗消费者的	317	30	1	0	274.21	323.48	98	7	2	0	——	——
未注册商标使用的管理	冒充注册商标的	1828	360	23	7	1899.35	1528.24	664	201	18	0	——	——
	商品粗制滥造、以次充好、欺骗消费者的	475	27	0	0	492.72	456.85	88	7	3	0	——	——
	违反《商标法》第六条规定的	66	2	2	0	53.06	47.98	1	0	0	0	——	——
	违反《商标法》第十条规定的	77	2	0	0	35.05	52.84	24	0	0	0	——	——
违反《商标法》第四十条第二款规定的		27	3	0	0	73.26	——	13	0	——	——	0	0
违反《商标法》第十三条规定的		24	3	1	1	67.57	——	8	2	——	——	1052	0
违反《商标印制管理办法》规定的		144	33	1	0	155.67	84.77	60	13	7	0	46057	3037
违法使用地理标志的		4	0	0	0	40.75	40.60	2	0	2	0	0	0
违法使用地理标志产品专用标志的		7	7	0	0	0.39	1.00	7	7	0	0	0	0
违法使用特殊标志的		104	34	5	1	53.27	199.34	92	33	8	0	0	0

查处商标侵权假冒案件情况统计表

项目		案件总数（件）		其中：涉外案（件）		案值（万元）	罚没金额（万元）	其中：立案查处（件，万元）					
								小计	处罚程度		利用互联网实施侵权假冒案件		
		合计	其中：投诉案件	小计	其中：投诉案件				其中：投诉案件	罚款10万—100万元	罚款100万元以上	案件数	案值
合计		26985	10614	6022	3326	33348.33	44307.22	18254	8724	914	15	370	3708.02
假冒商标	小计	4615	1634	1290	723	8661.63	11237.73	3119	1339	270	5	46	187.94
	未经注册商标所有人的许可，在相同商品上使用与其注册商标相同的商标的	2534	983	887	555	5412.54	8472.20	1802	801	68	5	24	22.61
	伪造、擅自制造他人注册商标标识或者销售伪造、擅自制造的注册商标标识的	486	134	91	34	786.78	637.40	284	122	88	0	2	0.25
	销售明知是假冒注册商标的商品的	1595	517	312	134	2462.31	2128.13	1033	416	114	0	20	165.08
商标侵权	小计	22370	8980	4732	2603	24686.70	33069.49	15135	7385	644	10	324	3520.08
	未经注册商标所有人的许可，在相同商品上使用与其注册商标近似的商标或在类似商品上使用与其注册商标相同或近似的商标的	4114	1483	1012	459	5780.61	7111.49	2847	1218	90	3	43	116.00
	销售侵犯注册商标专用权的商品的	17315	7084	3664	2106	17836.05	24685.57	11777	5868	529	7	256	3379.95
	在同一种或类似商品上，将与他人注册商标相同或近似的标志作为商品名称或者商品装潢使用，误导公众的	295	108	36	24	287.21	395.96	153	95	6	0	4	1.16
	故意为侵犯他人注册商标专用权行为提供仓储、运输、邮寄、隐匿便利条件的	41	9	3	0	124.55	40.74	18	3	6	0	0	0.00
	未经商标注册人同意更换其注册商标并将该更换商标的商品又投入市场的	30	13	0	0	92.43	27.90	2	2	0	0	1	0.57
	给他人注册商标专用权造成其他损害的	101	45	15	14	40.96	133.67	59	34	4	0	2	0.00
	侵犯地理标志专用权的	29	0	1	0	8.70	6.79	10	0	0	0	0	0.00
	侵犯特殊标志所有权的	26	3	0	0	183.30	189.00	8	2	1	0	0	0.00
	侵犯驰名商标权益的	419	235	1	0	332.89	478.37	261	163	8	0	18	22.40

续表

项目		没收、销毁侵权商品（件）	没收、销毁侵权商标标识（件）	没收、销毁专门用于制造侵权商品和伪造注册商标标识的工具（件）	移送司法机关（件，人）					
					案件数			其中：涉外案件		
					合计	其中：投诉案件	人数	合计	其中：投诉案件	人数
合计		13135159	2569503	14913	——	——	——	——	——	——
假冒商标	小计	5696764	1387254	13710	172	85	171	84	38	97
	未经注册商标所有人的许可，在相同商品上使用与其注册商标相同的商标的	4717581	597692	13119	60	25	54	36	18	39
	伪造、擅自制造他人注册商标标识或者销售伪造、擅自制造的注册商标标识的	576120	761308	591	31	21	31	10	6	13
	销售明知是假冒注册商标的商品的	403063	28254	0	81	39	86	38	14	45
商标侵权	小计	7438395	1182249	1203	——	——	——	——	——	——
	未经注册商标所有人的许可，在相同商品上使用与其注册商标近似的商标或在类似商品上使用与其注册商标相同或近似的商标的	4209891	665173	761	——	——	——	——	——	——
	销售侵犯注册商标专用权的商品的	3071734	485646	436	——	——	——	——	——	——
	在同一种或类似商品上，将与他人注册商标相同或近似的标志作为商品名称或者商品装潢使用，误导公众的	85103	60	0	——	——	——	——	——	——
	故意为侵犯他人注册商标专用权行为提供仓储、运输、邮寄、隐匿便利条件的	32063	14900	5	——	——	——	——	——	——
	未经商标注册人同意更换其注册商标并将该更换商标的商品又投入市场的	0	0	0	——	——	——	——	——	——
	给他人注册商标专用权造成其他损害的	1144	3	0	——	——	——	——	——	——
	侵犯地理标志专用权的	25	300	0	——	——	——	——	——	——
	侵犯特殊标志所有权的	0	2134	0	0	0	0	0	0	0
	侵犯驰名商标权益的	38435	14033	1	——	——	——	——	——	——

查处侵犯中国港澳台地区和外国商标注册人权益案件情况统计表

国别（地区）	案件总数（件）		案值（万元）	罚款金额（万元）	其中：立案查处（件，万元）					
	合计	其中：投诉案件			小计	其中：投诉案件	处罚程度		假冒商标案件	
							罚款 10万—100万元	罚款 100万元以上	案件数	其中：投诉案件
合计	6015	3367	10088.97	15989.20	5540	3223	184	7	1242	734
美国	2099	1203	3035.45	4170.87	1921	1148	49	2	453	296
日本	633	343	1066.09	1514.91	585	332	46	0	169	89
德国	718	351	1094.11	1696.52	662	344	16	0	125	38
英国	173	100	131.40	210.66	166	94	4	1	40	30
法国	1210	716	3557.37	6488.59	1111	676	27	4	211	125
俄罗斯	0	0	0.00	0.00	0	0	0	0	0	0
瑞士	275	182	304.86	384.99	255	180	9	0	79	67
韩国	69	30	149.44	96.55	47	19	3	0	7	2
意大利	320	163	230.05	488.35	302	161	14	0	80	31
新加坡	46	38	75.32	92.73	45	37	1	0	15	15

续表

国别（地区）	其中：立案查处（件，万元）				没收、销毁侵权商品（件）	没收、销毁侵权商标标识（件）	没收、销毁专门用于制造侵权商品和伪造注册商标标识的工具（件）	移送案件（件，人）		
	商标侵权案件									
	案值	案件数	其中：投诉案件	案值				案件数	其中：投诉案件	人数
合　计	4324.48	4298	2489	5094.38	6440159	939855	542	97	55	94
美　国	714.57	1468	852	1870.99	3272398	224950	69	34	23	29
日　本	433.20	416	243	595.39	1456652	230139	36	14	7	19
德　国	228.10	537	306	841.15	557765	25352	8	14	7	12
英　国	37.21	126	64	83.42	202587	5678	14	1	0	1
法　国	2549.22	900	551	957.81	446604	177706	280	12	8	17
俄罗斯	0.00	0	0	0.00	1238	0	0	0	0	0
瑞　士	43.97	176	113	249.85	161646	64157	0	2	1	3
韩　国	70.06	40	17	44.67	38882	6252	0	6	3	3
意大利	77.75	222	130	142.94	64541	34434	15	4	2	4
新加坡	53.24	30	22	21.19	20040	4618	0	0	0	0

续表

国别（地区）	案件总数（件）		案值（万元）	罚款金额（万元）	其中：立案查处（件，万元）					
							处罚程度		假冒商标案件	
	合计	其中：投诉案件			小计	其中：投诉案件	罚款 10万—100万元	罚款 100万元以上	案件数	其中：投诉案件
合　计	6015	3367	10088.97	15989.20	5540	3223	184	7	1242	734
维尔京	1	1	0.78	0.78	1	1	0	0	0	0
澳大利亚	8	4	11.62	24.30	8	4	0	0	2	1
瑞　典	14	9	5.72	13.81	14	9	0	0	0	0
加拿大	21	6	25.51	61.11	20	6	1	0	2	0
芬　兰	5	3	3.48	8.03	5	3	0	0	4	3
泰　国	0	0	0.00	0.00	0	0	0	0	0	0
比、荷、卢	158	96	135.79	231.97	157	96	5	0	27	22
丹　麦	37	20	22.07	54.07	30	15	0	0	4	4
西班牙	13	4	10.37	21.35	12	4	0	0	2	1
马来西亚	1	1	2.56	5.11	1	1	0	0	0	0
中国香港	34	22	36.40	89.34	34	22	2	0	3	2
中国澳门	1	0	0.00	2.50	1	0	0	0	1	0
中国台湾	31	22	23.61	30.70	31	22	0	0	3	1
哈萨克斯坦	0	0	0.00	0.00	0	0	0	0	0	0
冰　岛	0	0	0.00	0.00	0	0	0	0	0	0
越　南	0	0	0.00	0.00	0	0	0	0	0	0
蒙　古	0	0	0.00	0.00	0	0	0	0	0	0
罗马尼亚	0	0	0.00	0.00	0	0	0	0	0	0
新西兰	7	4	13.03	40.12	7	4	4	0	4	1
其　他	141	49	153.94	261.84	125	45	3	0	11	6

续表

国别（地区）	其中：立案查处（件，万元）				没收、销毁侵权商品（件）	没收、销毁侵权商标标识（件）	没收、销毁专门用于制造侵权商品和伪造注册商标标识的工具（件）	移送案件（件，人）		
	商标侵权案件									
	案值	案件数	其中：投诉案件	案值				案件数	其中：投诉案件	人数
合　计	4324.48	4298	2489	5094.38	6440159	939855	542	97	55	94
维尔京	0.00	1	1	0.78	22	0	0	0	0	0
澳大利亚	7.52	6	3	4.10	2459	1600	0	1	0	1
瑞　典	0.00	14	9	5.72	1646	0	0	0	0	0
加拿大	3.93	18	6	21.58	12267	6619	0	2	0	2
芬　兰	2.58	1	0	0.90	6312	0	0	0	0	0
泰　国	0.00	0	0	0.00	0	0	0	0	0	0
比、荷、卢	48.08	130	74	86.43	49367	103307	49	1	1	1
丹　麦	0.35	26	11	15.58	19332	1266	71	0	0	0
西班牙	1.60	10	3	8.23	16963	0	0	0	0	0
马来西亚	0.00	1	1	2.56	3299	0	0	0	0	0
中国香港	6.00	31	20	29.61	6893	96	0	1	0	1
中国澳门	0.00	0	0	0.00	39	0	0	0	0	0
中国台湾	3.58	28	21	20.03	70481	0	0	0	0	0
哈萨克斯坦	0.00	0	0	0.00	0	0	0	0	0	0
冰　岛	0.00	0	0	0.00	0	0	0	0	0	0
越　南	0.00	0	0	0.00	0	0	0	0	0	0
蒙　古	0.00	0	0	0.00	0	0	0	0	0	0
罗马尼亚	0.00	0	0	0.00	0	0	0	0	0	0
新西兰	12.00	3	3	1.03	1573	0	0	0	0	0
其　他	31.52	114	39	90.42	27153	53681	0	5	3	1

2017 年度各省、自治区、直辖市商标申请与注册统计详表

说明：申请件数、注册件数指 2016.12.16—2017.12.15 的商标统计情况，中国申请人马德里商标有效注册量（一标多类）指 2016.1.1—2017.12.31 的统计情况，其他指截至 2017.12.15 的统计情况。

单位：件

省	市	县	申请件数	注册件数	有效注册量	地理标志商标	中国申请人马德里商标有效注册量（一标多类）
北京市			490086	264231	1141776	13	1627
北京市		东城区	24884	14477	75259	0	79
		西城区	25322	13975	86736	0	175
		朝阳区	133668	72117	286852	0	345
		丰台区	38466	20658	83626	6	45
		石景山区	13687	8321	34468	0	22
		海淀区	132084	74115	303754	0	412
		门头沟区	3887	2119	11120	2	6
		房山区	9143	4226	20705	1	12
		通州区	23077	11457	48692	0	34
		顺义区	10395	6019	27795	0	57
		昌平区	20098	9635	39276	0	51
		大兴区	14202	7537	40531	1	56
		怀柔区	13648	4875	18823	1	19
		平谷区	6681	4064	15045	1	13
		亦庄经济技术开发区	6102	2754	4429	0	
		密云区	7868	4518	14875	1	2
		延庆区	1705	700	3711	0	4
天津市			49849	26938	159048	25	293
天津市		和平区	1669	824	5723	0	7
		河东区	1679	931	5794	0	3
		河西区	2336	1245	7365	0	13
		南开区	3542	1654	10720	0	9
		河北区	1449	636	4238	0	4
		红桥区	1006	538	3813	0	7
		东丽区	2535	1271	9662	0	13

续表

省	市	县	申请件数	注册件数	有效注册量	地理标志商标	中国申请人马德里商标有效注册量（一标多类）
天津市		西青区	3485	1852	12009	1	18
		津南区	1928	1056	6696	2	7
		北辰区	2177	1417	11145	0	15
		武清区	6874	4596	15563	11	23
		宝坻区	2403	702	4192	6	4
		滨海新区	10581	5735	27304	3	14
		科技园区	42	15	24	0	
		宁河区	769	582	3206	1	4
		静海区	2078	872	7276	0	7
		蓟州区	855	481	2347	1	
河北省			164274	74171	360067	69	300
河北省	石家庄市		44586	18634	91971	8	73
	石家庄市	长安区	9144	3388	10312	—	4
		桥东区	343	359	5885	—	1
		桥西区	6430	2663	8597	—	2
		新华区	6249	1720	7714	—	5
		井陉矿区	66	16	67	—	
		裕华区	4825	2081	8773	—	1
		井陉县	259	188	722	—	
		正定县	1174	718	4102	—	5
		栾城区	548	351	2134	—	
		行唐县	218	149	858	—	
		灵寿县	229	130	769	—	
		高邑县	183	69	552	—	1
		深泽县	699	508	1718	—	
		赞皇县	249	119	604	—	1
		无极县	882	389	2237	—	
		平山县	560	176	1105	—	1

续表

省	市	县	申请件数	注册件数	有效注册量	地理标志商标	中国申请人马德里商标有效注册量（一标多类）
河北省	石家庄市	元氏县	489	226	962	—	
		赵　县	781	472	2010	—	2
		辛集市	1143	678	4513	—	12
		藁城区	1489	572	3526	—	2
		晋州市	1262	841	4050	—	1
		新乐市	606	354	2568	—	2
		鹿泉区	848	282	1595	—	
	唐山市		9860	4868	24816	14	41
	唐山市	路南区	1135	425	2028	—	
		路北区	1768	756	3337	—	2
		古冶区	190	113	520	—	
		开平区	325	200	871	—	2
		丰南区	374	197	1209	—	3
		丰润区	933	535	2797	—	1
		曹妃甸区	258	145	562	—	
		滦　县	315	150	1009	—	
		滦南县	517	229	1503	—	11
		乐亭县	196	130	735	—	1
		迁西县	251	175	918	—	5
		玉田县	1007	487	2554	—	2
		南堡开发区	23	6	125	—	
		海港开发区	32	36	169	—	
		芦台开发区	75	16	270	—	
		汉沽开发区	37	8	73	—	
		遵化市	824	540	2031	—	3
		迁安市	471	221	1368	—	1
	秦皇岛市		7179	3084	15140		11
	秦皇岛市	海港区	3389	1262	5403		5

续表

省	市	县	申请件数	注册件数	有效注册量	地理标志商标	中国申请人马德里商标有效注册量（一标多类）
河北省	秦皇岛市	山海关区	461	443	2023		
		北戴河区	232	58	468		
		青龙满族自治县	199	97	371		
		昌黎县	463	253	1984		
		抚宁区	160	126	1006		1
		卢龙县	224	108	675		1
	邯郸市		13859	5488	24555	8	10
	邯郸市	邯山区	2237	345	1598	—	
		丛台区	2191	1031	2522	—	
		复兴区	383	166	589	—	
		峰峰矿区	230	85	607	—	
		邯郸县	270	396	1138	—	
		临漳县	337	164	880	—	
		成安县	276	96	525	—	
		大名县	1173	425	1916	—	1
		涉　县	226	144	489	—	
		磁　县	652	146	946	—	
		肥乡区	162	103	509	—	
		永年区	662	428	3118	—	1
		邱　县	224	124	537	—	
		鸡泽县	442	171	925	—	
		广平县	213	76	500	—	1
		馆陶县	522	398	1215	—	
		魏　县	757	333	1715	—	
		曲周县	490	272	1474	—	4
		武安市	446	238	1251	—	1
	邢台市		18726	8124	38710	10	18
	邢台市	桥东区	882	334	1680	—	

续表

省	市	县	申请件数	注册件数	有效注册量	地理标志商标	中国申请人马德里商标有效注册量（一标多类）
河北省	邢台市	桥西区	901	452	1791	—	
		邢台县	486	222	922	—	
		临城县	259	108	660	—	1
		内丘县	177	114	546	—	
		柏乡县	168	68	308	—	
		隆尧县	800	452	2429	—	
		任　县	727	427	2062	—	1
		南和县	1037	430	1625	—	
		宁晋县	1645	940	5254	—	4
		巨鹿县	615	286	1330	—	1
		新河县	167	113	482	—	1
		广宗县	578	254	1144	—	
		平乡县	1234	827	3524	—	1
		威　县	714	351	1710	—	2
		清河县	3162	1438	6395	—	2
		临西县	397	217	1104	—	
		大曹庄管区	24	11	80	—	
		南宫市	3576	548	2527	—	
		沙河市	395	194	1428	—	2
	保定市		29907	13527	65958	12	77
	保定市	竞秀区	971	600	2543	—	
		莲池区	1267	967	3888	—	1
		满城区	489	297	2225	—	
		清苑区	988	406	2958	—	
		涞水县	296	138	613	—	1
		阜平县	220	206	412	—	
		徐水区	2636	416	3084	—	11
		定兴县	605	275	1414	—	2

续表

省	市	县	申请件数	注册件数	有效注册量	地理标志商标	中国申请人马德里商标有效注册量（一标多类）
河北省	保定市	唐　县	626	192	766	—	
		高阳县	1431	619	5051	—	2
		容城县	783	333	2138	—	
		涞源县	190	90	404	—	
		望都县	284	128	769	—	
		安新县	1289	491	3178	—	4
		易　县	1723	1480	2637	—	1
		曲阳县	304	115	487	—	
		蠡　县	718	490	3189	—	1
		顺平县	321	114	476	—	
		博野县	159	111	712	—	
		雄　县	668	318	2382	—	2
		涿州市	913	413	2097	—	3
		定州市	1166	496	2412	—	
		安国市	1059	601	2721	—	
		高碑店市	2518	1274	8647	—	11
	张家口市		3554	2169	8285	2	4
	张家口市	桥东区	520	438	974	—	
		桥西区	215	127	548	—	
		宣化区	283	196	1306	—	2
		下花园区	20	20	52	—	
		张北县	197	144	474	—	
		康保县	143	95	237	—	
		沽源县	112	88	286	—	
		尚义县	75	61	205	—	
		蔚　县	148	168	550	—	
		阳原县	116	28	255	—	
		怀安县	94	45	124	—	1

续表

省	市	县	申请件数	注册件数	有效注册量	地理标志商标	中国申请人马德里商标有效注册量（一标多类）
河北省	张家口市	万全区	148	157	491	—	
		怀来县	370	173	1041	—	
		涿鹿县	186	76	601	—	1
		赤城县	179	37	179	—	
		崇礼区	51	95	284	—	
		高新区	124	102	313	—	
	承德市		4188	1992	9024	10	6
	承德市	双桥区	547	342	1380	—	
		双滦区	193	81	342	—	
		鹰手营子矿区	52	29	132	—	
		承德县	136	101	644	—	
		兴隆县	1105	519	1179	—	
		平泉县	475	152	1228	—	
		滦平县	299	115	423	—	
		隆化县	202	117	1000	—	1
		丰宁满族自治县	261	114	557	—	
		宽城满族自治县	238	92	610	—	3
		围场满族蒙古族自治县	354	140	722	—	
	沧州市		12509	6761	34160	3	21
	沧州市	新华区	451	233	1194	—	
		运河区	772	490	2002	—	1
		沧　县	784	443	2724	—	
		青　县	748	381	2460	—	1
		东光县	313	154	870	—	
		海兴县	139	73	338	—	1
		盐山县	346	146	984	—	
		肃宁县	1183	600	2450	—	1
		南皮县	252	126	786	—	4

续表

省	市	县	申请件数	注册件数	有效注册量	地理标志商标	中国申请人马德里商标有效注册量（一标多类）
河北省	沧州市	吴桥县	92	68	376	—	
		献　县	836	376	2070	—	4
		孟村回族自治县	312	222	722	—	
		沧州临港经济技术开发区	16	6	53	—	
		沧州市南大港管理区	5	6	21	—	
		泊头市	758	350	2218	—	3
		任丘市	2230	1045	6100	—	1
		黄骅市	433	398	1710	—	1
		河间市	2019	1326	5700	—	3
	廊坊市		12171	5707	30385	1	22
	廊坊市	安次区	581	389	1590	—	2
		广阳区	1429	685	3353	—	3
		固安县	924	479	2539	—	
		永清县	385	172	913	—	
		香河县	818	363	2341	—	
		大城县	714	408	2504	—	4
		文安县	795	552	3746	—	
		大厂回族自治县	379	129	764	—	
		霸州市	1563	769	4736	—	2
		三河市	3020	866	3343	—	2
	衡水市		7399	3637	16484	1	16
	衡水市	桃城区	1302	650	2081	—	1
		枣强县	756	390	1764	—	2
		武邑县	314	159	829	—	
		武强县	213	164	722	—	
		饶阳县	316	133	683	—	
		安平县	486	271	1427	—	5

续表

省	市	县	申请件数	注册件数	有效注册量	地理标志商标	中国申请人马德里商标有效注册量（一标多类）
河北省	衡水市	故城县	550	290	1667	—	1
		景　县	618	221	1498	—	
		阜城县	228	132	623	—	
		冀州区	730	509	1899	—	1
		深州市	285	177	1076	—	4
山西省			40016	19948	108969	48	60
山西省	太原市		15493	7829	38856	4	21
	太原市	小店区	5502	3014	10664	—	1
		迎泽区	2527	1405	6573	—	4
		杏花岭区	1291	697	4219	—	3
		尖草坪区	429	218	1595	—	
		万柏林区	1698	782	3551	—	
		晋源区	312	101	870	—	
		清徐县	346	235	1648	—	3
		阳曲县	483	116	495	—	
		娄烦县	55	23	153	—	
		古交市	56	44	259	—	1
	大同市		2371	1019	6058	3	2
	大同市	城　区	753	400	1327	—	
		矿　区	371	34	421	—	
		南郊区	198	150	531	—	
		新荣区	34	18	98	—	
		阳高县	159	51	293	—	
		天镇县	64	25	153	—	
		广灵县	60	40	245	—	1
		灵丘县	69	51	246	—	
		浑源县	60	48	244	—	
		左云县	80	21	106	—	

续表

省	市	县	申请件数	注册件数	有效注册量	地理标志商标	中国申请人马德里商标有效注册量（一标多类）
山西省	大同市	大同县	139	76	286	—	
	阳泉市		583	384	2305	1	6
	阳泉市	城　区	102	79	411	—	
		矿　区	51	26	175	—	
		郊　区	79	68	307	—	
		平定县	131	106	508	—	
		盂　县	102	48	421	—	1
	长治市		2129	1042	7169	9	2
	长治市	城　区	393	139	466	—	
		郊　区	86	88	447	—	1
		长治县	175	72	625	—	1
		襄垣县	124	76	626	—	
		屯留县	115	58	446	—	
		平顺县	80	34	472	—	
		黎城县	87	33	131	—	
		壶关县	120	42	338	—	
		长子县	82	48	315	—	
		武乡县	120	63	223	—	
		沁　县	99	28	414	—	
		沁源县	96	80	284	—	
		潞城市	80	27	422	—	
	晋城市		1677	1078	5943	0	
	晋城市	城　区	588	319	1127	—	
		沁水县	61	61	364	—	
		阳城县	259	129	1246	—	
		陵川县	120	56	375	—	
		泽州县	273	199	761	—	
		高平市	196	170	914	—	

续表

省	市	县	申请件数	注册件数	有效注册量	地理标志商标	中国申请人马德里商标有效注册量（一标多类）
山西省	朔州市		718	338	2903	5	
	朔州市	朔城区	187	72	785	—	
		平鲁区	41	27	300	—	
		山阴县	76	14	321	—	
		应　县	96	64	383	—	
		右玉县	78	44	285	—	
		怀仁县	113	61	504	—	
	晋中市		4054	1837	9668	9	8
	晋中市	榆次区	1281	462	2415	—	
		榆社县	71	52	220	—	
		左权县	71	72	246	—	
		和顺县	100	55	298	—	
		昔阳县	313	70	365	—	1
		寿阳县	74	54	348	—	
		太谷县	299	170	1228	—	2
		祁　县	300	188	807	—	2
		平遥县	721	268	1712	—	2
		灵石县	203	107	629	—	
		介休市	226	160	701	—	
	运城市		4878	2588	14846	11	12
	运城市	盐湖区	1748	787	3462	—	
		临猗县	375	300	1512	—	2
		万荣县	211	156	719	—	2
		闻喜县	202	183	1007	—	
		稷山县	291	117	715	—	
		新绛县	127	75	691	—	
		绛　县	241	86	403	—	
		垣曲县	139	51	328	—	

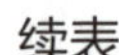

省	市	县	申请件数	注册件数	有效注册量	地理标志商标	中国申请人马德里商标有效注册量（一标多类）
山西省	运城市	夏　县	311	182	672	—	
		平陆县	111	36	272	—	
		芮城县	191	212	1045	—	3
		永济市	287	137	904	—	1
		河津市	198	75	612	—	
	忻州市		1575	678	3786	0	1
	忻州市	忻府区	335	179	722	—	
		定襄县	136	72	397	—	1
		五台县	150	69	435	—	
		代　县	84	48	257	—	
		繁峙县	100	40	232	—	
		宁武县	32	18	192	—	
		静乐县	152	29	106	—	
		神池县	29	20	131	—	
		五寨县	41	16	99	—	
		岢岚县	72	22	100	—	
		河曲县	38	22	148	—	
		保德县	40	21	101	—	
		偏关县	48	20	86	—	
		原平市	168	49	399	—	
	临汾市		2453	1374	7753	3	2
	临汾市	尧都区	619	379	1712	—	1
		曲沃县	253	88	351	—	
		翼城县	103	57	340	—	
		襄汾县	190	109	604	—	
		洪洞县	210	121	855	—	1
		古　县	28	28	106	—	
		安泽县	33	22	161	—	
		浮山县	32	6	106	—	

续表

省	市	县	申请件数	注册件数	有效注册量	地理标志商标	中国申请人马德里商标有效注册量（一标多类）
山西省	临汾市	吉　县	33	44	270	—	
		乡宁县	201	65	439	—	
		大宁县	24	6	42	—	
		隰　县	64	34	135	—	
		永和县	26	21	78	—	
		蒲　县	26	13	114	—	
		汾西县	21	14	98	—	
		侯马市	335	215	1000	—	
		霍州市	79	60	315	—	
	吕梁市		3889	1774	9662	1	5
	吕梁市	离石区	287	129	661	—	
		文水县	459	214	1017	—	
		交城县	203	101	720	—	
		兴　县	120	50	210	—	1
		临　县	281	196	856	—	
		柳林县	252	88	515	—	
		石楼县	86	22	121	—	
		岚　县	68	85	568	—	
		方山县	81	66	322	—	
		中阳县	86	61	213	—	
		交口县	107	67	209	—	
		孝义市	512	214	870	—	
		汾阳市	1270	449	3252	—	4
内蒙古自治区			46580	21782	115917	86	65
内蒙古自治区	呼和浩特市		11111	6180	33117	11	23
	呼和浩特市	新城区	2008	1079	5661	—	2
		回民区	1286	577	3441	—	
		玉泉区	896	499	2585	—	

续表

省	市	县	申请件数	注册件数	有效注册量	地理标志商标	中国申请人马德里商标有效注册量（一标多类）
内蒙古自治区	呼和浩特市	赛罕区	2727	1584	5785	—	
		土默特左旗	394	192	1097	—	
		托克托县	198	82	553	—	
		和林格尔县	691	380	3575	—	2
		清水河县	156	66	317	—	
		武川县	365	135	579	—	
	包头市		5152	2756	16664	9	17
	包头市	东河区	512	274	1799	—	1
		昆都仑区	783	399	1312	—	2
		青山区	924	660	3849	—	5
		石拐区	262	158	248	—	
		白云鄂博矿区	7	17	38	—	
		九原区	257	182	1186	—	
		土默特右旗	299	181	951	—	
		固阳县	208	106	544	—	
		达尔罕茂明安联合旗	119	84	432	—	
		稀土高新技术产业开发区	282	116	247	—	
	乌海市		577	336	1517	1	
	乌海市	海勃湾区	378	183	954	—	
		海南区	73	34	194	—	
		乌达区	67	86	250	—	
	赤峰市		5721	2548	11693	24	1
	赤峰市	红山区	878	619	2833	—	
		元宝山区	317	78	1285	—	
		松山区	783	343	1370	—	
		阿鲁科尔沁旗	227	76	337	—	1
		巴林左旗	200	52	399	—	

续表

省	市	县	申请件数	注册件数	有效注册量	地理标志商标	中国申请人马德里商标有效注册量（一标多类）
内蒙古自治区	赤峰市	巴林右旗	129	46	265	—	
		林西县	141	57	311	—	
		克什克腾旗	176	49	399	—	
		翁牛特旗	714	170	846	—	
		喀喇沁旗	193	100	434	—	
		宁城县	573	203	1133	—	
		敖汉旗	318	175	885	—	
	通辽市		4727	1440	6851	11	
	通辽市	科尔沁区	2217	573	2178	—	
		科尔沁左翼中旗	156	60	397	—	
		科尔沁左翼后旗	234	37	345	—	
		开鲁县	346	92	426	—	
		库伦旗	84	56	248	—	
		奈曼旗	256	91	623	—	
		扎鲁特旗	141	41	282	—	
		霍林郭勒市	52	37	196	—	
	鄂尔多斯市		5172	2388	17545	1	14
	鄂尔多斯市	东胜区	2036	931	9944	—	14
		达拉特旗	488	295	2076	—	
		准格尔旗	429	106	905	—	
		鄂托克前旗	170	38	389	—	
		鄂托克旗	99	69	500	—	
		杭锦旗	314	104	506	—	
		乌审旗	279	80	504	—	
		伊金霍洛旗	363	117	448	—	
		康巴什区	275	144	1142	—	
	呼伦贝尔市		3333	1418	7297	4	10
	呼伦贝尔市	海拉尔区	978	335	1253	—	4

续表

省	市	县	申请件数	注册件数	有效注册量	地理标志商标	中国申请人马德里商标有效注册量（一标多类）
内蒙古自治区	呼伦贝尔市	扎赉诺尔区	0	0	0	—	
		阿荣旗	122	120	498	—	
		莫力达瓦达斡尔族自治旗	110	47	294	—	1
		鄂伦春自治旗	296	90	447	—	
		鄂温克族自治旗	132	56	334	—	
		陈巴尔虎旗	61	33	232	—	
		新巴尔虎左旗	72	21	74	—	
		新巴尔虎右旗	64	28	90	—	
		满洲里市	235	165	931	—	3
		牙克石市	283	91	1157	—	1
		扎兰屯市	225	115	725	—	
		额尔古纳市	100	28	221	—	
		根河市	226	51	473	—	
	巴彦淖尔市		3134	1341	6834	6	1
	巴彦淖尔市	临河区	916	415	2686	—	
		五原县	373	196	982	—	1
		磴口县	187	64	358	—	
		乌拉特前旗	505	210	803	—	
		乌拉特中旗	215	59	313	—	
		乌拉特后旗	125	39	256	—	
		杭锦后旗	282	116	912	—	
	乌兰察布市		2021	991	4450	9	
	乌兰察布市	集宁区	352	280	1054	—	
		卓资县	109	54	301	—	
		化德县	65	21	184	—	
		商都县	212	66	495	—	
		兴和县	75	30	245	—	
		凉城县	132	87	383	—	

续表

省	市	县	申请件数	注册件数	有效注册量	地理标志商标	中国申请人马德里商标有效注册量（一标多类）
内蒙古自治区	乌兰察布市	察哈尔右翼前旗	160	95	271	—	
		察哈尔右翼中旗	93	46	222	—	
		察哈尔右翼后旗	93	35	214	—	
		四子王旗	210	127	545	—	
		丰镇市	154	63	306	—	
	兴安盟		1548	596	3136	1	
	兴安盟	乌兰浩特市	611	206	1314	—	
		阿尔山市	56	81	261	—	
		科尔沁右翼前旗	181	89	453	—	
		科尔沁右翼中旗	79	39	279	—	
		扎赉特旗	268	63	391	—	
		突泉县	161	65	362	—	
	锡林郭勒盟		1912	1003	4356	7	2
	锡林郭勒盟	二连浩特市	108	61	303	—	1
		锡林浩特市	617	304	1408	—	
		阿巴嘎旗	50	31	140	—	
		苏尼特左旗	26	12	71	—	
		苏尼特右旗	148	28	184	—	
		东乌珠穆沁旗	87	70	299	—	
		西乌珠穆沁旗	111	46	270	—	
		太仆寺旗	146	107	417	—	
		镶黄旗	71	22	103	—	
		正镶白旗	40	21	160	—	
		正蓝旗	195	71	332	—	
		多伦县	78	43	275	—	
		乌拉盖开发区	2	7	69	—	
	阿拉善盟		1283	389	1426	2	
	阿拉善盟	阿拉善左旗	706	208	884	—	

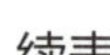

省	市	县	申请件数	注册件数	有效注册量	地理标志商标	中国申请人马德里商标有效注册量（一标多类）
内蒙古自治区	阿拉善盟	阿拉善右旗	50	48	158	—	
		额济纳旗	183	44	107	—	
		阿拉善经济开发区	30	14	125	—	
辽宁省			85977	44794	250184	115	398
辽宁省	沈阳市		33592	17760	95295	7	78
	沈阳市	和平区	5105	2589	13992	—	3
		沈河区	5173	2746	16324	—	9
		大东区	3065	1634	7943	—	10
		皇姑区	2642	1591	8407	—	2
		铁西区	3957	2186	10973	—	6
		苏家屯区	909	605	3666	—	2
		浑南区	2766	1034	7992	—	9
		沈北新区	1404	812	4382	—	1
		于洪区	2475	1292	7319	—	1
		辽中区	680	376	2347	—	
		康平县	289	135	732	—	
		法库县	577	306	1692	—	
		经济技术开发区	695	264	2440	—	
		棋盘山	19	17	193	—	
		新民市	1086	639	3021	—	
	大连市		21768	11515	68739	19	225
	大连市	中山区	2964	1510	10595	—	13
		西岗区	1881	1054	6991	—	2
		沙河口区	3224	2005	9965	—	6
		甘井子区	4340	2217	11757	—	149
		旅顺口区	424	275	1633	—	1
		金州区	1112	569	3414	—	

续表

省	市	县	申请件数	注册件数	有效注册量	地理标志商标	中国申请人马德里商标有效注册量（一标多类）
辽宁省	大连市	长海县	139	125	1965	—	
		保税区	712	366	1572	—	
		瓦房店市	708	401	2511	—	5
		普兰店区	477	261	2217	—	10
		庄河市	691	303	1868	—	
	鞍山市		4844	2627	15663	3	18
	鞍山市	铁东区	894	676	2668	—	11
		铁西区	422	133	1374	—	
		立山区	277	132	978	—	1
		千山区	341	164	1297	—	
		台安县	194	129	750	—	
		岫岩满族自治县	355	211	947	—	
		海城市	1998	932	6602	—	4
	抚顺市		2212	1358	6989	4	14
	抚顺市	新抚区	300	136	929	—	1
		东洲区	199	93	471	—	2
		望花区	232	142	734	—	1
		顺城区	386	278	1486	—	1
		抚顺县	120	111	745	—	1
		新宾满族自治县	251	238	772	—	
		清原满族自治县	361	112	703	—	
	本溪市		1524	878	4103	17	2
	本溪市	平山区	157	101	710	—	2
		溪湖区	120	47	433	—	
		明山区	247	189	772	—	
		南芬区	23	8	83	—	
		本溪满族自治县	270	106	543	—	
		桓仁满族自治县	503	340	1117	—	

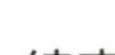

省	市	县	申请件数	注册件数	有效注册量	地理标志商标	中国申请人马德里商标有效注册量（一标多类）
辽宁省	丹东市		2524	1224	7564	10	7
	丹东市	元宝区	220	129	859	—	1
		振兴区	561	233	1794	—	3
		振安区	159	97	605	—	
		宽甸满族自治县	331	109	738	—	
		东港市	666	356	1905	—	2
		凤城市	381	204	1088	—	
	锦州市		2258	1389	7219	1	10
	锦州市	古塔区	339	180	893	—	
		凌河区	306	199	1002	—	2
		太和区	453	241	1502	—	2
		黑山县	231	185	864	—	
		义　县	144	62	381	—	2
		松山新区	31	51	115	—	
		凌海市	258	196	837	—	
		北镇市	308	173	995	—	
	营口市		3661	1426	8540	7	5
	营口市	站前区	439	164	984	—	
		西市区	262	156	894	—	1
		鲅鱼圈区	521	275	1236	—	
		老边区	221	75	508	—	1
		盖州市	482	207	1392	—	
		大石桥市	1400	344	2220	—	3
	阜新市		1367	660	3800	0	9
	阜新市	海州区	197	113	672	—	1
		新邱区	56	6	141	—	2
		太平区	298	43	339	—	2
		清河门区	5	13	74	—	

续表

省	市	县	申请件数	注册件数	有效注册量	地理标志商标	中国申请人马德里商标有效注册量（一标多类）
辽宁省	阜新市	细河区	177	57	361	—	1
		阜新蒙古族自治县	221	98	457	—	1
		彰武县	168	193	874	—	
		经济开发区	21	26	118	—	
		高新区	39	18	71	—	
	辽阳市		2229	1191	8300	2	7
	辽阳市	白塔区	367	214	996	—	
		文圣区	134	88	551	—	
		宏伟区	98	52	488	—	2
		弓长岭区	27	26	172	—	
		太子河区	156	64	519	—	2
		辽阳县	545	214	1902	—	3
		灯塔市	715	414	3231	—	
	盘锦市		2557	1106	5584	3	3
	盘锦市	双台子区	370	111	778	—	
		兴隆台区	1158	484	2157	—	
		大洼区	587	280	1293	—	1
		盘山县	243	136	799	—	
	铁岭市		2613	1564	7721	16	1
	铁岭市	银州区	526	277	1296	—	
		清河区	63	43	351	—	1
		铁岭县	221	228	1159	—	
		西丰县	313	187	971	—	
		昌图县	469	274	1378	—	
		调兵山市	199	153	584	—	
		开原市	523	267	1328	—	
	朝阳市		1872	966	4766	3	8
	朝阳市	双塔区	359	140	886	—	

续表

省	市	县	申请件数	注册件数	有效注册量	地理标志商标	中国申请人马德里商标有效注册量（一标多类）
辽宁省	朝阳市	龙城区	222	118	568	—	5
		朝阳县	153	73	387	—	
		建平县	275	147	690	—	
		喀喇沁左翼蒙古族自治县	99	77	210	—	2
		北票市	273	172	703	—	
		凌源市	343	159	637	—	
	葫芦岛市		2374	1102	5665	21	10
	葫芦岛市	连山区	381	151	856	—	
		龙港区	220	132	862	—	1
		南票区	72	25	128	—	
		绥中县	307	202	765	—	
		建昌县	256	114	456	—	
		兴城市	1024	442	2255	—	
吉林省			**52815**	**22807**	**125297**	**64**	**86**
吉林省	长春市		25644	10965	56797	7	37
	长春市	南关区	3496	1628	6999	—	2
		宽城区	2095	1085	5540	—	5
		朝阳区	3435	1656	8155	—	4
		二道区	3189	881	3869	—	2
		绿园区	1935	1042	4962	—	4
		双阳区	635	245	1360	—	
		农安县	1581	546	2526	—	
		九台区	420	154	1566	—	
		榆树市	839	334	1865	—	
		德惠市	600	412	1975	—	2
	吉林市		5588	2677	17797	4	12
	吉林市	昌邑区	986	510	2940	—	4

续表

省	市	县	申请件数	注册件数	有效注册量	地理标志商标	中国申请人马德里商标有效注册量（一标多类）
吉林省	吉林市	龙潭区	536	221	1600	—	
		船营区	851	359	2455	—	4
		丰满区	468	262	1483	—	
		永吉县	444	135	947	—	1
		蛟河市	457	238	1415	—	
		桦甸市	423	249	1530	—	
		舒兰市	406	179	1120	—	
		磐石市	396	197	1222	—	
	四平市		4347	1769	8583	8	14
	四平市	铁西区	1493	270	1503	—	3
		铁东区	426	177	978	—	4
		梨树县	850	385	1260	—	
		伊通满族自治县	394	155	755	—	1
		公主岭市	663	411	2175	—	
		双辽市	229	127	553	—	1
	辽源市		1107	803	4174	3	3
	辽源市	龙山区	325	174	1028	—	
		西安区	76	221	774	—	
		东丰县	305	135	834	—	
		东辽县	156	107	567	—	1
	通化市		4362	1745	11700	11	8
	通化市	东昌区	679	276	986	—	
		二道江区	136	52	345	—	
		通化县	300	123	942	—	2
		辉南县	701	181	1351	—	
		柳河县	415	231	1479	—	
		梅河口市	1103	483	2907	—	2
		集安市	407	126	1128	—	3

续表

省	市	县	申请件数	注册件数	有效注册量	地理标志商标	中国申请人马德里商标有效注册量（一标多类）
吉林省	白山市		3451	1028	5559	3	2
	白山市	浑江区	1586	126	931	—	
		江源区	218	77	417	—	
		抚松县	745	379	1895	—	2
		靖宇县	227	71	624	—	
		长白朝鲜族自治县	97	36	466	—	
		临江市	216	152	621	—	
	松原市		2193	995	5185	8	1
	松原市	宁江区	679	272	1328	—	
		前郭尔罗斯蒙古族自治县	385	132	1046	—	
		长岭县	249	125	720	—	1
		乾安县	128	61	304	—	
		扶余市	195	156	1058	—	
	白城市		1619	665	3615	11	2
	白城市	洮北区	371	166	616	—	
		镇赉县	224	106	479	—	
		通榆县	206	111	546	—	1
		洮南市	277	107	692	—	
		大安市	321	105	566	—	1
	延边朝鲜族自治州		3912	2029	11679	8	6
	延边朝鲜族自治州	延吉市	1476	821	4906	—	1
		图们市	99	72	445	—	
		敦化市	761	337	1929	—	
		珲春市	405	225	928	—	
		龙井市	210	135	669	—	1
		和龙市	182	69	472	—	
		汪清县	327	130	663	—	
		安图县	266	184	1415	—	1

续表

省	市	县	申请件数	注册件数	有效注册量	地理标志商标	中国申请人马德里商标有效注册量（一标多类）
黑龙江省			60122	31856	164575	72	148
黑龙江省	哈尔滨市		31997	17370	88111	10	70
	哈尔滨市	道里区	3873	2573	11954	—	11
		南岗区	7172	3606	21441	—	19
		道外区	3008	1716	10470	—	5
		平房区	326	215	1652	—	2
		松北区	1113	469	2079	—	2
		香坊区	3260	1950	9304	—	15
		呼兰区	1126	457	1991	—	3
		阿城区	857	550	2475	—	
		依兰县	279	120	639	—	
		方正县	257	108	541	—	
		宾　县	599	297	1457	—	2
		巴彦县	516	262	999	—	
		木兰县	196	78	484	—	
		通河县	300	93	422	—	
		延寿县	220	163	787	—	
		双城区	783	452	2763	—	2
		尚志市	623	320	1675	—	1
		五常市	2668	1935	7372	—	2
	齐齐哈尔市		4228	2078	12339	11	15
	齐齐哈尔市	龙沙区	346	165	1585	—	2
		建华区	369	199	1415	—	
		铁锋区	281	162	1053	—	2
		昂昂溪区	60	39	261	—	1
		富拉尔基区	188	38	563	—	2
		碾子山区	59	27	151	—	2
		梅里斯达斡尔族区	91	48	268	—	

续表

省	市	县	申请件数	注册件数	有效注册量	地理标志商标	中国申请人马德里商标有效注册量（一标多类）
黑龙江省	齐齐哈尔市	龙江县	337	116	687	—	1
		依安县	408	116	660	—	
		泰来县	243	111	465	—	
		甘南县	238	90	615	—	
		富裕县	165	88	649	—	
		克山县	249	148	764	—	
		克东县	203	107	867	—	
		拜泉县	377	163	674	—	
		讷河市	383	314	1200	—	5
	鸡西市		1501	838	4371	2	2
	鸡西市	鸡冠区	344	217	1110	—	2
		恒山区	47	43	212	—	
		滴道区	57	32	129	—	
		梨树区	35	16	104	—	
		城子河区	73	41	165	—	
		麻山区	11	2	35	—	
		鸡东县	132	92	457	—	
		虎林市	300	165	1117	—	
		密山市	412	204	949	—	
	鹤岗市		919	379	2564	1	2
	鹤岗市	向阳区	88	30	198	—	
		工农区	197	89	647	—	1
		南山区	59	25	188	—	
		兴安区	75	14	103	—	
		东山区	89	30	234	—	1
		兴山区	13	10	51	—	
		萝北县	185	93	667	—	
		绥滨县	119	44	309	—	

续表

省	市	县	申请件数	注册件数	有效注册量	地理标志商标	中国申请人马德里商标有效注册量（一标多类）
黑龙江省	双鸭山市		1901	683	3367	4	
	双鸭山市	尖山区	178	109	539	—	
		岭东区	69	15	72	—	
		四方台区	24	20	108	—	
		宝山区	30	30	134	—	
		集贤县	208	128	548	—	
		友谊县	113	30	262	—	
		宝清县	955	163	959	—	
		饶河县	182	149	663	—	
	大庆市		4232	2178	10878	4	5
	大庆市	萨尔图区	918	407	2078	—	
		龙凤区	383	267	1054	—	
		让胡路区	781	334	1800	—	
		红岗区	110	61	357	—	
		大同区	162	83	373	—	
		肇州县	180	106	525	—	1
		肇源县	382	174	794	—	1
		林甸县	142	182	609	—	
		杜尔伯特蒙古族自治县	389	106	667	—	1
	伊春市		1351	855	4157	5	1
	伊春市	伊春区	399	216	807	—	
		南岔区	90	38	315	—	
		友好区	74	29	243	—	
		西林区	3	8	70	—	
		翠峦区	82	58	265	—	
		新青区	25	17	78	—	
		美溪区	20	19	123	—	
		金山屯区	39	20	75	—	

续表

省	市	县	申请件数	注册件数	有效注册量	地理标志商标	中国申请人马德里商标有效注册量（一标多类）
黑龙江省	伊春市	五营区	32	29	133	—	
		乌马河区	27	57	169	—	
		汤旺河区	23	22	85	—	
		带岭区	22	6	67	—	
		乌伊岭区	16	11	34	—	
		红星区	27	6	29	—	
		上甘岭区	24	10	96	—	
		嘉荫县	39	27	143	—	
		铁力市	318	233	1226	—	1
	佳木斯市		3308	1648	8557	7	5
	佳木斯市	向阳区	536	206	1265	—	2
		前进区	200	50	910	—	1
		东风区	72	48	661	—	
		郊　区	350	117	1090	—	
		桦南县	400	84	559	—	
		桦川县	193	92	658	—	
		汤原县	191	75	536	—	
		抚远市	123	34	209	—	
		同江市	160	126	444	—	1
		富锦市	356	167	927	—	
	七台河市		642	301	1558	0	1
	七台河市	新兴区	97	66	398	—	1
		桃山区	165	73	415	—	
		茄子河区	109	55	221	—	
		勃利县	203	95	482	—	
	牡丹江市		3324	2023	11461	5	24
	牡丹江市	东安区	393	208	1338	—	2
		阳明区	156	160	942	—	

续表

省	市	县	申请件数	注册件数	有效注册量	地理标志商标	中国申请人马德里商标有效注册量（一标多类）
黑龙江省	牡丹江市	爱民区	197	130	987	—	
		西安区	412	247	1594	—	
		东宁市	261	140	671	—	1
		林口县	191	104	611	—	
		绥芬河市	563	384	1538	—	16
		海林市	300	211	1250	—	
		宁安市	419	194	1355	—	1
		穆棱市	226	154	675	—	
	黑河市		1440	779	3905	6	2
	黑河市	爱辉区	158	143	581	—	
		嫩江县	389	164	758	—	
		逊克县	45	48	214	—	
		孙吴县	56	34	160	—	
		北安市	222	113	768	—	
		五大连池市	342	169	1061	—	
	绥化市		4423	2283	11113	12	14
	绥化市	北林区	804	421	1912	—	2
		望奎县	307	163	716	—	
		兰西县	320	156	838	—	
		青冈县	316	130	498	—	
		庆安县	302	98	818	—	
		明水县	204	102	489	—	
		绥棱县	221	117	663	—	1
		安达市	264	127	944	—	
		肇东市	707	469	1944	—	1
		海伦市	435	185	1308	—	10
	大兴安岭地区		678	420	2048	—	
	大兴安岭地区	加格达奇区	273	181	971	5	

续表

省	市	县	申请件数	注册件数	有效注册量	地理标志商标	中国申请人马德里商标有效注册量（一标多类）
黑龙江省	大兴安岭地区	松岭区	29	67	131	—	
		新林区	43	16	90	—	
		呼中区	21	23	62	—	
		呼玛县	66	33	136	—	
		塔河县	93	44	245	—	
		漠河县	77	36	356	—	
上海市			343879	192661	878460	14	1334
上海市	黄浦区		7618	4103	22945	0	25
	徐汇区		12412	7941	32517	0	36
	长宁区		10550	6477	26508	0	20
	静安区		9327	6302	29890	0	18
	普陀区		11331	6636	29479	0	25
	虹口区		9224	5961	19556	0	4
	杨浦区		15442	7905	30492	0	24
	闵行区		24023	14089	71049	0	88
	宝山区		20152	9566	35517	0	21
	嘉定区		31964	19638	91902	4	94
	浦东新区		63228	40129	162830	2	253
	金山区		28588	13373	70687	0	32
	松江区		22126	11109	59213	1	92
	青浦区		16917	9653	49179	0	64
	奉贤区		35040	17369	65451	1	70
	崇明区		18373	6904	23099	6	5
江苏省			352736	159474	888601	264	2252
江苏省	南京市		64353	32779	157821	6	343
	南京市	玄武区	4937	3101	15230	—	14
		秦淮区	7272	4372	23250	—	44
		建邺区	6365	3193	12515	—	32

续表

省	市	县	申请件数	注册件数	有效注册量	地理标志商标	中国申请人马德里商标有效注册量（一标多类）
江苏省	南京市	鼓楼区	7588	3591	20194	—	45
		浦口区	3933	2060	8222	—	5
		栖霞区	5125	2775	10615	—	9
		雨花台区	4598	2204	8185	—	17
		江宁区	10012	4610	20878	—	30
		六合区	3125	1512	6739	—	5
		溧水区	1506	602	3662	—	11
		高淳区	1355	748	4503	—	13
	无锡市		30875	17097	116250	13	317
	无锡市	梁溪区	2720	2196	7595	—	5
		锡山区	2917	1695	13875	—	32
		惠山区	2408	1212	7118	—	11
		滨湖区	3452	1956	7809	—	24
		新吴区	1899	1737	8868	—	2
		江阴市	5619	3636	33547	—	100
		宜兴市	3546	1867	14968	—	61
	徐州市		23121	9213	37937	6	37
	徐州市	鼓楼区	1154	396	1057	—	1
		云龙区	2270	883	2162	—	1
		贾汪区	586	311	1303	—	
		泉山区	2697	1247	2797	—	
		铜山区	1319	506	3128	—	9
		丰　县	1751	1183	4853	—	
		沛　县	1172	699	2807	—	2
		睢宁县	4877	1076	3568	—	1
		新沂市	2165	691	3130	—	1
		邳州市	2595	1105	4395	—	3

续表

省	市	县	申请件数	注册件数	有效注册量	地理标志商标	中国申请人马德里商标有效注册量（一标多类）
江苏省	常州市		20786	11076	68358	8	254
	常州市	天宁区	2498	1235	5879	—	7
		钟楼区	2557	1440	6792	—	4
		新北区	4999	2871	15296	—	75
		武进区	6436	3530	24928	—	66
		溧阳市	1245	730	5202	—	13
		金坛区	677	559	4390	—	13
	苏州市		107496	43027	217811	14	557
	苏州市	虎丘区	3553	1550	2536	—	9
		吴中区	7644	3347	17113	—	56
		相城区	3988	1716	10770	—	3
		姑苏区	6436	2246	7371	—	4
		吴江区	5478	2427	16341	—	54
		工业园区	13050	6083	24034	—	
		常熟市	33978	9515	40571	—	69
		张家港市	4745	2308	24073	—	56
		昆山市	10136	5134	29415	—	76
		太仓市	2826	1338	10086	—	33
	南通市		20780	10362	70837	20	215
	南通市	崇川区	3726	1965	5372	—	7
		港闸区	2097	672	2345	—	2
		通州区	2545	1233	11278	—	48
		海安县	1328	841	6433	—	27
		如东县	1382	763	6275	—	18
		启东市	1881	860	7514	—	32
		如皋市	2424	1141	7349	—	22
		海门市	2042	1220	10189	—	17

续表

省	市	县	申请件数	注册件数	有效注册量	地理标志商标	中国申请人马德里商标有效注册量（一标多类）
江苏省	连云港市		12753	3891	21251	10	29
	连云港市	连云区	168	105	3462	—	4
		海州区	2372	1157	6057	—	4
		赣榆区	973	505	2832	—	9
		东海县	6665	906	4138	—	2
		灌云县	910	375	2009	—	1
		灌南县	478	285	1707	—	
	淮安市		11067	4910	26579	120	60
	淮安市	清江浦区	1344	847	2802	—	2
		淮安区	360	158	1793	—	3
		淮阴区	737	416	3353	—	10
		涟水县	1128	534	3252	—	5
		洪泽区	1184	494	2659	—	3
		盱眙县	1389	752	3724	—	6
		金湖县	673	442	2602	—	17
	盐城市		18591	6578	36234	29	97
	盐城市	亭湖区	1228	560	2723	—	7
		盐都区	1973	639	3462	—	9
		响水县	684	327	2018	—	5
		滨海县	1133	526	2175	—	1
		阜宁县	904	519	3028	—	
		射阳县	3777	1079	4354	—	10
		建湖县	2967	491	3375	—	24
		盐城经济开发区	101	41	139	—	
		东台市	1459	693	4364	—	12
		大丰区	579	589	3926	—	12
	扬州市		11648	6435	53593	11	120
	扬州市	广陵区	1656	1161	4191	—	4

续表

省	市	县	申请件数	注册件数	有效注册量	地理标志商标	中国申请人马德里商标有效注册量（一标多类）
江苏省	扬州市	邗江区	2547	1289	8171	—	10
		江都区	1397	842	8604	—	19
		宝应县	1899	728	6811	—	36
		仪征市	689	400	4189	—	5
		高邮市	1292	700	6550	—	16
	镇江市		8711	4254	28304	9	95
	镇江市	京口区	724	347	1018	—	6
		润州区	693	346	844	—	3
		丹徒区	509	277	2390	—	5
		丹阳市	4091	1982	13452	—	45
		扬中市	548	204	2623	—	9
		句容市	958	461	2955	—	5
	泰州市		9131	4612	30504	14	82
	泰州市	海陵区	1289	672	2564	—	6
		高港区	596	331	1747	—	1
		姜堰区	889	643	4295	—	7
		兴化市	2489	1132	6186	—	17
		靖江市	1219	649	6392	—	16
		泰兴市	1326	541	4653	—	8
	宿迁市		13183	5167	21822	4	31
	宿迁市	宿城区	2034	750	2646	—	
		宿豫区	819	365	1994	—	2
		沭阳县	4853	2082	7954	—	1
		泗阳县	1032	443	2279	—	3
		泗洪县	1337	638	2931	—	7
浙江省			546987	254918	1544827	207	4972
浙江省	杭州市		161449	78899	373046	26	695
	杭州市	上城区	14102	6149	23180	—	37

续表

省	市	县	申请件数	注册件数	有效注册量	地理标志商标	中国申请人马德里商标有效注册量（一标多类）
浙江省	杭州市	下城区	9716	4748	26841	—	19
		江干区	20128	10850	37525	—	35
		拱墅区	11103	5295	27676	—	24
		西湖区	26860	12878	59869	—	58
		滨江区	18779	10668	41500	—	58
		萧山区	13322	5738	39293	—	104
		余杭区	21931	9883	38739	—	95
		桐庐县	1606	785	4874	—	5
		淳安县	1246	745	3860	—	13
		建德市	2517	592	4528	—	19
		富阳区	2752	1417	10077	—	35
		临安市	2171	1170	7939	—	25
	宁波市		53344	27188	182928	28	1038
	宁波市	海曙区	5252	2127	13504	—	24
		江北区	3887	1676	8096	—	36
		北仑区	3269	2048	11342	—	83
		镇海区	2356	1501	8194	—	41
		鄞州区	12975	6682	42928	—	197
		象山县	1289	746	4909	—	29
		宁海县	2210	1227	8798	—	29
		宁波保税区	755	667	3104	—	
		大榭开发区	192	73	773	—	
		宁波国家高新区	1533	751	4753	—	
		余姚市	4872	2451	21214	—	191
		慈溪市	8435	4164	36208	—	192
		奉化区	1295	907	8261	—	64
	温州市		93973	40726	289395	13	910
	温州市	鹿城区	17039	5649	26736	—	63

续表

省	市	县	申请件数	注册件数	有效注册量	地理标志商标	中国申请人马德里商标有效注册量（一标多类）
浙江省	温州市	龙湾区	5568	2394	19220	—	62
		瓯海区	7215	3219	26456	—	88
		洞头区	267	169	1315	—	3
		永嘉县	7488	3269	28974	—	78
		平阳县	7619	2658	18522	—	28
		苍南县	7464	3407	21990	—	22
		文成县	2184	1211	5635	—	11
		泰顺县	2857	1084	3272	—	2
		瑞安市	17513	8443	52921	—	163
		乐清市	11479	5764	47617	—	145
	嘉兴市		43871	16363	105398	11	237
	嘉兴市	南湖区	5601	1647	8154	—	17
		秀洲区	4508	1978	12288	—	8
		嘉善县	1992	811	6110	—	38
		海盐县	4000	1724	11718	—	24
		海宁市	5145	2732	23064	—	37
		平湖市	2998	1417	7876	—	44
		桐乡市	16490	4536	23565	—	32
	湖州市		14021	6527	43205	10	192
	湖州市	吴兴区	2424	1245	3487	—	4
		南浔区	1413	718	5248	—	5
		德清县	1983	898	6600	—	31
		长兴县	1850	926	8414	—	34
		安吉县	3078	1140	8389	—	64
	绍兴市		21267	12140	95779	14	234
	绍兴市	越城区	2814	1783	7013	—	6
		柯桥区	4289	2052	17587	—	16
		新昌县	1251	980	6534	—	32

续表

省	市	县	申请件数	注册件数	有效注册量	地理标志商标	中国申请人马德里商标有效注册量（一标多类）
浙江省	绍兴市	诸暨市	4952	3323	33194	—	73
		上虞区	2022	951	8587	—	44
		嵊州市	2590	1394	10731	—	19
	金华市		83256	43190	237079	23	580
	金华市	婺城区	4851	2753	9698	—	9
		金东区	3023	1505	6806	—	18
		武义县	2906	1927	11447	—	57
		浦江县	2259	1430	11452	—	60
		磐安县	1273	649	3281	—	3
		兰溪市	1982	900	6314	—	21
		义乌市	45557	21653	108225	—	215
		东阳市	6777	4486	24219	—	39
		永康市	12077	6899	45812	—	116
	衢州市		7629	3775	23579	12	51
	衢州市	柯城区	1100	566	2759	—	2
		衢江区	1330	645	3212	—	10
		常山县	555	242	1995	—	
		开化县	879	367	2261	—	2
		龙游县	970	371	3054	—	18
		江山市	1780	989	7260	—	10
	舟山市		2827	820	6057	19	19
	舟山市	定海区	765	436	2508	—	5
		普陀区	565	166	2127	—	35
		岱山县	1244	98	706	—	5
		嵊泗县	36	17	131	—	1
	台州市		45110	19248	152976	26	910
	台州市	椒江区	5503	2568	19250	—	96
		黄岩区	9829	2650	19414	—	64

续表

省	市	县	申请件数	注册件数	有效注册量	地理标志商标	中国申请人马德里商标有效注册量（一标多类）
浙江省	台州市	路桥区	5393	2415	23819	—	123
		玉环县	3622	1946	17243	—	167
		三门县	991	397	3964	—	24
		天台县	2434	1145	8514	—	33
		仙居县	1108	628	5006	—	34
		温岭市	8491	4305	34421	—	221
		临海市	3806	2259	15807	—	68
	丽水市		10976	5455	34543	24	77
	丽水市	莲都区	1575	980	3710	—	2
		青田县	1263	739	4661	—	8
		缙云县	2407	1113	7086	—	17
		遂昌县	368	375	2095	—	6
		松阳县	452	211	1442	—	6
		云和县	487	314	1537	—	4
		庆元县	1850	442	3149	—	4
		景宁畲族自治县	555	279	1270	—	2
		龙泉市	1372	731	4742	—	4
安徽省			**163261**	**65423**	**301957**	**117**	**457**
安徽省	合肥市		47492	21161	95099	5	182
	合肥市	瑶海区	6120	2477	8770	—	
		庐阳区	4124	1956	8822	—	7
		蜀山区	11252	4444	13042	—	26
		包河区	6267	2882	10435	—	5
		长丰县	1202	483	2173	—	
		肥东县	1367	697	3767	—	1
		肥西县	1122	597	3255	—	7
		庐江县	860	408	2064	—	2
		巢湖市	1949	847	6551	—	9

续表

省	市	县	申请件数	注册件数	有效注册量	地理标志商标	中国申请人马德里商标有效注册量（一标多类）
安徽省	芜湖市		17659	6966	26542	6	65
	芜湖市	镜湖区	4329	1200	3133	—	2
		弋江区	2296	1000	2452	—	5
		鸠江区	1629	739	2119	—	4
		三山区	813	176	1280	—	8
		芜湖县	1762	1030	3598	—	5
		繁昌县	1693	584	2498	—	2
		南陵县	2082	738	3179	—	3
		无为县	1345	621	2946	—	3
	蚌埠市		4420	2113	10862	2	10
	蚌埠市	龙子湖区	210	150	481	—	
		蚌山区	571	305	773	—	
		禹会区	319	279	675	—	
		淮上区	261	115	554	—	1
		怀远县	1122	382	2288	—	2
		五河县	528	210	1165	—	
		固镇县	580	127	923	—	
	淮南市		2921	1339	7079	1	7
	淮南市	大通区	165	77	387	—	1
		田家庵区	647	320	1428	—	1
		谢家集区	247	127	550	—	
		八公山区	107	27	208	—	1
		潘集区	356	116	519	—	
		凤台县	473	198	1029	—	
		寿　县	147	294	1730	—	3
	马鞍山市		6675	1710	9112	4	29
	马鞍山市	花山区	2883	204	1512	—	
		雨山区	520	298	1306	—	2

续表

省	市	县	申请件数	注册件数	有效注册量	地理标志商标	中国申请人马德里商标有效注册量（一标多类）
安徽省	马鞍山市	博望区	308	119	476	—	2
		当涂县	355	204	1578	—	6
		含山县	336	200	1280	—	
		和　县	499	263	1331	—	1
	淮北市		2141	838	4984	1	1
	淮北市	杜集区	127	90	318	—	
		相山区	841	311	1306	—	1
		烈山区	141	60	330	—	
		濉溪县	828	294	1533	—	
	铜陵市		5836	1440	6404	5	6
	铜陵市	铜官区	66	176	881	—	
		义安区	154	187	1188	—	
		郊　区	10	3	12	—	
		枞阳县	4916	769	2521	—	
	安庆市		15035	4538	23226	18	62
	安庆市	迎江区	2230	230	884	—	3
		大观区	534	190	783	—	
		宜秀区	677	165	736	—	5
		怀宁县	731	357	2835	—	4
		潜山县	1021	424	2167	—	
		太湖县	3137	662	2540	—	3
		宿松县	1821	505	2497	—	3
		望江县	870	276	1329	—	1
		岳西县	1033	261	1903	—	1
		桐城市	2029	794	4882	—	6
	黄山市		6948	1877	8673	7	6
	黄山市	屯溪区	1025	436	2018	—	1
		黄山区	285	208	1539	—	1

续表

省	市	县	申请件数	注册件数	有效注册量	地理标志商标	中国申请人马德里商标有效注册量（一标多类）
安徽省	黄山市	徽州区	296	139	795	—	2
		歙　县	3800	506	1553	—	1
		休宁县	543	150	956	—	
		黟　县	372	110	418	—	
		祁门县	318	173	923	—	
	滁州市		5487	2310	15712	4	14
	滁州市	琅琊区	430	168	889	—	
		南谯区	222	117	628	—	
		来安县	413	261	1783	—	1
		全椒县	673	164	1145	—	
		定远县	604	286	1883	—	
		凤阳县	567	307	2175	—	3
		天长市	1189	570	4225	—	9
		明光市	427	182	1242	—	
	阜阳市		12649	5773	24295	8	16
	阜阳市	颍州区	1605	774	3160	—	1
		颍东区	766	332	1508	—	2
		颍泉区	1438	856	2944	—	
		临泉县	1915	644	2757	—	2
		太和县	2500	1066	3762	—	7
		阜南县	1399	664	3279	—	1
		颍上县	1573	565	2205	—	
		界首市	815	543	2223	—	1
	宿州市		6555	3364	12238	6	5
	宿州市	埇桥区	1226	610	1998	—	
		砀山县	1723	1173	2746	—	1
		萧　县	948	344	1603	—	
		灵璧县	1120	401	1610	—	

续表

省	市	县	申请件数	注册件数	有效注册量	地理标志商标	中国申请人马德里商标有效注册量（一标多类）
安徽省	宿州市	泗县	586	282	1507	—	1
	六安市		7918	3621	17088	35	23
	六安市	金安区	697	319	1401	—	1
		裕安区	1941	494	1914	—	2
		霍邱县	1303	748	3177	—	3
		舒城县	987	562	3047	—	1
		金寨县	1073	618	2333	—	
		霍山县	567	354	1920	—	8
		叶集区	87	46	366	—	
	亳州市		12572	4956	20356	1	11
	亳州市	谯城区	6429	2279	7421	—	
		涡阳县	1590	682	3474	—	1
		蒙城县	1708	620	2730	—	
		利辛县	1391	607	2723	—	1
	池州市		3744	1521	9303	5	10
	池州市	贵池区	1111	498	2064	—	4
		东至县	1198	395	1726	—	2
		石台县	246	92	870	—	1
		青阳县	478	182	1253	—	2
		九华山风景区	187	196	1211	—	
	宣城市		4244	1770	10624	8	10
	宣城市	宣州区	953	355	1977	—	
		郎溪县	344	175	944	—	2
		广德县	557	273	1538	—	2
		泾　县	518	235	1623	—	1
		绩溪县	224	118	831	—	1
		旌德县	237	131	709	—	1
		宁国市	1058	312	2049	—	1

续表

省	市	县	申请件数	注册件数	有效注册量	地理标志商标	中国申请人马德里商标有效注册量（一标多类）
福建省			296171	128709	734624	350	1797
福建省	福州市		43706	21239	126966	26	263
	福州市	鼓楼区	10769	4491	28664	—	61
		台江区	4071	2424	15553	—	17
		仓山区	7682	4011	19326	—	34
		马尾区	2932	1299	4455	—	6
		晋安区	4893	2364	13664	—	13
		闽侯县	2442	1080	6962	—	43
		连江县	873	424	3328	—	1
		罗源县	400	156	914	—	1
		闽清县	662	383	2612	—	6
		永泰县	908	302	1950	—	1
		平潭县	1292	798	2918	—	1
		福清市	2982	1339	10327	—	26
		长乐市	1336	859	5697	—	11
	厦门市		83626	38847	174089	4	412
	厦门市	思明区	38494	16336	73504	—	88
		海沧区	4147	1983	8942	—	33
		湖里区	19780	10236	41617	—	67
		集美区	5951	2337	12276	—	48
		同安区	4627	2169	12451	—	27
		翔安区	2568	988	5301	—	10
	莆田市		25093	9046	42308	17	51
	莆田市	城厢区	3625	1239	7117	—	6
		涵江区	2907	1319	6109	—	10
		荔城区	9849	3368	12039	—	14
		秀屿区	5267	1588	6608	—	12
		仙游县	2601	1275	7994	—	2

续表

省	市	县	申请件数	注册件数	有效注册量	地理标志商标	中国申请人马德里商标有效注册量（一标多类）
福建省	三明市		4526	2377	15086	30	61
	三明市	梅列区	421	291	1739	—	20
		三元区	322	213	1423	—	3
		明溪县	134	90	779	—	7
		清流县	197	109	679	—	3
		宁化县	376	148	1111	—	3
		大田县	539	262	1306	—	1
		尤溪县	695	334	1830	—	9
		沙　县	427	157	1356	—	5
		将乐县	135	77	594	—	1
		泰宁县	150	76	776	—	
		建宁县	246	197	909	—	2
		永安市	700	342	2168	—	6
	泉州市		91273	35559	252500	27	764
	泉州市	鲤城区	4040	2065	13113	—	45
		丰泽区	10721	4326	22236	—	51
		洛江区	2389	979	5809	—	18
		泉港区	1475	725	3871	—	4
		惠安县	3850	1482	12366	—	54
		安溪县	9537	2725	20456	—	15
		永春县	1353	586	3750	—	79
		德化县	3021	1326	6147	—	22
		金门县	1	0	11	—	
		石狮市	12794	4693	34036	—	74
		晋江市	25335	9786	78446	—	283
		南安市	12826	5457	41351	—	106
	漳州市		17498	8585	47141	110	103
	漳州市	芗城区	3607	1657	9408	—	12

续表

省	市	县	申请件数	注册件数	有效注册量	地理标志商标	中国申请人马德里商标有效注册量（一标多类）
福建省	漳州市	龙文区	1876	774	3698	—	6
		云霄县	706	482	1815	—	5
		漳浦县	1899	932	4544	—	3
		诏安县	2167	760	2209	—	4
		长泰县	530	296	2395	—	13
		东山县	372	244	922	—	5
		南靖县	656	420	2778	—	1
		平和县	1243	667	3597	—	1
		华安县	230	114	1183	—	1
		龙海市	3026	1624	8850	—	9
	南平市		11154	4525	26790	42	51
	南平市	延平区	630	310	2039	—	5
		顺昌县	462	163	1074	—	3
		浦城县	602	292	1555	—	4
		光泽县	266	102	640	—	
		松溪县	455	176	1056	—	1
		政和县	603	313	1780	—	3
		邵武市	754	259	1547	—	10
		武夷山市	4932	2003	10795	—	13
		建瓯市	729	375	2660	—	2
		建阳区	1092	380	1881	—	2
	龙岩市		7022	3241	21114	31	40
	龙岩市	新罗区	2040	1051	5659	—	10
		长汀县	1364	657	3144	—	4
		永定区	678	295	2143	—	8
		上杭县	543	253	3252	—	3
		武平县	959	338	1936	—	1
		连城县	622	298	1679	—	5

续表

省	市	县	申请件数	注册件数	有效注册量	地理标志商标	中国申请人马德里商标有效注册量（一标多类）
福建省	龙岩市	漳平市	405	181	1372	—	3
	宁德市		10552	4710	27594	63	41
	宁德市	蕉城区	864	411	2465	—	2
		霞浦县	717	356	2067	—	1
		古田县	832	436	2149	—	
		屏南县	304	177	941	—	
		寿宁县	526	170	1207	—	1
		周宁县	421	148	1061	—	1
		柘荣县	401	234	1336	—	
		福安市	1851	1148	7947	—	25
		福鼎市	3943	1340	6468	—	7
江西省			105660	43806	204053	60	114
江西省	南昌市		21912	12678	55799	1	41
	南昌市	东湖区	1886	903	4295	—	
		西湖区	2572	1307	6853	—	3
		青云谱区	1348	769	2908	—	1
		湾里区	271	171	920	—	
		青山湖区	2451	1235	5083	—	1
		南昌县	2348	1117	5649	—	4
		新建区	793	543	2559	—	
		安义县	1020	410	2088	—	1
		进贤县	3268	3202	6283	—	4
		高新区	721	418	5125	—	
	景德镇市		4024	1768	7585	7	3
	景德镇市	昌江区	991	372	830	—	
		珠山区	1095	578	1824	—	
		浮梁县	419	218	1054	—	1
		乐平市	840	333	1435	—	

续表

省	市	县	申请件数	注册件数	有效注册量	地理标志商标	中国申请人马德里商标有效注册量（一标多类）
江西省	萍乡市		2059	1138	5405	1	1
	萍乡市	安源区	480	313	1297	—	
		湘东区	250	131	598	—	
		莲花县	250	102	637	—	
		上栗县	542	223	1060	—	1
		芦溪县	258	193	730	—	
	九江市		10979	4288	19930	6	12
	九江市	濂溪区	1260	585	1667	—	1
		浔阳区	412	176	1043	—	1
		九江县	314	175	841	—	1
		武宁县	560	226	1400	—	
		修水县	1557	944	3627	—	2
		永修县	543	292	1597	—	
		德安县	115	98	629	—	
		庐山市	282	178	1086	—	
		都昌县	1173	410	2028	—	1
		湖口县	1421	211	865	—	2
		彭泽县	1006	305	1630	—	1
		开发区	372	116	458	—	
		瑞昌市	476	173	904	—	
		共青城市	188	57	661	—	
	新余市		2389	833	3842	1	4
	新余市	渝水区	1207	440	1436	—	
		分宜县	362	145	758	—	
		高新区	148	48	173	—	
		仙女湖区	86	23	97	—	
	鹰潭市		2580	1159	5519	0	1
	鹰潭市	月湖区	567	203	1054	—	

续表

省	市	县	申请件数	注册件数	有效注册量	地理标志商标	中国申请人马德里商标有效注册量（一标多类）
江西省	鹰潭市	余江县	586	307	1390	—	1
		贵溪市	954	417	1795	—	
	赣州市		24007	6952	33336	17	8
	赣州市	章贡区	4059	931	4156	—	2
		赣县区	2311	286	1658	—	2
		信丰县	715	285	1417	—	
		大余县	272	107	712	—	
		上犹县	493	275	1030	—	
		崇义县	281	83	643	—	
		安远县	462	241	837	—	
		龙南县	372	116	680	—	
		定南县	433	191	558	—	
		全南县	377	67	463	—	
		宁都县	2941	687	2564	—	1
		于都县	1639	505	2719	—	1
		兴国县	637	296	1780	—	
		会昌县	286	219	932	—	
		寻乌县	357	242	712	—	
		石城县	530	257	927	—	
		瑞金市	806	462	2160	—	2
		南康区	3371	847	5666	—	
	吉安市		8100	3153	15546	11	10
	吉安市	吉州区	855	358	1286	—	
		青原区	450	184	816	—	2
		吉安县	480	186	827	—	
		吉水县	623	172	970	—	1
		峡江县	251	94	653	—	
		新干县	478	235	1642	—	

续表

省	市	县	申请件数	注册件数	有效注册量	地理标志商标	中国申请人马德里商标有效注册量（一标多类）
江西省	吉安市	永丰县	1115	572	2819	—	1
		泰和县	616	272	1392	—	1
		遂川县	815	301	1248	—	
		万安县	369	120	637	—	
		安福县	432	186	860	—	1
		永新县	250	114	883	—	
		井冈山市	602	150	825	—	2
	宜春市		9054	3814	21208	4	17
	宜春市	袁州区	1370	555	2127	—	
		奉新县	483	142	988	—	3
		万载县	389	256	1193	—	3
		上高县	243	149	1166	—	2
		宜丰县	366	234	1212	—	1
		靖安县	225	253	834	—	
		铜鼓县	173	64	398	—	
		丰城市	1402	570	2831	—	
		樟树市	2627	945	6272	—	2
		高安市	1002	438	2796	—	3
	抚州市		6866	2704	12171	6	4
	抚州市	临川区	944	433	2517	—	1
		南城县	1225	399	1419	—	
		黎川县	318	142	806	—	
		南丰县	221	109	882	—	2
		崇仁县	159	152	624	—	
		乐安县	405	154	754	—	
		宜黄县	1368	176	656	—	
		金溪县	236	98	722	—	
		资溪县	225	247	614	—	

续表

省	市	县	申请件数	注册件数	有效注册量	地理标志商标	中国申请人马德里商标有效注册量（一标多类）
江西省	抚州市	东乡区	835	207	1198	—	
		广昌县	312	123	541	—	
		金巢区	22	41	414	—	
	上饶市		13355	5313	23571	6	13
	上饶市	信州区	1264	612	2587	—	
		上饶县	1493	516	2570	—	
		广丰区	763	359	2363	—	1
		玉山县	1412	390	2034	—	
		铅山县	1138	264	1195	—	1
		横峰县	196	120	622	—	
		弋阳县	548	211	1160	—	
		余干县	913	393	1686	—	
		鄱阳县	3046	1376	3756	—	2
		万年县	335	179	1060	—	
		婺源县	659	304	1713	—	
		德兴市	389	175	1212	—	
山东省			284475	141238	722833	584	3088
山东省	济南市		45558	23017	112401	34	165
	济南市	历下区	9976	4542	19833	—	16
		市中区	4976	2800	11702	—	10
		槐荫区	4635	2230	9440	—	11
		天桥区	7203	3543	15599	—	11
		历城区	5735	3038	16201	—	17
		长清区	1163	593	3379	—	4
		平阴县	1188	558	2256	—	8
		济阳县	809	424	2404	—	4
		商河县	536	306	2208	—	2
		章丘区	1545	1128	5747	—	18

续表

省	市	县	申请件数	注册件数	有效注册量	地理标志商标	中国申请人马德里商标有效注册量（一标多类）
山东省	青岛市		54904	27965	138816	16	1794
	青岛市	市南区	6769	3914	22091	—	79
		市北区	6687	2979	17420	—	127
		黄岛区	6459	3324	11048	—	117
		崂山区	4745	2653	13399	—	65
		李沧区	4118	1936	8208	—	190
		城阳区	7494	3472	14469	—	149
		保税区	708	390	2458	—	3
		胶州市	2964	1691	8217	—	261
		即墨市	5626	2725	14690	—	253
		平度市	3388	1391	6525	—	78
		莱西市	1814	1013	6428	—	296
	淄博市		9906	5607	36631	43	72
	淄博市	淄川区	1060	725	5348	—	2
		张店区	2909	1649	8127	—	3
		博山区	758	390	3278	—	8
		临淄区	975	559	3750	—	4
		周村区	773	461	4194	—	2
		桓台县	510	245	2539	—	9
		高青县	732	233	1579	—	5
		沂源县	471	343	2633	—	8
	枣庄市		6562	2649	16067	6	22
	枣庄市	市中区	1633	611	3681	—	3
		薛城区	630	273	1342	—	2
		峄城区	436	214	1149	—	3
		台儿庄区	396	188	1022	—	2
		山亭区	633	278	1926	—	1
		滕州市	2480	986	6076	—	6

续表

省	市	县	申请件数	注册件数	有效注册量	地理标志商标	中国申请人马德里商标有效注册量（一标多类）
山东省	东营市		5609	1964	14051	12	420
	东营市	东营区	2707	830	4669	—	99
		河口区	534	130	1262	—	4
		垦利区	368	140	1119	—	50
		利津县	379	98	694	—	23
		广饶县	935	465	4421	—	150
	烟台市		17729	9935	54846	46	130
	烟台市	芝罘区	5834	2874	14691	—	19
		福山区	774	542	2084	—	4
		牟平区	576	370	2306	—	1
		莱山区	1299	755	3331	—	3
		长岛县	116	74	330	—	
		龙口市	1458	963	5463	—	9
		莱阳市	1102	792	3327	—	6
		莱州市	917	451	3679	—	5
		蓬莱市	978	611	4439	—	6
		招远市	596	364	3034	—	16
		栖霞市	776	391	1898	—	3
		海阳市	632	407	1985	—	2
	潍坊市		23939	12376	65316	92	110
	潍坊市	潍城区	1754	1044	4614	—	11
		寒亭区	939	348	1551	—	3
		坊子区	730	352	2068	—	1
		奎文区	2827	1468	5747	—	3
		临朐县	1539	830	4663	—	5
		昌乐县	775	544	3900	—	4
		青州市	2470	1277	7457	—	2
		诸城市	2008	884	5643	—	6

续表

省	市	县	申请件数	注册件数	有效注册量	地理标志商标	中国申请人马德里商标有效注册量（一标多类）
山东省	潍坊市	寿光市	3546	1818	9321	—	28
		安丘市	1415	714	4231	—	11
		高密市	1729	972	5811	—	16
		昌邑市	766	244	1819	—	
	济宁市		13063	5621	29910	119	40
	济宁市	任城区	3066	975	4678	—	5
		微山县	673	242	1370	—	1
		鱼台县	353	173	954	—	2
		金乡县	570	352	1663	—	1
		嘉祥县	759	389	2115	—	3
		汶上县	613	290	1258	—	
		泗水县	820	304	1600	—	
		梁山县	982	394	2387	—	3
		曲阜市	1089	389	2976	—	4
		兖州区	762	286	1965	—	2
		邹城市	1078	556	2657	—	4
	泰安市		8258	3997	23253	41	38
	泰安市	泰山区	2136	1159	4660	—	5
		岱岳区	1396	649	3406	—	3
		宁阳县	567	368	1878	—	2
		东平县	578	291	2071	—	1
		新泰市	997	532	2846	—	10
		肥城市	901	454	3163	—	12
	威海市		9560	5038	24004	41	79
	威海市	环翠区	3389	1912	4866	—	1
		文登区	892	393	2491	—	9
		荣成市	1134	729	3759	—	26
		乳山市	723	250	1809	—	5

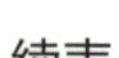

续表

省	市	县	申请件数	注册件数	有效注册量	地理标志商标	中国申请人马德里商标有效注册量（一标多类）
山东省	日照市		4977	2474	13529	27	37
	日照市	东港区	1854	1024	3414	—	8
		岚山区	454	254	1389	—	3
		五莲县	430	252	1439	—	4
		莒　县	1498	557	3475	—	11
	莱芜市		1269	695	4771	4	6
	莱芜市	莱城区	775	457	3003	—	1
		钢城区	165	91	520	—	4
	临沂市		41790	19430	87479	28	53
	临沂市	兰山区	12929	6347	24606	—	7
		罗庄区	3351	1508	6473	—	
		河东区	5345	2727	13642	—	4
		沂南县	2023	968	4279	—	5
		郯城县	1730	856	3890	—	
		沂水县	2266	959	5041	—	2
		兰陵县	1752	789	3840	—	
		费　县	2266	1038	3894	—	2
		平邑县	1493	679	3712	—	2
		莒南县	1741	838	4203	—	3
		蒙阴县	1079	441	2202	—	1
		临沭县	1595	726	4016	—	9
	德州市		8799	4522	27271	15	43
	德州市	德城区	1445	698	4312	—	5
		陵城区	230	134	1530	—	5
		宁津县	558	280	1636	—	
		庆云县	335	169	1196	—	
		临邑县	325	161	1230	—	3
		齐河县	625	335	1815	—	2

续表

省	市	县	申请件数	注册件数	有效注册量	地理标志商标	中国申请人马德里商标有效注册量（一标多类）
山东省	德州市	平原县	605	265	1472	—	2
		夏津县	668	417	2125	—	
		武城县	695	443	1882	—	2
		乐陵市	1124	481	2697	—	10
		禹城市	557	484	2762	—	5
	聊城市		11012	6262	30738	29	30
	聊城市	东昌府区	3061	1342	4880	—	3
		阳谷县	1126	473	3454	—	5
		莘　县	923	569	2900	—	
		茌平县	514	345	1995	—	
		东阿县	1167	1247	3572	—	1
		冠　县	766	434	2544	—	4
		高唐县	888	343	2446	—	8
		临清市	1125	793	4665	—	3
	滨州市		7741	3700	18832	18	16
	滨州市	滨城区	1751	713	2407	—	2
		惠民县	846	339	1298	—	1
		阳信县	368	179	785	—	3
		无棣县	458	384	1402	—	2
		沾化区	402	245	1229	—	1
		博兴县	1535	775	4576	—	1
		邹平县	1115	534	4156	—	2
	菏泽市		12571	5955	24849	13	29
	菏泽市	牡丹区	1847	999	3946	—	4
		曹　县	2094	1072	4046	—	7
		单　县	1914	1090	3217	—	1
		成武县	538	349	1479	—	2
		巨野县	887	395	1756	—	1

续表

省	市	县	申请件数	注册件数	有效注册量	地理标志商标	中国申请人马德里商标有效注册量（一标多类）
山东省	菏泽市	郓城县	1171	530	2623	—	3
		鄄城县	668	325	1457	—	
		定陶区	336	265	1347	—	2
		东明县	461	272	1037	—	2
河南省			208393	97536	448013	62	200
河南省	郑州市		85595	42415	178077	4	60
	郑州市	中原区	5390	2463	10095	—	1
		二七区	9964	4370	16934	—	3
		管城回族区	4581	2327	14796	—	
		金水区	27045	14175	55816	—	16
		上街区	244	160	941	—	
		惠济区	3424	1457	5167	—	1
		中牟县	1301	647	3051	—	
		巩义市	1166	626	3341	—	2
		荥阳市	1542	711	3408	—	3
		新密市	1466	821	3420	—	1
		新郑市	2412	1316	6821	—	4
		登封市	1059	415	2861	—	1
	开封市		6677	3108	14280	1	5
	开封市	龙亭区	353	139	1112	—	
		顺河回族区	209	146	616	—	1
		鼓楼区	313	133	635	—	3
		禹王台区	180	59	331	—	
		杞　县	835	465	1745	—	
		通许县	520	168	894	—	
		尉氏县	1336	550	2718	—	
		祥符区	287	168	1078	—	
		兰考县	1263	713	2124	—	1

续表

省	市	县	申请件数	注册件数	有效注册量	地理标志商标	中国申请人马德里商标有效注册量（一标多类）
河南省	洛阳市		15112	6080	28880	6	29
	洛阳市	老城区	578	242	985	—	
		西工区	1860	711	4106	—	5
		瀍河回族区	211	161	557	—	
		涧西区	1568	687	3280	—	2
		吉利区	67	31	144	—	
		洛龙区	2593	978	3468	—	
		孟津县	803	271	1104	—	
		新安县	557	335	1248	—	
		栾川县	423	151	864	—	
		嵩　县	258	177	734	—	
		汝阳县	481	159	1158	—	
		宜阳县	880	240	973	—	
		洛宁县	296	91	429	—	
		伊川县	823	324	1834	—	
		偃师市	1332	851	3729	—	1
	平顶山市		6216	2602	12674	2	3
	平顶山市	新华区	417	212	1355	—	
		卫东区	447	139	859	—	
		石龙区	38	10	75	—	
		湛河区	265	253	1163	—	
		宝丰县	453	170	779	—	
		叶　县	489	234	1169	—	
		鲁山县	635	330	1535	—	
		郏　县	531	232	1098	—	
		舞钢市	443	158	937	—	1
		汝州市	2205	767	2543	—	1

续表

省	市	县	申请件数	注册件数	有效注册量	地理标志商标	中国申请人马德里商标有效注册量（一标多类）
河南省	安阳市		6113	2972	15960	6	
	安阳市	文峰区	742	425	1744	—	
		北关区	579	376	1874	—	
		殷都区	459	93	948	—	
		龙安区	178	80	522	—	
		安阳县	575	289	1746	—	
		汤阴县	422	277	1318	—	
		滑　县	1121	488	2823	—	
		内黄县	680	387	1695	—	
		林州市	793	299	1493	—	
	鹤壁市		1482	707	4543		
	鹤壁市	鹤山区	58	32	124		
		山城区	147	44	364		
		淇滨区	429	202	929		
		浚　县	425	208	1720		
		淇　县	304	149	1036		
	新乡市		9801	4082	23245	4	16
	新乡市	红旗区	801	385	1228	—	
		卫滨区	372	158	753	—	
		凤泉区	232	79	398	—	2
		牧野区	775	244	1178	—	
		新乡县	609	189	1256	—	1
		获嘉县	368	204	1039	—	
		原阳县	680	282	1599	—	1
		延津县	777	153	1030	—	
		封丘县	695	344	1705	—	
		长垣县	1393	692	4590	—	7
		卫辉市	326	164	1075	—	

续表

省	市	县	申请件数	注册件数	有效注册量	地理标志商标	中国申请人马德里商标有效注册量（一标多类）
河南省	新乡市	辉县市	1404	512	2853	—	
	焦作市		5663	2689	15118	7	8
	焦作市	解放区	345	200	877	—	
		中站区	78	54	328	—	1
		马村区	54	37	173	—	
		山阳区	439	257	932	—	1
		修武县	420	149	1214	—	
		博爱县	362	215	1239	—	1
		武陟县	877	324	2389	—	
		温　县	824	411	2244	—	
		沁阳市	494	319	1352	—	1
		孟州市	1110	373	2128	—	
	濮阳市		3981	1985	10077	2	7
	濮阳市	华龙区	629	297	1059	—	1
		清丰县	319	160	930	—	
		南乐县	369	168	861	—	
		范　县	347	165	862	—	1
		台前县	709	458	1737	—	
		濮阳县	766	269	1544	—	4
	许昌市		6414	3514	17736	3	32
	许昌市	魏都区	654	373	1445	—	
		建安区	686	423	2337	—	19
		鄢陵县	638	218	1687	—	
		襄城县	670	311	1469	—	
		禹州市	1391	659	3213	—	3
		长葛市	1127	637	3677	—	
	漯河市		4740	2235	11817	1	5
	漯河市	源汇区	755	391	1997	—	

续表

省	市	县	申请件数	注册件数	有效注册量	地理标志商标	中国申请人马德里商标有效注册量（一标多类）
河南省	漯河市	郾城区	879	462	1969	—	
		召陵区	888	335	1304	—	
		舞阳县	334	190	1062	—	
		临颍县	954	497	2169	—	
	三门峡市		1409	719	4493	5	1
	三门峡市	湖滨区	209	135	718	—	
		渑池县	251	154	824	—	
		陕州区	54	68	358	—	
		卢氏县	224	101	451	—	
		义马市	79	33	212	—	
		灵宝市	365	157	1041	—	
	南阳市		12239	6263	27257	8	10
	南阳市	宛城区	1401	476	1957	—	
		卧龙区	1458	685	2508	—	
		南召县	449	183	838	—	
		方城县	764	378	1813	—	
		西峡县	589	306	1736	—	
		镇平县	1171	644	2681	—	1
		内乡县	387	306	1206	—	
		淅川县	385	261	1380	—	
		社旗县	611	258	1258	—	
		唐河县	907	429	1774	—	
		新野县	428	250	1177	—	
		桐柏县	328	169	793	—	
		邓州市	1216	946	2905	—	3
	商丘市		14811	5980	24721	4	3
	商丘市	梁园区	1342	727	3758	—	
		睢阳区	1866	830	3008	—	

续表

省	市	县	申请件数	注册件数	有效注册量	地理标志商标	中国申请人马德里商标有效注册量（一标多类）
河南省	商丘市	民权县	767	339	1815	—	
		睢　县	707	296	1293	—	2
		宁陵县	742	288	1083	—	
		柘城县	987	457	1725	—	
		虞城县	1944	886	3608	—	
		夏邑县	2389	937	3297	—	1
		永城市	3023	880	3302	—	
	信阳市		8587	3749	17549	6	5
	信阳市	浉河区	1005	619	2515	—	
		平桥区	610	224	1234	—	
		罗山县	381	209	1041	—	
		光山县	612	264	1403	—	
		新　县	297	165	808	—	1
		商城县	488	195	1047	—	
		固始县	2753	1097	4700	—	1
		潢川县	874	229	1326	—	3
		淮滨县	508	203	787	—	
		息　县	529	270	1110	—	
	周口市		11134	4757	23388	1	6
	周口市	川汇区	847	387	1572	—	
		扶沟县	843	224	1479	—	
		西华县	852	384	1566	—	1
		商水县	714	371	1628	—	
		沈丘县	1486	530	2570	—	
		郸城县	870	395	1834	—	2
		淮阳县	1295	581	2746	—	
		太康县	1221	593	2929	—	1
		鹿邑县	1107	451	2542	—	

续表

省	市	县	申请件数	注册件数	有效注册量	地理标志商标	中国申请人马德里商标有效注册量（一标多类）
河南省	周口市	黄泛区	18	13	390	—	
		项城市	1194	557	2521	—	2
	驻马店市		6371	3117	14913	2	7
	驻马店市	驿城区	584	400	1455	—	1
		西平县	521	261	1356	—	
		上蔡县	692	358	1815	—	1
		平舆县	664	305	1208	—	
		正阳县	499	335	1071	—	
		确山县	309	123	775	—	
		泌阳县	589	206	1135	—	
		汝南县	498	209	1051	—	
		遂平县	285	173	909	—	
		新蔡县	668	313	1301	—	1
	济源市		1370	575	3278	0	2
湖北省			**145367**	**59600**	**294792**	**348**	**252**
湖北省	武汉市		75182	29373	151335	37	126
	武汉市	江岸区	5966	2676	14400	—	10
		江汉区	8565	2640	15645	—	11
		硚口区	3367	1907	10060	—	5
		汉阳区	2652	1445	7529	—	6
		武昌区	9954	3740	18680	—	6
		青山区	1784	609	2679	—	4
		洪山区	9050	4591	19859	—	17
		东西湖区	13714	2783	15338	—	9
		汉南区	326	159	1409	—	
		蔡甸区	1001	393	2453	—	3
		江夏区	1647	677	3718	—	2
		黄陂区	2480	1154	6343	—	4

续表

省	市	县	申请件数	注册件数	有效注册量	地理标志商标	中国申请人马德里商标有效注册量（一标多类）
湖北省	武汉市	新洲区	1768	398	2321	—	
	黄石市		2894	1101	6491	4	13
	黄石市	黄石港区	324	95	634	—	
		西塞山区	133	75	346	—	
		下陆区	94	66	247	—	1
		铁山区	25	48	225	—	1
		阳新县	758	351	1592	—	
		大冶市	1253	327	2093	—	9
	十堰市		3734	1581	8944	25	10
	十堰市	茅箭区	773	314	1063	—	1
		张湾区	325	130	625	—	6
		郧阳区	479	150	730	—	
		郧西县	227	93	675	—	
		竹山县	281	98	615	—	
		竹溪县	208	76	416	—	
		房　县	295	147	657	—	
		丹江口市	345	173	1045	—	
	宜昌市		7179	3351	16919	50	57
	宜昌市	西陵区	1371	447	1765	—	3
		伍家岗区	1246	291	1210	—	1
		点军区	103	79	296	—	2
		猇亭区	193	32	444	—	
		夷陵区	612	422	2313	—	1
		远安县	172	81	764	—	
		兴山县	148	106	435	—	2
		秭归县	419	239	616	—	2
		长阳土家族自治县	368	187	821	—	
		五峰土家族自治县	366	185	724	—	

续表

省	市	县	申请件数	注册件数	有效注册量	地理标志商标	中国申请人马德里商标有效注册量（一标多类）
湖北省	宜昌市	宜都市	339	196	1006	—	2
		当阳市	382	203	1107	—	
		枝江市	449	270	1402	—	2
	襄阳市		6667	3137	15462	43	9
	襄阳市	襄城区	552	293	1708	—	2
		樊城区	1263	534	2512	—	2
		襄州区	629	288	1671	—	
		南漳县	331	214	1034	—	1
		谷城县	710	193	1029	—	1
		保康县	379	130	735	—	
		老河口市	235	167	814	—	
		枣阳市	753	439	1999	—	1
		宜城市	666	201	1042	—	1
	鄂州市		1987	517	3352	36	2
	鄂州市	梁子湖区	271	106	402	—	
		华容区	581	60	410	—	
		鄂城区	382	162	829	—	
		葛店开发区	166	51	354	—	
	荆门市		3630	1691	7519	8	3
	荆门市	东宝区	387	232	1077	—	2
		掇刀区	204	197	826	—	
		京山县	660	439	1728	—	
		沙洋县	282	159	787	—	
		漳河新区	204	20	34	—	
		屈家岭管理区	121	17	257	—	
		钟祥市	1210	475	1950	—	1
	孝感市		5802	3275	15229	17	4
	孝感市	孝南区	1319	653	2373	—	1

续表

省	市	县	申请件数	注册件数	有效注册量	地理标志商标	中国申请人马德里商标有效注册量（一标多类）
湖北省	孝感市	孝昌县	998	186	972	—	
		大悟县	241	171	773	—	
		云梦县	413	427	1749	—	
		应城市	487	518	1937	—	
		安陆市	613	312	1747	—	
		汉川市	1287	601	4100	—	3
	荆州市		10219	4739	20018	41	2
	荆州市	沙市区	1812	728	3339	—	1
		荆州区	1010	510	2447	—	
		公安县	981	376	2141	—	1
		监利县	1197	638	3043	—	
		江陵县	435	192	857	—	
		石首市	904	328	1684	—	
		洪湖市	2295	1265	3337	—	
		松滋市	786	386	1901	—	
	黄冈市		7365	3184	13151	19	6
	黄冈市	黄州区	395	166	1066	—	1
		团风县	117	43	375	—	
		红安县	505	227	924	—	
		罗田县	526	183	728	—	
		英山县	470	160	743	—	
		浠水县	454	241	1135	—	
		蕲春县	2252	867	2991	—	4
		黄梅县	621	284	1545	—	
		麻城市	791	279	1306	—	
		武穴市	862	571	1797	—	
	咸宁市		4979	1728	8364	24	5
	咸宁市	咸安区	1141	343	1466	—	

续表

省	市	县	申请件数	注册件数	有效注册量	地理标志商标	中国申请人马德里商标有效注册量（一标多类）
湖北省	咸宁市	嘉鱼县	576	236	1130	—	2
		通城县	671	297	1383	—	1
		崇阳县	422	115	765	—	
		通山县	496	310	1068	—	
		赤壁市	1366	296	1717	—	
	随州市		1203	578	5500	8	8
	随州市	曾都区	7	12	1574	—	1
		随　县	396	197	771	—	
		广水市	404	229	1373	—	
	恩施土家族苗族自治州		5323	2341	9637	26	
	恩施土家族苗族自治州	恩施市	2246	853	3326	—	
		利川市	727	364	1702	—	
		建始县	460	178	1009	—	
		巴东县	462	214	907	—	
		宣恩县	259	147	618	—	
		咸丰县	226	148	637	—	
		来凤县	213	95	493	—	
		鹤峰县	237	174	650	—	
	省直辖县级行政单位		8756	2925	12682		
	省直辖县级行政单位	仙桃市	2136	791	4593	5	1
		潜江市	2801	1453	3369	3	1
		天门市	3583	624	3991	2	1
		神农架林区	236	57	729	0	
湖南省			**138400**	**66897**	**319766**	**125**	**399**
湖南省	长沙市		65319	32012	146982	9	180
	长沙市	芙蓉区	7367	4409	24089	—	8
		天心区	7738	3440	13901	—	3
		岳麓区	9932	4202	14340	—	7

续表

省	市	县	申请件数	注册件数	有效注册量	地理标志商标	中国申请人马德里商标有效注册量（一标多类）
湖南省	长沙市	开福区	6320	3308	13964	—	6
		雨花区	11108	5641	24819	—	21
		望城区	2119	764	4521	—	23
		长沙县	3021	1599	6607	—	3
		宁乡县	2699	1479	6803	—	28
		浏阳市	2991	1715	10451	—	8
	株洲市		5682	2894	18185	13	34
	株洲市	荷塘区	553	265	1824	—	2
		芦淞区	813	589	3413	—	4
		石峰区	282	131	1036	—	4
		天元区	841	536	2841	—	
		株洲县	283	144	974	—	
		攸　县	479	239	1593	—	
		茶陵县	853	239	1302	—	
		炎陵县	228	122	459	—	
		醴陵市	902	457	2879	—	18
	湘潭市		4196	2719	13017	2	9
	湘潭市	雨湖区	901	412	2427	—	1
		岳塘区	539	337	2141	—	
		湘潭县	1011	688	2824	—	
		湘乡市	925	358	2211	—	2
		韶山市	342	289	1140	—	5
	衡阳市		7874	3563	17330	7	11
	衡阳市	珠晖区	359	146	834	—	1
		雁峰区	288	208	1066	—	1
		石鼓区	374	159	1332	—	2
		蒸湘区	440	157	1102	—	1
		南岳区	108	34	283	—	

续表

省	市	县	申请件数	注册件数	有效注册量	地理标志商标	中国申请人马德里商标有效注册量（一标多类）
湖南省	衡阳市	衡阳县	945	442	2553	—	2
		衡南县	859	362	1676	—	
		衡山县	301	223	942	—	
		衡东县	633	255	1231	—	2
		祁东县	878	398	1684	—	
		耒阳市	1120	630	2528	—	1
		常宁市	1109	320	1246	—	
	邵阳市		8147	3571	21890	11	27
	邵阳市	双清区	597	230	1155	—	4
		大祥区	337	224	1233	—	1
		北塔区	117	64	396	—	2
		邵东县	2356	975	6581	—	6
		新邵县	661	307	1879	—	1
		邵阳县	718	363	3478	—	
		隆回县	1058	389	2372	—	2
		洞口县	473	149	928	—	1
		绥宁县	182	144	519	—	
		新宁县	663	214	824	—	7
		城步苗族自治县	148	77	451	—	
		武冈市	407	257	1187	—	
	岳阳市		7617	3565	18686	15	89
	岳阳市	岳阳楼区	1130	684	3040	—	4
		云溪区	140	53	400	—	2
		君山区	179	111	643	—	1
		岳阳县	585	276	1386	—	14
		华容县	1028	392	1881	—	12
		湘阴县	837	342	2369	—	15
		平江县	1348	690	3318	—	11

续表

省	市	县	申请件数	注册件数	有效注册量	地理标志商标	中国申请人马德里商标有效注册量（一标多类）
湖南省	岳阳市	屈原区	15	16	144	—	
		汨罗市	897	335	1736	—	13
		临湘市	697	436	1781	—	5
	常德市		5146	2822	13529	7	9
	常德市	武陵区	976	551	2342	—	
		鼎城区	557	294	1386	—	2
		安乡县	415	223	1205	—	
		汉寿县	678	304	1343	—	
		澧　县	768	531	1944	—	
		临澧县	224	123	722	—	3
		桃源县	562	318	1340	—	
		石门县	459	211	1149	—	
		津市市	148	81	785	—	1
	张家界市		2052	1179	4562	4	1
	张家界市	永定区	1096	614	2243	—	
		武陵源区	76	86	490	—	
		慈利县	442	257	879	—	
		桑植县	304	132	515	—	
	益阳市		6996	3503	16481	13	14
	益阳市	资阳区	569	300	1359	—	
		赫山区	1489	888	3369	—	
		南　县	874	413	2297	—	2
		桃江县	784	390	1875	—	4
		安化县	1702	791	3111	—	2
		大通湖区	50	27	284	—	
		沅江市	888	373	2041	—	
	郴州市		5314	2690	11721	5	2
	郴州市	北湖区	1115	487	1859	—	

续表

省	市	县	申请件数	注册件数	有效注册量	地理标志商标	中国申请人马德里商标有效注册量（一标多类）
湖南省	郴州市	苏仙区	638	295	1246	—	
		桂阳县	1022	515	2136	—	1
		宜章县	327	179	1029	—	
		永兴县	524	232	983	—	
		嘉禾县	217	146	627	—	1
		临武县	253	96	397	—	
		汝城县	270	151	576	—	
		桂东县	241	192	417	—	
		安仁县	260	94	530	—	
		资兴市	257	221	1099	—	
	永州市		6594	2495	11829	6	5
	永州市	零陵区	654	240	1259	—	
		冷水滩区	2010	363	1929	—	2
		祁阳县	559	419	1960	—	
		东安县	306	178	824	—	
		双牌县	292	83	365	—	
		道　县	296	173	801	—	
		江永县	145	81	392	—	
		宁远县	507	314	1131	—	
		蓝山县	487	204	915	—	
		新田县	691	234	1241	—	1
		江华瑶族自治县	324	144	760	—	
		回龙圩区	1	2	1	—	
	怀化市		5248	2519	9787	15	8
	怀化市	鹤城区	829	552	1930	—	
		中方县	145	52	477	—	1
		沅陵县	963	471	1221	—	
		辰溪县	176	82	516	—	1

续表

省	市	县	申请件数	注册件数	有效注册量	地理标志商标	中国申请人马德里商标有效注册量（一标多类）
湖南省	怀化市	溆浦县	475	254	929	—	3
		会同县	110	91	359	—	
		麻阳苗族自治县	766	336	847	—	1
		新晃侗族自治县	122	59	294	—	1
		芷江侗族自治县	169	111	507	—	
		靖州苗族侗族自治县	361	95	424	—	
		通道侗族自治县	128	56	301	—	
		洪江区	28	6	48	—	1
		洪江市	553	185	643	—	
	娄底市		5339	1984	10349	2	4
	娄底市	娄星区	883	243	1717	—	
		双峰县	1452	488	2482	—	
		新化县	1251	544	2200	—	1
		冷水江市	371	168	798	—	
		涟源市	1134	394	1932	—	1
	湘西土家族苗族自治州		2678	1307	5195	16	2
	湘西土家族苗族自治州	吉首市	624	439	1902	—	
		泸溪县	48	50	191	—	
		凤凰县	293	179	658	—	
		花垣县	594	155	429	—	2
		保靖县	107	90	470	—	
		古丈县	184	97	409	—	
		永顺县	345	114	525	—	
		龙山县	132	123	455	—	
广东省			1095053	514024	2525055	41	5637
广东省	广州市		317135	148999	688394	1	1272
	广州市	荔湾区	12995	5634	35379	—	81
		越秀区	25857	12995	74275	—	115

续表

省	市	县	申请件数	注册件数	有效注册量	地理标志商标	中国申请人马德里商标有效注册量（一标多类）
广东省	广州市	海珠区	19675	9306	49069	—	57
		天河区	95908	51482	181637	—	194
		白云区	63325	27375	133391	—	215
		黄埔区	6497	2860	15354	—	41
		番禺区	38897	15914	69155	—	128
		花都区	10931	5125	30060	—	113
		南沙区	11859	4737	10655	—	3
		增城区	8461	2766	20055	—	86
		从化区	1814	948	7019	—	12
	韶关市		4635	2377	10239	1	4
	韶关市	武江区	398	189	1096	—	
		浈江区	424	266	1408	—	
		曲江区	318	170	919	—	
		始兴县	806	514	949	—	
		仁化县	264	187	803	—	
		翁源县	927	204	894	—	
		乳源瑶族自治县	188	89	482	—	1
		新丰县	338	181	642	—	
		乐昌市	409	214	1145	—	
		南雄市	411	297	1133	—	
	深圳市		392978	182748	708114	1	2139
	深圳市	罗湖区	34007	13525	78453	—	155
		福田区	66160	33090	155679	—	361
		南山区	68375	33591	124680	—	540
		宝安区	63929	31118	135179	—	498
		龙岗区	52177	24362	94839	—	385
		盐田区	2483	1349	5559	—	11
		龙华区	13115	17	60	—	

续表

省	市	县	申请件数	注册件数	有效注册量	地理标志商标	中国申请人马德里商标有效注册量（一标多类）
广东省	深圳市	坪山区	786	0	3	—	
	珠海市		21263	8951	48307	0	167
	珠海市	香洲区	5753	2754	12549	—	35
		斗门区	1367	476	2675	—	10
		金湾区	1737	798	4888	—	16
	汕头市		44613	22578	166406	0	267
	汕头市	龙湖区	9888	4675	16548	—	20
		金平区	2733	1906	9049	—	7
		濠江区	517	377	2123	—	3
		潮阳区	5458	3230	35262	—	46
		潮南区	14029	6312	53275	—	49
		澄海区	8310	4272	28680	—	87
		南澳县	168	73	329	—	
	佛山市		74920	34319	213745	5	539
	佛山市	禅城区	14326	6546	37551	—	60
		南海区	23009	11472	68813	—	174
		顺德区	30538	13680	88268	—	193
		三水区	2779	1174	8233	—	36
		高明区	1881	780	5359	—	17
	江门市		12983	7214	48252	3	145
	江门市	蓬江区	2992	1646	8818	—	20
		江海区	1178	1081	4112	—	3
		新会区	3197	1365	8740	—	13
		台山市	924	505	2947	—	6
		开平市	1646	882	7078	—	20
		鹤山市	1236	858	6298	—	26
		恩平市	899	426	3306	—	15

续表

省	市	县	申请件数	注册件数	有效注册量	地理标志商标	中国申请人马德里商标有效注册量（一标多类）
广东省	湛江市		10720	4845	26169	0	37
	湛江市	赤坎区	778	445	2106	—	3
		霞山区	645	361	2692	—	
		坡头区	299	201	1043	—	1
		麻章区	346	191	1150	—	2
		遂溪县	1888	320	1438	—	
		徐闻县	363	239	786	—	
		廉江市	2523	1223	6667	—	13
		雷州市	1760	662	3550	—	4
		吴川市	1043	568	3539	—	4
	茂名市		7353	3565	18831	7	6
	茂名市	茂南区	873	428	2220	—	
		电白区	1286	624	4805	—	2
		高州市	1199	730	3360	—	2
		化州市	1548	756	3654	—	2
		信宜市	769	344	1770	—	
	肇庆市		7879	4835	20416	8	20
	肇庆市	端州区	1639	1396	3477	—	1
		鼎湖区	352	213	1199	—	
		广宁县	605	312	1674	—	
		怀集县	949	313	1268	—	1
		封开县	304	112	531	—	
		德庆县	237	114	830	—	
		高新区	271	109	810	—	
		高要区	988	639	4516	—	6
		四会市	1797	1275	3581	—	1
	惠州市		16633	8350	49206	1	63
	惠州市	惠城区	4854	2370	9832	—	7

续表

省	市	县	申请件数	注册件数	有效注册量	地理标志商标	中国申请人马德里商标有效注册量（一标多类）
广东省	惠州市	惠阳区	2092	981	5975	—	16
		博罗县	2155	1223	7426	—	4
		惠东县	2009	1050	7996	—	3
		龙门县	1274	226	1168	—	2
		大亚湾经济开发区	420	128	1462	—	
	梅州市		8272	3338	19177	3	11
	梅州市	梅江区	828	446	1792	—	
		梅县区	780	422	3202	—	
		大埔县	429	276	1676	—	
		丰顺县	573	272	1804	—	2
		五华县	1140	544	2612	—	5
		平远县	299	236	1285	—	
		蕉岭县	350	183	1009	—	2
		兴宁市	3379	697	3675	—	2
	汕尾市		6659	2957	22978	0	7
	汕尾市	城　区	576	321	2288	—	
		海丰县	3164	1393	13076	—	4
		陆河县	185	83	688	—	
		红海湾经济开发区	82	26	632	—	
		华侨管理区	6	6	21	—	
		陆丰市	2155	946	5487	—	2
	河源市		5214	2064	10442	0	10
	河源市	源城区	601	249	1519	—	5
		紫金县	522	272	1461	—	
		龙川县	888	371	1858	—	1
		连平县	297	148	701	—	
		和平县	1495	374	1158	—	
		东源县	410	269	1609	—	

续表

省	市	县	申请件数	注册件数	有效注册量	地理标志商标	中国申请人马德里商标有效注册量（一标多类）
广东省	阳江市		5352	2418	14118	2	39
	阳江市	江城区	2293	1028	4795	—	1
		阳西县	349	154	910	—	1
		阳东区	1048	508	3725	—	21
		海陵区	30	5	115	—	
		阳春市	1093	427	2666	—	3
	清远市		5499	2227	11874	3	28
	清远市	清城区	1424	502	2312	—	4
		清新区	732	226	1825	—	1
		佛冈县	263	79	672	—	1
		阳山县	314	126	759	—	1
		连山壮族瑶族自治县	129	48	271	—	
		连南瑶族自治县	98	54	255	—	
		英德市	927	658	2844	—	8
		连州市	666	192	1026	—	2
	东莞市		68513	32430	180138	0	378
	中山市		33048	16589	110960	0	243
	潮州市		16168	7179	50977	2	173
	潮州市	湘桥区	1288	632	3126	—	12
		潮安区	8190	3479	32062	—	74
		饶平县	3332	1342	6369	—	20
	揭阳市		28289	13985	97874	2	65
	揭阳市	榕城区	4927	2493	14461	—	4
		揭东区	3005	1247	10871	—	14
		揭西县	3107	1424	8706	—	3
		惠来县	1851	924	5338	—	4
		普侨区	24	10	53	—	
		普宁市	12431	6416	50934	—	23

续表

省	市	县	申请件数	注册件数	有效注册量	地理标志商标	中国申请人马德里商标有效注册量（一标多类）
广东省	云浮市		2422	1156	6583	2	8
	云浮市	云城区	367	263	997	—	1
		新兴县	654	290	2171	—	4
		郁南县	277	141	827	—	1
		云安区	109	53	261	—	
		罗定市	909	341	2133	—	1
广西壮族自治区			55794	26095	127544	40	103
广西壮族自治区	南宁市		22577	10350	50282	3	6
	南宁市	兴宁区	1238	549	1814	—	
		青秀区	7612	3291	11186	—	2
		江南区	1493	766	2862	—	
		西乡塘区	3708	1728	5278	—	
		良庆区	917	353	1193	—	
		邕宁区	133	58	360	—	
		武鸣区	360	288	946	—	
		隆安县	154	61	416	—	
		马山县	82	81	282	—	
		上林县	180	78	310	—	
		宾阳县	329	229	1169	—	
		横　县	484	215	970	—	1
	柳州市		4190	2561	12567	3	25
	柳州市	城中区	281	285	712	—	1
		鱼峰区	486	238	843	—	1
		柳南区	667	340	1477	—	
		柳北区	269	184	951	—	1
		柳江区	284	206	1033	—	
		柳城县	124	82	336	—	
		鹿寨县	135	44	611	—	

续表

省	市	县	申请件数	注册件数	有效注册量	地理标志商标	中国申请人马德里商标有效注册量（一标多类）
广西壮族自治区	柳州市	融安县	124	94	349	—	
		融水苗族自治县	138	78	372	—	
		三江侗族自治县	197	95	486	—	
	桂林市		6092	2996	15955	9	37
	桂林市	秀峰区	739	204	960	—	
		叠彩区	384	265	942	—	
		象山区	664	299	1329	—	1
		七星区	1224	711	2552	—	
		雁山区	27	46	130	—	
		临桂区	302	143	771	—	3
		阳朔县	156	115	516	—	
		灵川县	321	178	959	—	
		全州县	315	131	655	—	
		兴安县	204	96	883	—	5
		永福县	91	60	336	—	
		灌阳县	116	52	205	—	
		龙胜各族自治县	58	34	257	—	
		资源县	114	29	179	—	
		平乐县	161	61	402	—	
		荔浦县	231	112	1033	—	2
		恭城瑶族自治县	75	41	173	—	
	梧州市		2298	821	5124	1	13
	梧州市	万秀区	134	48	391	—	
		长洲区	202	86	237	—	
		龙圩区	790	30	97	—	
		苍梧县	175	85	568	—	1
		藤　县	344	202	953	—	
		蒙山县	95	67	372	—	

续表

省	市	县	申请件数	注册件数	有效注册量	地理标志商标	中国申请人马德里商标有效注册量（一标多类）
广西壮族自治区	梧州市	岑溪市	255	125	735	—	1
	北海市		2280	858	4293	0	3
	北海市	海城区	396	216	695	—	
		银海区	121	66	164	—	
		铁山港区	59	10	115	—	1
		合浦县	585	220	1036	—	
	防城港市		894	572	2332	0	
	防城港市	港口区	216	124	582	—	
		防城区	138	85	515	—	
		上思县	147	19	110	—	
		东兴市	327	312	1078	—	
	钦州市		1666	807	3547	0	2
	钦州市	钦南区	255	103	378	—	
		钦北区	100	54	257	—	
		灵山县	283	112	858	—	
		浦北县	558	122	682	—	1
	贵港市		3135	1501	8200	2	4
	贵港市	港北区	449	289	903	—	
		港南区	270	121	638	—	
		覃塘区	308	57	391	—	
		平南县	929	475	2612	—	
		桂平市	935	466	2602	—	3
	玉林市		3695	1951	11084	1	12
	玉林市	玉州区	796	490	2550	—	1
		福绵区	82	11	214	—	
		容　县	375	184	1175	—	
		陆川县	391	198	910	—	
		博白县	355	222	1027	—	

续表

省	市	县	申请件数	注册件数	有效注册量	地理标志商标	中国申请人马德里商标有效注册量（一标多类）
广西壮族自治区	玉林市	兴业县	340	121	816	—	
		北流市	665	303	1772	—	2
	百色市		1422	602	3164	5	1
	百色市	右江区	258	66	277	—	
		田阳县	103	68	412	—	
		田东县	118	37	261	—	
		平果县	203	116	552	—	1
		德保县	47	33	151	—	
		靖西市	108	37	198	—	
		那坡县	34	6	42	—	
		凌云县	112	52	263	—	
		乐业县	145	30	156	—	
		田林县	31	25	137	—	
		西林县	28	16	148	—	
		隆林各族自治县	87	29	109	—	
	贺州市		1608	542	2108	4	
	贺州市	八步区	679	212	787	—	
		昭平县	192	82	357	—	
		钟山县	95	32	182	—	
		富川瑶族自治县	123	27	179	—	
	河池市		1873	746	3968	12	
	河池市	金城江区	115	61	228	—	
		南丹县	68	58	255	—	
		天峨县	60	28	99	—	
		凤山县	117	36	161	—	
		东兰县	57	25	92	—	
		罗城仫佬族自治县	158	59	332	—	
		环江毛南族自治县	53	29	221	—	

续表

省	市	县	申请件数	注册件数	有效注册量	地理标志商标	中国申请人马德里商标有效注册量（一标多类）
广西壮族自治区	河池市	巴马瑶族自治县	659	210	1197	—	
		都安瑶族自治县	155	44	248	—	
		大化瑶族自治县	113	39	173	—	
		宜州区	178	91	629	—	
	来宾市		1013	400	1890	0	
	来宾市	兴宾区	159	97	352	—	
		忻城县	89	33	135	—	
		象州县	188	86	315	—	
		武宣县	154	32	196	—	
		金秀瑶族自治县	135	71	369	—	
		合山市	59	21	100	—	
	崇左市		938	555	1839	0	
	崇左市	江洲区	74	22	149	—	
		扶绥县	223	61	285	—	
		宁明县	74	30	136	—	
		龙州县	71	22	147	—	
		大新县	91	33	206	—	
		天等县	48	19	98	—	
		凭祥市	170	109	426	—	
海南省			**21175**	**9953**	**59156**	**36**	**48**
海南省	海口市		12457	5452	33894	—	40
	海口市	秀英区	756	397	2257	—	2
		龙华区	4697	1784	4997	—	1
		琼山区	929	478	2164	—	
		美兰区	2646	1215	3844	—	2
	三亚市		3117	1613	6209	—	2
	三亚市	海棠区	150	39	309	—	
		吉阳区	757	240	473	—	1

续表

省	市	县	申请件数	注册件数	有效注册量	地理标志商标	中国申请人马德里商标有效注册量（一标多类）
海南省	三亚市	天涯区	861	407	638	—	
		崖州区	170	30	35	—	
	三沙市		79	165	2703	—	
	洋浦经济开发区		68	33	931	—	
	省直辖县级行政单位		5215	2656	15260	—	4
	省直辖县级行政单位	五指山市	110	94	490	—	1
		琼海市	382	366	2010	—	1
		儋州市	495	287	1344	—	
		文昌市	676	173	1492	—	1
		万宁市	472	241	1129	—	
		东方市	321	297	754	—	
		定安县	281	95	931	—	
		屯昌县	98	34	343	—	
		澄迈县	857	455	2738	—	1
		临高县	181	33	580	—	
		白沙黎族自治县	210	80	398	—	
		昌江黎族自治县	131	109	467	—	
		乐东黎族自治县	203	97	795	—	
		陵水黎族自治县	501	136	601	—	
		保亭黎族苗族自治县	158	61	564	—	
		琼中黎族苗族自治县	139	98	624	—	
重庆市			**102532**	**52639**	**290072**	**229**	**206**
重庆市	万州区		2391	1705	10734	15	9
	涪陵区		1537	1137	9954	13	4
	渝中区		7402	3911	22833	0	9
	大渡口区		1423	623	4037	1	9
	江北区		12966	5637	25987	0	18
	沙坪坝区		6430	2615	15592	0	17

续表

省	市	县	申请件数	注册件数	有效注册量	地理标志商标	中国申请人马德里商标有效注册量（一标多类）
	重庆市	九龙坡区	9000	4616	26530	1	19
		南岸区	6031	3669	18566	0	12
		北碚区	1955	1120	8772	2	11
		綦江区	1927	963	5311	13	
		大足区	1069	821	5298	4	
		渝北区	11381	5786	28392	0	14
		巴南区	3301	2042	9614	4	9
		黔江区	566	450	2526	0	
		长寿区	1827	1295	5167	3	1
		江津区	2805	1427	8339	5	6
		合川区	1691	1174	8156	13	7
		永川区	2756	908	5866	10	3
		南川区	1003	487	2970	13	
		北部新区	4678	2579	9946	0	4
		潼南区	1092	525	2921	0	
		铜梁区	1158	746	4572	5	1
		荣昌区	1241	674	3610	7	1
		璧山区	2086	902	5315	4	2
		梁平区	1368	472	4218	10	2
		城口县	444	244	759	8	
		丰都县	462	256	1973	11	1
		垫江县	765	566	3394	7	1
		武隆区	726	421	1714	6	
		忠　县	904	537	3230	2	
		开州区	1679	1153	5265	8	1
		云阳县	2500	533	2843	5	
		奉节县	1347	642	2652	3	1
		巫山县	473	197	1443	5	1

续表

省	市	县	申请件数	注册件数	有效注册量	地理标志商标	中国申请人马德里商标有效注册量（一标多类）
重庆市	巫溪县		344	236	1194	5	
	石柱土家族自治县		608	208	1738	4	1
	秀山土家族苗族自治县		524	285	1530	9	
	酉阳土家族苗族自治县		897	393	1818	10	
	彭水苗族土家族自治县		1198	523	2372	23	
四川省			194765	93701	478192	244	407
四川省	成都市		118680	58362	280675	18	245
	成都市	锦江区	8223	3916	17570	—	20
		青羊区	7849	4811	23769	—	6
		金牛区	12298	4438	23682	—	7
		武侯区	16272	8189	42502	—	38
		成华区	7808	4394	15668	—	4
		龙泉驿区	1830	729	5026	—	9
		青白江区	1040	444	3045	—	8
		新都区	3740	1639	11034	—	4
		温江区	2663	1040	6537	—	8
		金堂县	1234	490	2492	—	3
		双流区	2376	1763	10823	—	13
		郫都区	2704	1170	7305	—	10
		大邑县	1109	543	3881	—	2
		蒲江县	580	252	1852	—	
		新津县	736	756	3605	—	4
		高新区	27809	14868	49616	—	2
		都江堰市	1401	2080	7077	—	3
		彭州市	1713	886	4574	—	1
		邛崃市	1545	652	4666	—	3
		崇州市	1475	628	4755	—	9

续表

省	市	县	申请件数	注册件数	有效注册量	地理标志商标	中国申请人马德里商标有效注册量（一标多类）
四川省	自贡市		3328	1318	8160	3	12
	自贡市	自流井区	1041	283	1379	—	1
		贡井区	275	112	562	—	
		大安区	311	186	906	—	4
		沿滩区	217	114	608	—	1
		荣　县	499	145	1331	—	
		富顺县	664	360	2121	—	1
	攀枝花市		1061	596	3426		5
	攀枝花市	东　区	363	213	1094		
		西　区	75	43	268		
		仁和区	220	126	771		
		米易县	111	93	481		
		盐边县	240	104	470		2
	泸州市		5578	2692	16300	6	14
	泸州市	江阳区	908	454	3091	—	
		纳溪区	565	203	1433	—	2
		龙马潭区	1270	677	2880	—	
		泸　县	728	420	2530	—	
		合江县	403	209	1033	—	
		叙永县	371	239	838	—	
		古蔺县	698	301	1659	—	3
	德阳市		5335	2824	17183	3	26
	德阳市	旌阳区	930	483	2021	—	
		中江县	765	647	2268	—	1
		罗江县	164	100	645	—	
		广汉市	1358	576	3742	—	5
		什邡市	799	511	2687	—	1
		绵竹市	804	319	3793	—	13

续表

省	市	县	申请件数	注册件数	有效注册量	地理标志商标	中国申请人马德里商标有效注册量（一标多类）
四川省	绵阳市		7503	4008	20963	9	22
	绵阳市	涪城区	1828	953	4040	—	2
		游仙区	730	310	1609	—	1
		三台县	842	488	1846	—	
		盐亭县	300	140	817	—	
		安州区	383	200	1444	—	2
		梓潼县	221	128	709	—	
		北川羌族自治县	298	216	1078	—	
		平武县	187	74	502	—	
		高新区	426	421	2145	—	1
		江油市	811	374	2245	—	1
	广元市		2057	942	5070	27	
	广元市	利州区	581	325	1341	—	
		昭化区	82	59	310	—	
		朝天区	152	44	238	—	
		旺苍县	136	64	468	—	
		青川县	157	77	423	—	
		剑阁县	368	113	574	—	
		苍溪县	313	198	891	—	
	遂宁市		4337	1670	9639	2	6
	遂宁市	船山区	718	421	2080	—	
		安居区	372	243	935	—	
		蓬溪县	418	200	1063	—	
		射洪县	898	251	2915	—	4
		大英县	1575	291	1275	—	
	内江市		2617	1126	7315	3	3
	内江市	市中区	305	156	1255	—	
		东兴区	743	247	1362	—	1

续表

省	市	县	申请件数	注册件数	有效注册量	地理标志商标	中国申请人马德里商标有效注册量（一标多类）
四川省	内江市	威远县	326	189	1079	—	
		资中县	507	261	1331	—	
		隆昌县	612	255	1980	—	1
	乐山市		3635	1913	11779	13	12
	乐山市	市中区	1016	562	3106	—	1
		沙湾区	121	52	427	—	
		五通桥区	243	106	1139	—	1
		金口河区	134	66	179	—	
		犍为县	310	148	760	—	2
		井研县	156	186	760	—	1
		夹江县	491	212	1332	—	1
		沐川县	132	67	348	—	
		峨边彝族自治县	88	22	140	—	
		马边彝族自治县	83	49	315	—	
		峨眉山市	561	297	2461	—	4
	南充市		6137	3163	16577	7	4
	南充市	顺庆区	907	427	2378	—	1
		高坪区	553	204	1195	—	
		嘉陵区	481	248	1175	—	
		南部县	1036	736	2901	—	
		营山县	514	220	1119	—	
		蓬安县	342	151	930	—	
		仪陇县	567	226	1428	—	1
		西充县	688	329	1752	—	2
		阆中市	841	518	3083	—	
	眉山市		4554	1799	11326	9	13
	眉山市	东坡区	1690	666	3888	—	2
		仁寿县	854	368	2298	—	

续表

省	市	县	申请件数	注册件数	有效注册量	地理标志商标	中国申请人马德里商标有效注册量（一标多类）
四川省	眉山市	彭山区	527	192	1111	—	
		洪雅县	472	192	1239	—	5
		丹棱县	185	108	617	—	
		青神县	288	85	814	—	1
	宜宾市		5262	2469	13348	17	18
	宜宾市	翠屏区	1791	834	3515	—	
		南溪区	481	188	997	—	
		宜宾县	534	240	1302	—	1
		江安县	415	206	697	—	1
		长宁县	355	158	737	—	
		高　县	265	212	846	—	2
		珙　县	212	81	494	—	
		筠连县	288	145	884	—	
		兴文县	301	158	600	—	
		屏山县	181	90	335	—	
	广安市		3904	1661	12473	13	2
	广安市	广安区	1035	465	3704	—	
		前锋区	160	101	248	—	
		岳池县	709	353	2142	—	
		武胜县	1013	287	2011	—	
		邻水县	581	304	2395	—	2
		华蓥市	225	113	1415	—	
	达州市		5441	2018	9466	8	3
	达州市	通川区	631	443	1828	—	
		达川区	2048	300	1559	—	
		宣汉县	437	313	1085	—	
		开江县	368	172	933	—	
		大竹县	713	294	1482	—	1

续表

省	市	县	申请件数	注册件数	有效注册量	地理标志商标	中国申请人马德里商标有效注册量（一标多类）
四川省	达州市	渠　县	702	299	1625	—	1
		万源市	303	121	652	—	
	雅安市		2091	1118	5530	18	1
	雅安市	雨城区	599	411	1459	—	
		名山区	422	220	1236	—	
		荥经县	208	74	412	—	
		汉源县	180	191	746	—	
		石棉县	181	31	413	—	1
		天全县	121	62	375	—	
		芦山县	271	51	259	—	
		宝兴县	39	38	264	—	
	巴中市		2304	1059	4920	17	
	巴中市	巴州区	910	351	1723	—	
		恩阳区	81	38	89	—	
		通江县	326	165	731	—	
		南江县	361	205	773	—	
		平昌县	525	259	1230	—	
	资阳市		3281	2091	10830	3	14
	资阳市	雁江区	642	334	1687	—	
		安岳县	960	518	2585	—	
		乐至县	396	183	1107	—	
		简阳市	1168	1006	4915	—	12
	阿坝藏族羌族自治州		1638	918	4156	24	
	阿坝藏族羌族自治州	汶川县	168	154	580	—	
		理　县	44	34	301	—	
		茂　县	69	65	623	—	
		松潘县	313	183	455	—	
		九寨沟县	162	63	540	—	

续表

省	市	县	申请件数	注册件数	有效注册量	地理标志商标	中国申请人马德里商标有效注册量（一标多类）
四川省	阿坝藏族羌族自治州	金川县	149	76	256	—	
		小金县	117	103	323	—	
		黑水县	80	50	219	—	
		马尔康市	60	37	139	—	
		壤塘县	80	1	28	—	
		阿坝县	80	59	145	—	
		若尔盖县	71	16	130	—	
		红原县	60	39	250	—	
	甘孜藏族自治州		1787	702	3055	21	
	甘孜藏族自治州	康定市	192	174	854	—	
		泸定县	355	47	317	—	
		丹巴县	38	21	274	—	
		九龙县	71	13	94	—	
		雅江县	98	6	63	—	
		道孚县	45	20	144	—	
		炉霍县	149	43	178	—	
		甘孜县	32	27	86	—	
		新龙县	19	8	28	—	
		德格县	100	89	147	—	
		白玉县	44	35	126	—	
		石渠县	50	24	55	—	
		色达县	17	2	45	—	
		理塘县	178	5	53	—	
		巴塘县	52	56	109	—	
		乡城县	182	79	154	—	
		稻城县	80	11	165	—	
		得荣县	35	13	63	—	

续表

省	市	县	申请件数	注册件数	有效注册量	地理标志商标	中国申请人马德里商标有效注册量（一标多类）
四川省	凉山彝族自治州		3151	1179	5744	23	4
	凉山彝族自治州	西昌市	1019	536	2817	—	3
		木里藏族自治县	201	28	67	—	
		盐源县	121	121	386	—	
		德昌县	172	76	364	—	
		会理县	761	99	563	—	
		会东县	149	62	280	—	
		宁南县	25	20	231	—	
		普格县	25	17	158	—	1
		布拖县	19	4	73	—	
		金阳县	24	8	42	—	
		昭觉县	145	2	54	—	
		喜德县	13	18	65	—	
		冕宁县	214	71	239	—	
		越西县	76	15	92	—	
		甘洛县	58	35	98	—	
		美姑县	41	4	39	—	
		雷波县	45	38	109	—	
贵州省			53766	23488	112343	71	32
贵州省	贵阳市		19069	9080	45050	2	26
	贵阳市	南明区	4367	2270	10276	—	
		云岩区	4088	1959	10201	—	4
		花溪区	661	364	3594	—	2
		乌当区	858	300	1831	—	
		白云区	824	375	1888	—	
		观山湖区	3106	1040	4027	—	
		开阳县	426	127	607	—	
		息烽县	175	109	473	—	

续表

省	市	县	申请件数	注册件数	有效注册量	地理标志商标	中国申请人马德里商标有效注册量（一标多类）
贵州省	贵阳市	修文县	430	317	1093	—	
		清镇市	372	275	1370	—	1
	六盘水市		2664	1476	5467	1	
	六盘水市	钟山区	824	329	1736	—	
		六枝特区	220	97	567	—	
		水城县	361	168	669	—	
		盘　县	777	746	1927	—	
	遵义市		14150	5422	27297	15	2
	遵义市	红花岗区	1268	506	2352	—	
		汇川区	1235	451	2046	—	1
		播州区	564	338	1732	—	1
		桐梓县	428	199	849	—	
		绥阳县	320	227	710	—	
		正安县	319	122	542	—	
		道真仡佬族苗族自治县	137	66	277	—	
		务川仡佬族苗族自治县	154	112	273	—	
		凤冈县	408	232	848	—	
		湄潭县	628	328	1424	—	
		余庆县	182	138	436	—	
		习水县	722	284	2136	—	
		赤水市	387	269	852	—	
		仁怀市	6125	1838	11090	—	
	安顺市		2327	872	4855	7	
	安顺市	西秀区	824	328	1414	—	
		平坝区	270	113	769	—	
		普定县	162	74	356	—	
		镇宁布依族苗族自治县	161	74	439	—	

续表

省	市	县	申请件数	注册件数	有效注册量	地理标志商标	中国申请人马德里商标有效注册量（一标多类）
贵州省	安顺市	关岭布依族苗族自治县	577	83	443	—	
		紫云苗族布依族自治县	63	57	306	—	
		黄果树管委会	1	2	186	—	
	毕节市		3070	1407	7171	9	
	毕节市	七星关区	395	229	709	—	
		大方县	375	185	1001	—	
		黔西县	517	169	899	—	
		金沙县	381	184	997	—	
		织金县	307	143	633	—	
		纳雍县	242	94	575	—	
		威宁彝族回族苗族自治县	220	113	551	—	
		赫章县	227	103	555	—	
	铜仁市		2056	1056	4658	12	1
	铜仁市	碧江区	305	150	452	—	
		万山区	85	93	245	—	
		江口县	147	64	335	—	
		玉屏侗族自治县	72	75	226	—	1
		石阡县	212	79	341	—	
		思南县	233	73	515	—	
		印江土家族苗族自治县	133	56	350	—	
		德江县	176	78	322	—	
		沿河土家族自治县	214	130	475	—	
		松桃苗族自治县	255	158	551	—	
	黔西南布依族苗族自治州		2450	1060	4538	11	
	黔西南布依族苗族自治州	兴义市	1058	517	2452	—	

续表

省	市	县	申请件数	注册件数	有效注册量	地理标志商标	中国申请人马德里商标有效注册量（一标多类）
贵州省	黔西南布依族苗族自治州	兴仁县	217	125	597	—	
		普安县	122	61	228	—	
		晴隆县	179	24	247	—	
		贞丰县	283	99	304	—	
		望谟县	71	35	130	—	
		册亨县	81	62	153	—	
		安龙县	311	71	317	—	
	黔东南苗族侗族自治州		3443	1381	6135	7	2
	黔东南苗族侗族自治州	凯里市	756	325	2017	—	
		黄平县	171	98	362	—	
		施秉县	71	35	221	—	
		三穗县	215	65	187	—	
		镇远县	125	170	503	—	
		岑巩县	142	34	129	—	
		天柱县	123	63	251	—	2
		锦屏县	162	65	202	—	
		剑河县	243	37	135	—	
		台江县	149	32	129	—	
		黎平县	222	93	415	—	
		榕江县	114	119	329	—	
		从江县	247	35	202	—	
		雷山县	261	46	361	—	
		麻江县	60	16	163	—	
		丹寨县	191	56	366	—	
	黔南布依族苗族自治州		4162	1572	6687	7	
	黔南布依族苗族自治州	都匀市	471	210	1067	—	
		福泉市	147	121	473	—	
		荔波县	181	32	294	—	

续表

省	市	县	申请件数	注册件数	有效注册量	地理标志商标	中国申请人马德里商标有效注册量（一标多类）
贵州省	黔南布依族苗族自治州	贵定县	438	141	651	—	
		瓮安县	504	110	704	—	
		独山县	378	97	510	—	
		平塘县	440	194	392	—	
		罗甸县	97	72	309	—	
		长顺县	111	66	281	—	
		龙里县	345	147	602	—	
		惠水县	345	152	782	—	
		三都水族自治县	194	57	229	—	
云南省			80246	42064	212407	189	114
云南省	昆明市		36621	20671	112314	13	74
	昆明市	五华区	5290	2810	10033	—	11
		盘龙区	5666	3521	12818	—	1
		官渡区	8429	4198	16248	—	4
		西山区	5366	2417	10478	—	2
		东川区	234	138	707	—	
		呈贡区	1264	674	2852	—	
		晋宁区	378	415	1916	—	
		富民县	251	98	711	—	
		宜良县	325	159	1434	—	
		石林彝族自治县	197	84	1011	—	
		嵩明县	480	192	1217	—	
		禄劝彝族苗族自治县	272	93	607	—	
		寻甸回族彝族自治县	306	119	707	—	
		安宁市	500	278	1810	—	
	曲靖市		3370	1674	10190	18	
	曲靖市	麒麟区	887	479	2006	—	
		马龙县	161	45	441	—	

续表

省	市	县	申请件数	注册件数	有效注册量	地理标志商标	中国申请人马德里商标有效注册量（一标多类）
云南省	曲靖市	陆良县	257	96	621	—	
		师宗县	88	96	468	—	
		罗平县	273	234	855	—	
		富源县	266	90	957	—	
		会泽县	444	173	1077	—	
		沾益区	100	83	499	—	
		宣威市	515	238	1902	—	
	玉溪市		10722	3327	13447	10	15
	玉溪市	红塔区	5680	612	4917	—	15
		江川区	1386	865	1746	—	
		澄江县	158	70	349	—	
		通海县	205	150	1067	—	
		华宁县	88	49	448	—	
		易门县	149	97	594	—	
		峨山彝族自治县	110	42	374	—	
		新平彝族傣族自治县	1902	997	2149	—	
		元江哈尼族彝族傣族自治县	69	39	259	—	
	保山市		2484	1388	6555	26	2
	保山市	隆阳区	1055	412	2142	—	
		施甸县	108	94	556	—	
		腾冲市	442	395	2016	—	
		龙陵县	253	134	676	—	
		昌宁县	194	61	507	—	2
	昭通市		2715	1234	5192	9	1
	昭通市	昭阳区	827	440	1765	—	
		鲁甸县	125	66	325	—	
		巧家县	168	66	283	—	
		盐津县	128	90	352	—	

续表

省	市	县	申请件数	注册件数	有效注册量	地理标志商标	中国申请人马德里商标有效注册量（一标多类）
云南省	昭通市	大关县	93	28	156	—	
		永善县	160	62	314	—	
		绥江县	167	54	158	—	
		镇雄县	505	223	783	—	
		彝良县	202	51	411	—	
		威信县	147	54	219	—	
		水富县	77	28	196	—	1
	丽江市		1840	1037	5915	4	
	丽江市	古城区	948	640	3402	—	
		玉龙纳西族自治县	390	130	795	—	
		永胜县	211	97	674	—	
		华坪县	110	68	556	—	
		宁蒗彝族自治县	86	43	166	—	
	普洱市		2835	1614	7748	16	1
	普洱市	思茅区	899	500	2813	—	
		宁洱哈尼族彝族自治县	225	101	510	—	1
		墨江哈尼族自治县	226	120	506	—	
		景东彝族自治县	201	179	597	—	
		景谷傣族彝族自治县	222	124	570	—	
		镇沅彝族哈尼族拉祜族自治县	110	75	264	—	
		江城哈尼族彝族自治县	70	60	276	—	
		孟连傣族拉祜族佤族自治县	100	42	314	—	
		澜沧拉祜族自治县	335	159	952	—	
		西盟佤族自治县	86	16	228	—	
	临沧市		2558	1030	5199	4	
	临沧市	临翔区	614	227	1077	—	

续表

省	市	县	申请件数	注册件数	有效注册量	地理标志商标	中国申请人马德里商标有效注册量（一标多类）
云南省	临沧市	凤庆县	300	129	702	—	
		云县	322	87	699	—	
		永德县	131	110	389	—	
		镇康县	61	64	242	—	
		双江拉祜族佤族布朗族傣族自治县	500	234	886	—	
		耿马傣族佤族自治县	87	66	280	—	
		沧源佤族自治县	345	28	631	—	
	楚雄彝族自治州		1933	1079	5610	14	7
	楚雄彝族自治州	楚雄市	801	325	1974	—	3
		双柏县	129	39	179	—	
		牟定县	98	46	416	—	
		南华县	92	73	353	—	
		姚安县	89	43	183	—	
		大姚县	127	86	421	—	
		永仁县	59	29	145	—	
		元谋县	113	147	397	—	
		武定县	179	67	412	—	
		禄丰县	131	146	622	—	
	红河哈尼族彝族自治州		2601	1571	9231	22	1
	红河哈尼族彝族自治州	个旧市	209	151	1317	—	
		开远市	126	122	723	—	1
		蒙自市	426	292	1487	—	
		弥勒市	372	232	1291	—	
		屏边苗族自治县	50	24	167	—	
		建水县	317	174	809	—	
		石屏县	125	109	427	—	
		泸西县	244	85	871	—	
		元阳县	166	88	384	—	

续表

省	市	县	申请件数	注册件数	有效注册量	地理标志商标	中国申请人马德里商标有效注册量（一标多类）
云南省	红河哈尼族彝族自治州	红河县	88	64	389	—	
		金平苗族瑶族傣族自治县	127	25	210	—	
		绿春县	24	20	185	—	
		河口瑶族自治县	67	33	310	—	
	文山壮族苗族自治州		1896	1062	5318	8	
	文山壮族苗族自治州	文山市	735	403	2063	—	
		砚山县	236	145	683	—	
		西畴县	23	65	164	—	
		麻栗坡县	100	46	235	—	
		马关县	81	29	197	—	
		丘北县	314	72	647	—	
		广南县	181	130	654	—	
		富宁县	64	76	345	—	
	西双版纳傣族自治州		3044	1726	7034	6	3
	西双版纳傣族自治州	景洪市	1045	745	3117	—	2
		勐海县	1304	609	2529	—	1
		勐腊县	371	161	692	—	
	大理白族自治州		3870	2292	8939	16	3
	大理白族自治州	大理市	1462	608	3234	—	1
		漾濞彝族自治县	80	104	235	—	
		祥云县	288	115	718	—	
		宾川县	322	210	896	—	
		弥渡县	103	184	466	—	
		南涧彝族自治县	107	119	490	—	
		巍山彝族回族自治县	202	97	390	—	
		永平县	102	118	288	—	
		云龙县	154	98	252	—	
		洱源县	161	96	407	—	

续表

省	市	县	申请件数	注册件数	有效注册量	地理标志商标	中国申请人马德里商标有效注册量（一标多类）
云南省	大理白族自治州	剑川县	101	141	361	—	
		鹤庆县	417	142	502	—	
	德宏傣族景颇族自治州		1374	946	5036	14	1
	德宏傣族景颇族自治州	瑞丽市	485	399	2492	—	
		芒　市	281	208	873	—	1
		梁河县	76	43	170	—	
		盈江县	100	59	375	—	
		陇川县	78	36	193	—	
	怒江傈僳族自治州		874	683	1538	2	
	怒江傈僳族自治州	泸水市	147	449	845	—	
		福贡县	43	22	83	—	
		贡山独龙族怒族自治县	155	15	58	—	
		兰坪白族普米族自治县	425	161	417	—	
	迪庆藏族自治州		1482	682	2998	7	5
	迪庆藏族自治州	香格里拉市	991	314	1953	—	
		德钦县	97	92	198	—	
		维西傈僳族自治县	219	227	479	—	
西藏自治区			**10511**	**3264**	**12890**	**33**	**3**
西藏自治区	拉萨市		6431	2089	8774	7	3
	拉萨市	城关区	1110	373	836	—	
		林周县	59	14	36	—	
		当雄县	286	18	128	—	1
		尼木县	36	6	95	—	
		曲水县	163	143	843	—	
		堆龙德庆区	378	131	407	—	
		达孜县	298	128	353	—	

续表

省	市	县	申请件数	注册件数	有效注册量	地理标志商标	中国申请人马德里商标有效注册量（一标多类）
西藏自治区	拉萨市	墨竹工卡县	42	15	56	—	
	昌都市		783	229	439	2	
	昌都市	卡若区	229	21	92	—	
		江达县	11	10	16	—	
		贡觉县	4	4	16	—	
		类乌齐县	42	5	16	—	
		丁青县	33	6	15	—	
		察雅县	7	0	3	—	
		八宿县	7	5	29	—	
		左贡县	5	14	20	—	
		芒康县	249	57	78	—	
		洛隆县	2	2	4	—	
		边坝县	2	23	23	—	
	山南市		681	298	1088	4	
	山南市	乃东区	172	32	179	—	
		扎囊县	29	9	44	—	
		贡嘎县	24	9	31	—	
		桑日县	17	7	20	—	
		琼结县	7	3	30	—	
		曲松县	18	12	31	—	
		措美县	1	1	21	—	
		洛扎县	15	22	48	—	
		加查县	44	18	78	—	
		隆子县	27	22	46	—	
		错那县	0	11	17	—	
		浪卡子县	2	4	17	—	
	日喀则市		1338	214	803	7	
	日喀则市	桑珠孜区	151	26	83	—	

续表

省	市	县	申请件数	注册件数	有效注册量	地理标志商标	中国申请人马德里商标有效注册量（一标多类）
西藏自治区	日喀则市	南木林县	21	4	18	—	
		江孜县	107	12	56	—	
		定日县	16	7	74	—	
		萨迦县	12	6	12	—	
		拉孜县	18	5	45	—	
		昂仁县	12	2	20	—	
		谢通门县	77	4	18	—	
		白朗县	18	7	33	—	
		仁布县	349	3	26	—	
		康马县	1	4	9	—	
		定结县	8	0	4	—	
		仲巴县	1	2	9	—	
		亚东县	69	0	14	—	
		吉隆县	6	6	10	—	
		聂拉木县	12	0	17	—	
		萨嘎县	6	0	4	—	
		岗巴县	0	2	4	—	
	那曲地区		344	139	361	4	
	那曲地区	那曲县	87	53	137	—	
		嘉黎县	29	25	25	—	
		比如县	58	11	30	—	
		聂荣县	8	7	9	—	
		安多县	6	1	4	—	
		申扎县	62	0	2	—	
		索　县	20	25	36	—	
		班戈县	24	3	26	—	
		巴青县	9	0	3	—	
		尼玛县	5	1	1	—	

续表

省	市	县	申请件数	注册件数	有效注册量	地理标志商标	中国申请人马德里商标有效注册量（一标多类）
西藏自治区	那曲地区	双湖县	23	0	0	—	
	阿里地区		148	48	291	1	
	阿里地区	普兰县	3	0	15	—	
		札达县	98	0	49	—	
		噶尔县	16	31	191	—	
		日土县	5	2	2	—	
		革吉县	7	0	3	—	
		改则县	0	1	2	—	
		措勤县	6	4	11	—	
	林芝市		757	237	1106	8	
	林芝市	巴宜区	55	30	203	—	
		工布江达县	252	6	26	—	
		米林县	80	9	76	—	
		墨脱县	9	5	66	—	
		波密县	71	59	125	—	
		察隅县	11	3	76	—	
		朗　县	48	20	31	—	
陕西省			88754	44481	242900	93	179
陕西省	西安市		52405	27060	161105	3	135
	西安市	新城区	2707	1189	6244	—	5
		碑林区	5570	2967	11928	—	4
		莲湖区	4089	2119	10834	—	5
		灞桥区	1609	870	3583	—	1
		未央区	3969	2265	9986	—	1
		雁塔区	7152	3970	15476	—	3
		阎良区	353	245	1321	—	
		临潼区	1042	293	2111	—	2
		长安区	1790	877	4700	—	1

续表

省	市	县	申请件数	注册件数	有效注册量	地理标志商标	中国申请人马德里商标有效注册量（一标多类）
陕西省	西安市	蓝田县	366	293	1395	—	
		周至县	872	400	1935	—	1
		鄠邑区	729	340	1729	—	
		高陵区	760	240	714	—	
	铜川市		928	475	2217	4	
	铜川市	王益区	151	78	481	—	
		印台区	161	98	386	—	
		耀州区	374	101	633	—	
		宜君县	92	55	142	—	
	宝鸡市		4124	2387	11798	8	18
	宝鸡市	渭滨区	576	294	2146	—	1
		金台区	566	284	1189	—	1
		陈仓区	371	219	1050	—	1
		凤翔县	440	218	1195	—	
		岐山县	427	202	895	—	1
		扶风县	253	173	777	—	
		眉　县	407	259	1204	—	1
		陇　县	158	81	520	—	
		千阳县	61	179	341	—	
		麟游县	228	27	178	—	
		凤　县	53	46	171	—	
		太白县	95	93	202	—	
	咸阳市		9017	4200	18023	7	10
	咸阳市	秦都区	2778	1090	3631	—	2
		杨陵区	114	84	221	—	
		渭城区	458	295	1867	—	1
		三原县	503	225	1417	—	
		泾阳县	1322	453	1920	—	1

续表

省	市	县	申请件数	注册件数	有效注册量	地理标志商标	中国申请人马德里商标有效注册量（一标多类）
陕西省	咸阳市	乾　县	268	221	745	—	
		礼泉县	264	297	821	—	
		永寿县	79	41	173	—	
		彬　县	206	110	404	—	
		长武县	127	36	270	—	
		旬邑县	148	68	329	—	
		淳化县	117	61	245	—	
		武功县	251	180	798	—	
		兴平市	1454	519	1761	—	1
	渭南市		4643	2586	13342	8	3
	渭南市	临渭区	605	389	1534	—	
		华州区	151	82	465	—	
		潼关县	100	68	327	—	
		大荔县	406	278	1322	—	
		合阳县	234	149	583	—	
		澄城县	318	113	620	—	
		蒲城县	633	334	2326	—	
		白水县	278	190	795	—	3
		富平县	827	365	1750	—	
		韩城市	395	345	1213	—	
		华阴市	123	81	552	—	
	延安市		3462	1157	5551	19	2
	延安市	宝塔区	1073	363	1811	—	
		延长县	108	37	208	—	
		延川县	471	103	425	—	
		子长县	205	51	235	—	
		安塞区	213	33	150	—	
		志丹县	70	26	229	—	

续表

省	市	县	申请件数	注册件数	有效注册量	地理标志商标	中国申请人马德里商标有效注册量（一标多类）
陕西省	延安市	吴起县	101	23	139	—	
		甘泉县	332	104	301	—	
		富　县	155	85	347	—	1
		洛川县	219	149	508	—	1
		宜川县	169	41	195	—	
		黄龙县	58	34	138	—	
		黄陵县	172	55	303	—	
	汉中市		2914	1351	6743	17	5
	汉中市	汉台区	779	295	1624	—	
		南郑县	259	134	660	—	
		城固县	312	160	745	—	1
		洋　县	396	154	699	—	
		西乡县	326	182	884	—	
		勉　县	215	93	665	—	
		宁强县	171	74	425	—	1
		略阳县	117	59	279	—	
		镇巴县	131	91	278	—	
		留坝县	38	27	106	—	
		佛坪县	47	37	67	—	
	榆林市		4224	1871	11589	13	1
	榆林市	榆阳区	898	530	2849	—	1
		神木县	412	318	2245	—	
		府谷县	151	82	880	—	
		横山区	443	97	640	—	
		靖边县	336	120	674	—	
		定边县	325	185	737	—	
		绥德县	328	121	442	—	
		米脂县	188	89	580	—	

续表

省	市	县	申请件数	注册件数	有效注册量	地理标志商标	中国申请人马德里商标有效注册量（一标多类）
陕西省	榆林市	佳　县	104	54	276	—	
		吴堡县	89	19	133	—	
		清涧县	215	70	320	—	
		子洲县	221	66	283	—	
	安康市		3098	1529	5205	7	
	安康市	汉滨区	919	429	1544	—	
		汉阴县	228	150	497	—	
		石泉县	216	83	337	—	
		宁陕县	54	44	133	—	
		紫阳县	346	155	421	—	
		岚皋县	286	71	373	—	
		平利县	286	194	462	—	
		镇坪县	69	98	204	—	
		旬阳县	173	106	484	—	
		白河县	257	111	235	—	
	商洛市		2281	1040	4010	7	3
	商洛市	商州区	303	235	630	—	
		洛南县	383	97	564	—	1
		丹凤县	150	56	349	—	
		商南县	326	181	665	—	2
		山阳县	673	186	778	—	
		镇安县	262	90	410	—	
		柞水县	151	164	505	—	
	杨凌示范区		757	525	2651	0	
甘肃省			24920	12835	53499	70	13
甘肃省	兰州市		8048	4641	22458	2	8
	兰州市	城关区	4269	2490	13723	—	4
		七里河区	927	584	3036	—	1

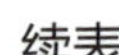
续表

省	市	县	申请件数	注册件数	有效注册量	地理标志商标	中国申请人马德里商标有效注册量（一标多类）
甘肃省	兰州市	西固区	575	147	1030	—	
		安宁区	657	288	1264	—	1
		红古区	85	50	180	—	
		永登县	224	155	589	—	
		皋兰县	119	63	315	—	
		榆中县	357	356	1004	—	
	嘉峪关市		256	138	817	0	3
	金昌市		357	224	1004	0	1
	金昌市	金川区	232	103	328	—	
		永昌县	101	113	382	—	
	白银市		1583	886	3317	2	
	白银市	白银区	556	262	925	—	
		平川区	177	57	248	—	
		靖远县	324	192	711	—	
		会宁县	262	182	541	—	
		景泰县	207	173	729	—	
	天水市		1595	729	3267	12	
	天水市	秦州区	400	185	916	—	
		麦积区	386	142	765	—	
		清水县	84	38	157	—	
		秦安县	171	137	514	—	
		甘谷县	226	67	302	—	
		武山县	138	89	278	—	
		张家川回族自治县	127	31	130	—	
	武威市		1204	769	2835	7	
	武威市	凉州区	635	397	1491	—	
		民勤县	269	153	517	—	
		古浪县	130	149	314	—	

续表

省	市	县	申请件数	注册件数	有效注册量	地理标志商标	中国申请人马德里商标有效注册量（一标多类）
甘肃省	武威市	天祝藏族自治县	99	47	217	—	
	张掖市		1334	699	2548	5	
	张掖市	甘州区	633	305	1036	—	
		肃南裕固族自治县	60	30	103	—	
		民乐县	150	131	423	—	
		临泽县	124	59	241	—	
		高台县	149	72	209	—	
		山丹县	177	93	275	—	
	平凉市		1584	669	2389	10	
	平凉市	崆峒区	606	265	846	—	
		泾川县	154	98	265	—	
		灵台县	114	66	171	—	
		崇信县	67	11	73	—	
		华亭县	122	44	133	—	
		庄浪县	143	66	181	—	
		静宁县	342	92	474	—	
	酒泉市		1562	719	2879	2	
	酒泉市	肃州区	660	338	1116	—	
		金塔县	162	58	220	—	
		瓜州县	68	38	234	—	
		肃北蒙古族自治县	25	5	38	—	
		阿克塞哈萨克族自治县	4	3	16	—	
		玉门市	163	44	234	—	
		敦煌市	444	202	756	—	
	庆阳市		2262	832	2556	5	
	庆阳市	西峰区	608	371	1017	—	
		庆城县	195	55	190	—	
		环　县	232	56	182	—	

续表

省	市	县	申请件数	注册件数	有效注册量	地理标志商标	中国申请人马德里商标有效注册量（一标多类）
甘肃省	庆阳市	华池县	100	49	138	—	
		合水县	82	27	154	—	
		正宁县	117	42	123	—	
		宁　县	389	110	359	—	
		镇原县	468	105	331	—	
	定西市		1434	832	2990	8	1
	定西市	安定区	326	187	683	—	1
		通渭县	149	144	317	—	
		陇西县	222	176	717	—	
		渭源县	165	71	241	—	
		临洮县	245	95	525	—	
		漳　县	82	39	108	—	
		岷　县	222	94	309	—	
	陇南市		2076	929	2838	3	
	陇南市	武都区	601	347	771	—	
		成　县	630	163	344	—	
		文　县	96	50	294	—	
		宕昌县	98	40	230	—	
		康　县	120	73	301	—	
		西和县	127	84	182	—	
		礼　县	142	70	188	—	
		徽　县	121	61	389	—	
		两当县	38	24	76	—	
	临夏回族自治州		1103	504	2143	6	
	临夏回族自治州	临夏市	231	157	652	—	
		临夏县	171	72	252	—	
		康乐县	114	34	164	—	
		永靖县	122	61	362	—	

续表

省	市	县	申请件数	注册件数	有效注册量	地理标志商标	中国申请人马德里商标有效注册量（一标多类）
甘肃省	临夏回族自治州	广河县	115	38	225	—	
		和政县	41	24	118	—	
		东乡族自治县	145	53	195	—	
		积石山保安族东乡族撒拉族自治县	33	45	127	—	
	甘南藏族自治州		505	261	1427	8	
	甘南藏族自治州	合作市	143	73	340	—	
		临潭县	61	13	133	—	
		卓尼县	55	40	173	—	
		舟曲县	69	36	112	—	
		迭部县	63	26	163	—	
		玛曲县	15	10	111	—	
		碌曲县	12	18	92	—	
		夏河县	62	44	276	—	
青海省			**10444**	**4799**	**22981**	**34**	**5**
青海省	西宁市		5461	2632	13533	3	3
	西宁市	城东区	871	423	1766	—	1
		城中区	947	549	2263	—	
		城西区	952	502	1837	—	1
		城北区	1025	399	1699	—	
		大通回族土族自治县	270	70	500	—	
		湟中县	442	165	854	—	
		湟源县	134	79	248	—	
	海东市		1398	728	2999	8	1
	海东市	乐都区	88	65	433	—	
		平安县	137	91	406	—	
		民和回族土族自治县	149	73	231	—	
		互助土族自治县	365	157	774	—	1
		化隆回族自治县	172	67	331	—	

续表

省	市	县	申请件数	注册件数	有效注册量	地理标志商标	中国申请人马德里商标有效注册量（一标多类）
青海省	海东市	循化撒拉族自治县	160	99	604	—	
	海北藏族自治州		569	238	920	11	
	海北藏族自治州	门源回族自治县	201	77	244	—	
		祁连县	109	53	281	—	
		海晏县	123	78	197	—	
		刚察县	37	18	122	—	
	黄南藏族自治州		166	101	540		
	黄南藏族自治州	同仁县	68	45	200		
		尖扎县	33	28	163		
		泽库县	24	18	75		
		河南蒙古族自治县	41	4	79		
	海南藏族自治州		518	168	930	5	
	海南藏族自治州	共和县	279	81	473	—	
		同德县	50	7	40	—	
		贵德县	128	42	213	—	
		兴海县	30	16	100	—	
		贵南县	23	18	81	—	
	果洛藏族自治州		116	116	419	1	
	果洛藏族自治州	玛沁县	56	17	132	—	
		班玛县	6	23	72	—	
		甘德县	8	1	18	—	
		达日县	16	51	72	—	
		久治县	17	10	78	—	
		玛多县	6	11	35	—	
	玉树藏族自治州		610	251	908	2	1
	玉树藏族自治州	玉树市	96	129	540	—	1
		杂多县	32	15	42	—	
		称多县	207	15	98	—	

续表

省	市	县	申请件数	注册件数	有效注册量	地理标志商标	中国申请人马德里商标有效注册量（一标多类）
青海省	玉树藏族自治州	治多县	179	4	29	—	
		囊谦县	38	19	55	—	
		曲麻莱县	34	43	92	—	
	海西蒙古族藏族自治州		1566	541	2634	0	
	海西蒙古族藏族自治州	格尔木市	351	137	1238	—	
		德令哈市	682	156	458	—	
		乌兰县	216	53	209	—	
		都兰县	222	159	538	—	
		天峻县	24	14	111	—	
宁夏回族自治区			13368	7150	32319	21	
宁夏回族自治区	银川市		8070	3986	19212	4	
	银川市	兴庆区	2353	1264	5661	—	
		西夏区	679	354	1343	—	
		金凤区	1951	1019	3229	—	
		永宁县	667	227	1355	—	
		贺兰县	333	166	815	—	
		灵武市	394	160	962	—	
	石嘴山市		640	382	2040	2	
	石嘴山市	大武口区	179	107	680	—	
		惠农区	107	59	404	—	
		平罗县	236	129	749	—	
	吴忠市		1815	968	3915	5	
	吴忠市	利通区	482	268	924	—	
		红寺堡区	207	62	360	—	
		盐池县	202	101	488	—	
		同心县	212	180	459	—	
		青铜峡市	456	207	951	—	

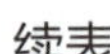

省	市	县	申请件数	注册件数	有效注册量	地理标志商标	中国申请人马德里商标有效注册量（一标多类）
宁夏回族自治区	固原市		1081	473	1795	6	
	固原市	原州区	367	240	517	—	
		西吉县	191	51	202	—	
		隆德县	119	36	310	—	
		泾源县	117	11	89	—	
		彭阳县	136	97	331	—	
	中卫市		1448	1110	4978	2	
	中卫市	沙坡头区	422	280	912	—	
		中宁县	696	653	2123	—	
		海原县	101	50	217	—	
新疆维吾尔自治区			**40560**	**25426**	**124871**	**86**	**99**
新疆维吾尔自治区	乌鲁木齐市		13944	9467	51030	0	63
	乌鲁木齐市	天山区	5017	3817	13159	—	5
		沙依巴克区	2370	1596	5868	—	1
		新市区	1985	1287	4841	—	2
		水磨沟区	737	586	2693	—	
		头屯河区	454	239	1129	—	2
		达坂城区	49	16	161	—	
		米东区	544	434	1934	—	2
		乌鲁木齐县	132	65	584	—	
	克拉玛依市		768	312	1926	—	2
	克拉玛依市	独山子区	35	33	279	—	
		克拉玛依区	241	110	371	—	1
		白碱滩区	43	35	189	—	1
		乌尔禾区	28	11	45	—	
	吐鲁番市		623	349	2048	3	4
	吐鲁番市	高昌区	158	48	864	—	
		鄯善县	116	130	561	—	4

续表

省	市	县	申请件数	注册件数	有效注册量	地理标志商标	中国申请人马德里商标有效注册量（一标多类）
新疆维吾尔自治区	吐鲁番市	托克逊县	81	60	305	—	
	哈密市		752	417	1992	2	
	哈密市	伊州区	582	362	1603	—	
		巴里坤哈萨克自治县	50	28	216	—	
		伊吾县	40	10	56	—	
	昌吉回族自治州		2242	1589	8811	15	5
	昌吉回族自治州	昌吉市	1054	766	4264	—	1
		阜康市	202	99	834	—	
		呼图壁县	173	126	708	—	
		玛纳斯县	224	106	622	—	
		奇台县	227	154	884	—	
		吉木萨尔县	122	159	569	—	
		木垒哈萨克自治县	84	62	386	—	
	博尔塔拉蒙古自治州		451	328	1791	1	2
	博尔塔拉蒙古自治州	博乐市	232	165	1109	—	2
		阿拉山口市	21	1	43	—	
		精河县	101	70	384	—	
		温泉县	72	43	181	—	
	巴音郭楞蒙古自治州		2637	1236	7851	9	2
	巴音郭楞蒙古自治州	库尔勒市	1208	638	4517	—	
		轮台县	69	46	224	—	
		尉犁县	104	183	563	—	
		若羌县	60	33	337	—	
		且末县	84	39	152	—	
		焉耆回族自治县	95	99	807	—	1
		和静县	580	67	585	—	
		和硕县	103	56	320	—	1
		博湖县	57	35	220	—	

续表

省	市	县	申请件数	注册件数	有效注册量	地理标志商标	中国申请人马德里商标有效注册量（一标多类）
新疆维吾尔自治区	阿克苏地区		2202	1397	7433	16	
	阿克苏地区	阿克苏市	746	459	2682	—	
		温宿县	197	115	696	—	
		库车县	423	255	1129	—	
		沙雅县	89	57	366	—	
		新和县	138	92	652	—	
		拜城县	96	81	403	—	
		乌什县	96	59	204	—	
		阿瓦提县	202	130	691	—	
		柯坪县	56	49	217	—	
	克孜勒苏柯尔克孜自治州		578	470	1960	6	1
	克孜勒苏柯尔克孜自治州	阿图什市	381	370	1442	—	1
		阿克陶县	95	78	318	—	
		阿合奇县	14	8	26	—	
		乌恰县	70	7	164	—	
	喀什地区		3955	2699	12455	12	
	喀什地区	喀什市	1444	1121	5898	—	
		疏附县	161	132	613	—	
		疏勒县	142	125	584	—	
		英吉沙县	91	50	352	—	
		泽普县	104	115	453	—	
		莎车县	442	267	1127	—	
		叶城县	183	153	818	—	
		麦盖提县	297	71	398	—	
		岳普湖县	103	83	293	—	
		伽师县	221	172	620	—	
		巴楚县	166	131	705	—	

续表

省	市	县	申请件数	注册件数	有效注册量	地理标志商标	中国申请人马德里商标有效注册量（一标多类）
新疆维吾尔自治区		塔什库尔干塔吉克自治县	18	10	102	—	
	和田地区		2300	2203	9021	13	
	和田地区	和田市	642	663	3146	—	1
		和田县	289	195	933	—	
		墨玉县	617	555	2324	—	
		皮山县	123	104	472	—	
		洛浦县	244	257	813	—	
		策勒县	112	99	357	—	
		于田县	164	255	754	—	
		民丰县	34	15	58	—	
	伊犁哈萨克自治州		5027	2075	8458	4	10
	伊犁哈萨克自治州	伊宁市	1224	759	2876	—	7
		奎屯市	315	183	821	—	
		伊宁县	223	115	587	—	
		察布查尔锡伯自治县	74	175	754	—	
		霍城县	269	172	915	—	2
		巩留县	112	89	268	—	
		新源县	174	112	804	—	
		昭苏县	51	57	289	—	
		特克斯县	80	55	298	—	
		尼勒克县	98	65	270	—	
		霍尔果斯市	1681	216	424	—	
	塔城地区		754	586	2457	3	1
	塔城地区	塔城市	144	76	423	—	
		乌苏市	164	118	599	—	

续表

省	市	县	申请件数	注册件数	有效注册量	地理标志商标	中国申请人马德里商标有效注册量（一标多类）
新疆维吾尔自治区	塔城地区	额敏县	136	121	481	—	
		沙湾县	153	134	460	—	
		托里县	23	20	152	—	
		裕民县	16	18	75	—	
		和布克赛尔蒙古自治县	53	17	129	—	
	阿勒泰地区		654	348	1837	2	1
	阿勒泰地区	阿勒泰市	145	122	465	—	
		布尔津县	66	16	297	—	
		富蕴县	54	57	242	—	
		福海县	63	36	212	—	
		哈巴河县	54	44	226	—	
		青河县	74	16	144	—	
		吉木乃县	17	13	86	—	
	石河子市		392	216	1748	—	
	阿拉尔市		173	138	814	—	
	图木舒克市		68	58	271	—	
	五家渠市		119	39	401	—	
	铁门关市		30	8	10	—	
	北屯市		49	61	124	—	
	双河市		4	1	1	—	
中国香港			150392	63374	377661	0	6
中国澳门			1344	832	4972	0	
中国台湾			20308	15125	153489	5	290

责任编辑：张亚丹　权燕子
封面设计：陈建军

图书在版编目（CIP）数据

中国商标品牌战略年度发展报告 . 2017 / 国家工商行政管理总局商标局 商标评审委员会编著 . —北京 : 中国工商出版社 , 2018.3
ISBN 978-7-5209-0011-9
Ⅰ . ①中… Ⅱ . ①国… ②商… Ⅲ . ①品牌战略—研究报告—中国—2017 Ⅳ . ① F279.23

中国版本图书馆 CIP 数据核字 (2018) 第 067719 号

书名 / 中国商标品牌战略年度发展报告（2017）
编著 / 国家工商行政管理总局商标局　商标评审委员会

出版·发行 / 中国工商出版社
经销 / 新华书店
印刷 / 北京柏力行彩印有限公司
开本 / 889 毫米 ×1194 毫米　1/16　印张 /18.25　字数 /360 千字
版本 / 2018 年 3 月第 1 版　2018 年 3 月第 1 次印刷

社址 / 北京市丰台区丰台东路 58 号人才大厦 7 层（100071）
电话 /（010）63730074　**传真** /（010）63725178
电子邮箱 / fx63730074@163.com　**微信号** / zggscbs

书号：ISBN 978-7-5209-0011-9
定价：80.00 元